Ulla Engelhardt

Jung verwitwet

Weiterleben,
wenn der Partner
früh stirbt

Krüger Verlag

Erschienen im Krüger Verlag,
einem Unternehmen der S. Fischer Verlag GmbH
© S. Fischer Verlag GmbH, Frankfurt am Main 2012
Lektorat: Werner Irro, Hamburg
Satz: Pinkuin Satz und Datentechnik, Berlin
Druck und Bindung: GGP Media GmbH, Pößneck
Printed in Germany
ISBN 978-3-8105-0527-9

Für Gunter und Ella

Inhalt

Einleitung 11

1. Kapitel Die eigene Situation 14
Der Partner stirbt 14
   Krankheit – Vortrauer 14
   Plötzlicher Tod 24
Trauerfeier und Bestattung 38
   Ausgestaltung 42
   Der Tag 48
   Ort der Erinnerung 49
Die eigene Trauer 52
   Unfreiwillig wieder Single 54
   Mit der Trauer leben lernen 56
   Kontakte mit dem Umfeld 60
   Jahrestage 64
   Was wird aus den Sachen des Partners? 68
   Ver-rückt-sein 72
Allein sein – Schmerz und Sehnsucht 75
   Verluste im sozialen Umfeld 77
   Neue Kontakte knüpfen 86
Alleinerziehend 87
   Verlust des Partners in seiner Funktion als
   Vater oder Mutter 88
   Den anderen ersetzen? 91
   Und was ist wenn 95

Männertrauer – Frauentrauer 98
Veränderung der Persönlichkeit 104
   Fuß fassen 105
   Neue Partnerschaft 109
   Gestärktes Selbstvertrauen 120
   Zweifel 123
   Zwei Welten 124

2. Kapitel **Familie und Freunde** 127
Persönliche Verbindung 127
   Krankheit 129
   Plötzlicher Tod 132
Trauerfeier und Bestattung 135
   Einbindung 136
   Rituale und Jahrestage 139
Die eigene Trauer 140
   Begegnungen 143
   Trauerklischees 149
   Freizeit und Urlaub 152
Neue Partnerschaft 154
   Patchwork 156

3. Kapitel **Kinder und Jugendliche** 160
Ein Elternteil stirbt 160
   Krankheit 161
   Plötzlicher Tod 166
Trauerfeier und Bestattung 168
   Einbindung 169
   Rituale und Jahrestage 170
Raum für individuelles Trauern 171
   Innerhalb der Familie 173
   Bei Freunden 175
   In Kindergarten und Schule 176
   Austausch mit Gleichgesinnten 177
Leben ohne Mutter oder Vater 180

4. Kapitel **Arbeit und Finanzen** 186
Auswirkung auf den Beruf 186
   Krankheit 187
   Plötzlicher Tod 192
Kollegen und Vorgesetzte 197
   Tabuthema 199
Rückkehr an den Arbeitsplatz 201
   Begegnungen 203
   Wiedereingliederung 205
   Trauerklischees 207
Die Sinnfrage 207
   Neuausrichtung 208
   Finanzielle Notlage 209

5. Kapitel **Gesellschaft und Tod** 212
Das Tabu 212
Angst vor dem Thema Tod 216
Umgang mit Betroffenen 218
   Raum für individuelles Trauern 220
   Ersthelfer, Ärzte und Krankenhauspersonal ... 222
   Kindergarten und Schule 226
   Behörden und Ämter 231
   »Botschafter«, Paten, Schirmherren und -frauen 236
   Medien 238

6. Kapitel **Begleitung und Hilfe** 243
Trauerwege und Gefühle 243
Gespräche 250
Trauernde verstehen 251
   Was kann helfen? Eine Orientierungsliste 260
Trauerbegleitung und Therapie 266
Selbsthilfe 269
Rituale 279
Freizeit und Urlaub 284

7. Kapitel **Mehr zum Thema Tod und Trauer** 293
Trauer bei Erwachsenen 294
   Sachbücher, Erfahrungsberichte 294
   Prosa, Texte und Gedichte 295
   Filme 295
Trauer bei Kindern und Jugendlichen 296
   Sachbücher 296
   Bilderbücher, Geschichten, Erzählungen 297
   Filme 298

Weiterführende Adressen, Links 299

Nachwort von Jutta Rust-Kensa 302

Einleitung

Ich denke oft an meinen Mann. Er begleitet mich schon seit langer Zeit. Kennengelernt haben wir uns während meines Studiums, er war Professor an der Hochschule. Als ich selbst schon als Grafik-Designerin tätig war, sind wir uns wieder begegnet, und seitdem ist er ein fester Teil meines Lebens. Auch heute noch, obwohl er vor nun schon über zehn Jahren gestorben ist.

Und da ist es schon: gestorben – eins dieser Wörter, bei denen Gespräche stocken, die betretenes Schweigen auslösen und bei denen die Stimmung komplett kippen kann. Sterben, Tod, tot ... Die gleiche Wirkung haben Witwe, Witwer und Waise, wenn es um eine persönliche Geschichte geht.

Ganz anders ist das in der Zeitung, in Büchern oder im Fernsehen, da sind Unfalltote, in einem Krieg Gestorbene, Katastrophenopfer ganz gewöhnlich. Ein kurzer, sachlicher Nachruf, und schon geht das Programm weiter. Gerne mit einem Krimi, zu dem im Normalfall in den ersten Minuten mindestens ein Toter gehört, dessen Leben auf mehr oder minder gruselige Weise beendet wird. Ich lese und sehe selber gern Krimis, schon immer, soweit ich mich erinnern kann.

Nach dem Tod meines Mannes konnte ich allerdings lange keine Krimis mehr ansehen, obwohl mein Mann keinem Verbrechen zum Opfer gefallen ist. Ebenso konnte ich auch keine Herz-Schmerz-Geschichten oder Filme mit großen Gefühlen sehen; ich habe einfach dauernd vorm Fernseher heulen müssen. Das kannte ich von früher so nicht. Sicher, bei »Love-Story« oder »Streets of Philadelphia« ging's nie ohne Tränen, aber den Tod ganz nah selbst erlebt zu haben, hat meine Wahrnehmung, mein Mitfühlen stark verändert.

Ich habe die Distanz verloren – die Möglichkeit, den Tod nur von außen zu betrachten und wegzuschieben. Ich brauche mir nicht mehr vorzustellen, wie es sich anfühlen könnte, einen Menschen zu verlieren. Ich weiß es.

Dieses Wissen verbindet mich mit allen, die den Tod eines solchen Menschen selbst erlebt haben. Gleichzeitig trennt es mich aber von vielen Menschen in meinem Umfeld und einem großen Teil der Gesellschaft.

Niemand will dieses Wissen persönlich haben, und nur wenige fragen nach meinem. Sterben und die Beschäftigung mit dem Tod sind noch immer ein Tabu. Ebenso die Trauer, die aus der Begegnung mit dem Tod entsteht. Dass das Thema seit einigen Jahren in den Medien präsenter ist, bedeutet nur scheinbar eine Öffnung. Eine Enttabuisierung ist dadurch bisher nicht zu beobachten – eher im Gegenteil: dort die schrecklichen Schicksale auf der einen, hier die schöne heile Welt auf der anderen Seite.

Die Fülle von Unbekanntem und die Lebendigkeit, die das Thema überraschenderweise beinhaltet, waren für mich der Antrieb, mich über meine persönliche Erfahrung hinaus mit diesem Abschnitt des Lebens zu beschäftigen. Das mir Unbekannte interessierte mich, und ich wollte mehr über die Zusammenhänge, Inhalte und Auswirkungen von Tod und Trauer erfahren. Was geht in trauernden Menschen vor? Welche Hilfestellungen gibt es? Wie gelingt es, zurück ins eigene Leben zu finden?

Die Lebendigkeit in diesem Thema begegnete mir in Form von Gesprächen, persönlichen Geschichten und Menschen, die mich nachhaltig beeindruckt haben.

Ein weiterer Antrieb war und ist für mich der Wille, eine Brücke zu bauen. Eine Verbindung zu schaffen zwischen denen, die persönlich gerade Tod und Trauer erleben oder schon erfahren haben, und denen, die noch nicht mit einer solchen Situation konfrontiert wurden. Früher oder später kommt niemand um diese Erfahrung herum, denn Sterben und Tod gehören naturgemäß zum Leben. Diese Tatsache verbindet uns alle.

Anstatt an getrennten Ufern zu verharren und Distanz zur jeweils anderen Seite zu halten, können wir diese Brücke betreten und uns aufeinander zubewegen. Das Begehen einer solchen Brücke bringt eine Menge Vorteile für beide Seiten. Diejenigen, deren Leben durch den Verlust eines Menschen völlig aus dem Gleichgewicht geraten ist, werden weniger isoliert, sie bekommen mehr Austausch, Verständnis und Unterstützung auf ihrem anstrengenden Weg zurück ins Leben. Und für diejenigen, die Unsicherheit im Umgang mit Trauernden empfinden, die nicht wissen, was sie sagen sollen, oder sich schlicht vor dem ganzen Thema fürchten, kann das Betreten dieser Brücke den Anfang von Verstehen bedeuten. Sie können Sicherheit gewinnen, Informationen bekommen und lernen, mit der eigenen Furcht umzugehen.

Mit Tod und Trauer in Berührung zu kommen, bewegt – im übertragenen Sinn, aber auch ganz wörtlich. Es kann ein Anlass sein, um Raum für unsere Gedanken und Fragen zu schaffen und im Austausch darüber anderen Menschen zu begegnen. Machen wir uns auf den Weg, um auch diesen Teil unseres Lebens wahrzunehmen.

PS: Noch eine Bemerkung zu Aberglauben und verbreiteten Vorurteilen: Eine Spinne am Morgen oder eine schwarze Katze von links (oder war es von rechts?) bringen definitiv nicht mehr Unglück ins Leben, als ohnehin geschieht. Genauso wenig wie das Schreiben eines Testaments, das Hinterlegen einer Betreuungsvollmacht und Patientenverfügung oder das Lesen eines Buches, das sich mit Tod und Trauer beschäftigt. Diese Handlungen können im Falle unerwarteter Ereignisse den Umgang damit vielleicht sogar erleichtern.

1. Kapitel Die eigene Situation

Der Partner stirbt

Der Tod des Partners stellt das eigene Leben komplett auf den Kopf, wirbelt das scheinbar fest Gefügte völlig durcheinander und verändert alles. Dabei macht es keinen Unterschied, ob der Verlust nach kurzer oder längerer Krankheit stattfindet oder ob er plötzlich ist, wie beispielsweise durch Unfall, Infarkt oder Suizid – nichts ist mehr wie vorher und wird es auch nie wieder sein.

Das Begreifen, dass das Leben – mein Leben – weitergeht und sich irgendwann sogar wieder gut anfühlen kann, ist ein meist langer, eigentlich nicht vorstellbarer, schmerzhafter Weg. Er ist geprägt von ganz individueller Trauer.

Krankheit – Vortrauer
Wenn ein Familienmitglied erkrankt, verändert das den üblichen Tagesablauf. Schon eine fiebrige Erkältung oder ein harmloser Magen-Darm-Virus wollen organisiert sein: Krankmeldung beim Arbeitgeber, in der Schule oder Kita, Arztbesuch, Betreuung des jeweils Erkrankten, Absage von Terminen und geplanten Freizeitunternehmungen. Nach einigen Tagen oder einer Woche ist alles überstanden, und wir kehren wie selbstverständlich zu unserem vorherigen normalen Rhythmus zurück.

Stellt sich eine Erkrankung als ernsthaft oder gar lebensbedrohlich heraus, betrifft die Veränderung nicht nur den familiären Tagesablauf, sondern auch das Denken und Fühlen der einzelnen Beteiligten. Alles oder zumindest vieles, was bisher für absolut selbstverständlich angesehen wurde, ist es plötzlich nicht mehr. Die sicher geglaubte Basis infrage stellen zu müssen, löst Gefühle aus, die niemand gerne hat und die in dieser Intensität vielen noch gänzlich unbekannt sind: Unsicherheit und Angst.

Als bei meinem Mann die Symptome der ALS – Amyotrophe Lateralsklerose, eine chronische, fortschreitende Erkrankung des zentralen Nervensystems – spürbar und sichtbar wurden, bekamen wir die Diagnose relativ schnell. Auch darüber, dass diese Erkrankung unheilbar ist, wurden wir im Arztgespräch informiert. Noch heute trage ich den Zettel mit den drei damals gedankenverloren hingekritzelten Buchstaben A-L-S zwischen Fotos, Visitenkarten und anderen Notizen in meinem Terminkalender bei mir. Das Realisieren, dass diese Buchstaben bedeuteten, er würde unweigerlich in absehbarer Zeit sterben, war jedoch ein langer Prozess. Bereits vor dem eigentlichen Sterben begegneten wir dabei – beide – dem Gefühl der Trauer, das einen immer größer werdenden Raum einnahm.

Wie sich die Auseinandersetzung mit dem eigenen Sterben anfühlt, welchen inneren Kämpfen, Ängsten und Gedanken derjenige ausgesetzt ist, dessen Leben zu Ende geht, kann ich nicht ermessen, nur im Ansatz erahnen. Vieles blieb auch bei uns trotz vorhandener Offenheit unausgesprochen – vielleicht war es gar nicht in Worte zu fassen oder unsagbar.

Meine Erfahrung aus dieser Zeit ist die des Begleitenden, des Überlebenden, der mit Momenten ungeheurer Hilflosigkeit konfrontiert wird. Man leidet mit, will es nicht wahrhaben, hat Angst vor Verlust, vor dem Alleinsein, ist vollkommen überfordert und ohne Hoffnung. Für die Erkenntnis, dass der Partner sterben wird – in unserer Situation war es das sichere Wissen –, habe ich nur die Worte »bitter« und »brutal«.

Aus heutiger Sicht betrachtet bekamen wir jedoch genau durch das Annehmen dieser Tatsache die Chance, die verbleibende Zeit intensiv zu nutzen, uns unerwartet noch näher zu kommen und unsere damals etwa vierjährige Tochter so behutsam und ehrlich wie möglich auf diesem Weg mitzunehmen. Der manchmal flapsig dahergesagte Ausspruch »Carpe diem« – Nutze und genieße den Tag! – wurde ganz plötzlich zur ernsthaften Lebensformel, ebenso wie der Sinnspruch »Der Weg ist das Ziel«.

Diagnose: tödliche Erkrankung

Björn, geb. 1964, Fotograf:[1]

Die ersten Symptome waren zum Beispiel, den Schlüssel nicht mehr im Schloss umdrehen zu können oder zu stolpern, unsicherer Gang, dann war es beim Schreiben irgendwann schwierig, den Stift zu halten. Das Erste aber war, dass die Kraft nicht mehr reichte fürs Aufschließen der Tür, weil die Muskulatur zwischen Daumen und Zeigefinger schon zurückgegangen war. Wir sind dann zu diversen Ärzten gegangen, die Hausärztin wusste nicht weiter, sie hat gleich das Krankenhaus empfohlen. Plötzlich waren wir dort in der Neurologie und wussten überhaupt nicht, was das zu bedeuten hatte. Irgendwann saß Andrea dann in einer Vorlesung, weil der Professor, der ihren Fall interessant fand, meinte, sie seinen Studenten präsentieren zu müssen und diese raten zu lassen, was sie denn hat. Da hat sie vor versammelter Mannschaft ihre Diagnose erfahren. Das war eine Megakatastrophe für sie, dass der Professor sie nicht in irgendeiner Form darauf vorbereitet hat. Als wir das erste Mal die Buchstaben ALS hörten, begann das Recherchieren, um herauszufinden, was das im Einzelnen bedeutet. Bei Krebs hat man gleich eine Vorstellung, hier aber weiß man zunächst nicht, wo es hinführen wird und dass man dann plötzlich von so etwas wie Lebenserwartung spricht. Die Ärzte trauen sich

---

1 Andrea, die Frau von Björn, erkrankte an ALS und verstarb 2003. Ihr gemeinsamer Sohn war damals 11 Jahre alt.

nicht, das mit allen Konsequenzen zu sagen, sie versuchen, dich nicht umzustürzen. Was natürlich letztendlich dann doch passiert. Aber weil diese Krankheit so schleichend fortschreitet, ist es nicht so greifbar. Man glaubt es nicht. Die Hoffnung lässt einen nicht los, bis zum Schluss. Stillstand wäre immer ein Fortschritt gewesen. Wäre die Erlösung gewesen, weil alles andere bedeutet, es wird schlimmer.

Andrea hat sich natürlich viele Gedanken gemacht und hat sicherlich auch die Angst gehabt, dass alles eintreten kann wie befürchtet. Ab einem bestimmten Punkt hat sie dann gesagt, nein, ich werde diese Krankheit nicht zulassen, ich werde nicht zulassen, dass sie mich dahinrafft. Sie hat Betroffene kontaktiert, hat Informationen herangeholt, über das Internet geht das gut, da ist sie sehr aktiv geworden. Sie hat Mittel und Wege gesucht, den Krankheitsverlauf aufzuhalten oder zu verlangsamen. Sie wusste natürlich, dass das mit dem Tod enden wird, aber sie hat gesagt, ich möchte trotzdem so lang wie möglich durchhalten und am Leben teilnehmen und da sein, auch in der Hoffnung, so lange noch am Leben zu sein, dass in der Zeit etwas gefunden wird, was gegen die Krankheit hilft. Die Hoffnung stirbt zuletzt. Das ist ein blöder Spruch, aber ich habe es auch genauso erfahren. Das war auch ihr Motor, sonst hätte sie das nicht geschafft, so lange durchzuhalten. Die durchschnittliche Lebenserwartung lag bei etwa zwei Jahren, ungefähr, die hat sie mit sechs Jahren weit überschritten.

Ich habe mir selber auch Unterstützung geholt, über die Jahre hinweg, das war sehr wichtig – Ventile, um Luft zu holen. Das wurde zum Schluss hin immer schwieriger, weil die zeitliche Einbindung einfach enorm ist. »Twentyfour seven«, so ungefähr.

Ich hatte tagsüber nicht so viel Zeit wie Andrea, mich mit all dem auseinanderzusetzen, ich musste arbeiten. Sie hat die Organisation unseres Alltags übernommen, weil sie das zunächst noch gut konnte. Als dann immer mehr Funktionen bei ihr ausfielen und sie es nicht mehr konnte, haben wir abends oft alles zusammen besprochen. Die Krankheit war dann eigentlich ununterbrochen das

Thema, sie ist einfach nicht mehr wegzudenken gewesen. Es gab nur ganz wenige Ausnahmesituationen, wo das mal ausgeblendet wurde. Eigentlich ist das Thema von morgens bis abends präsent. Das kostet unheimlich viel Energie und ist zehrend, sehr zehrend.

Im gemeinsamen Umgang mit der Krankheit, da fließen viele Tränen. Trotzdem haben wir versucht, immer wieder nach vorne zu gucken und Lösungen zu finden, das war der Fokus. Wir wollten es einfach nicht wahrhaben und uns geschlagen geben. Natürlich sind wir auch an Grenzen gekommen, was unsere Beziehung angeht. Durch diese Belastung bist du an einem Punkt, wo oft auch mal ein Streit entsteht, Vorwürfe kommen, das ist nicht immer nur gemeinsam und schön. Zum Schluss kippt das immer mehr. Dann überwiegt das Gefühl »Wofür mache ich das« und »Ich kann das nicht mehr«, »Ich will das nicht mehr«. Das geht hoch und runter, da sind die Emotionen sehr in Wallung. Am Anfang: Gemeinsam sind wir stark, und zum Schluss geht es darum, wie kann man sich den Freiraum noch minimal erhalten, so dass man selber überleben kann. Das war schon oft sehr grenzwertig, und ich war kurz davor, meine eigene Energie zu verlieren. Das hat sich dann überall gezeigt, beim Job, körperlich war ich total runter, Schlafmangel, hoher Blutdruck, Stresssymptome ohne Ende, Gedächtnisausfall. Das war schon eine harte Zeit. Die Hoffnung, dass es zu einem Stillstand kommt, die ist bis zuletzt dagewesen, vielleicht die letzte Woche oder den letzten Monat nicht mehr. Der Schluss kam relativ plötzlich. Ich hab gemerkt, dass Andrea sich entschieden hatte, sie hat die Energie, den Lebenswillen nicht mehr gehabt und gesagt: Jetzt geht es nicht mehr. Dann ging es ganz schnell.

Es gab bei mir sicher Gedankenblitze darüber, was nach ihrem Tod sein würde, aber eigentlich war da kein Raum dafür da. Irgendwann habe ich mir dann auch gesagt, das lässt du einfach auf dich zukommen, das muss dich jetzt nicht interessieren, im Moment ist der Fokus auf das Lindern dieser Krankheit gelegt und auf das Organisieren des Alltags, nicht auf das Hinterher. Das wird sich dann ergeben, dachte ich, das muss ich nicht vorbereiten.

Eine lebensbedrohliche Erkrankung zwingt die Beteiligten nicht immer und unweigerlich zur vorherigen Auseinandersetzung mit dem Tod. Es gibt viele Krankheiten, beispielsweise unterschiedliche Arten von Krebs, die zwar ebenfalls massive Ängste und Befürchtungen auslösen, aber behandelbar sind und bei deren Verlauf der Glaube an und die Hoffnung auf Heilung die Gedanken und den Umgang mit der Situation bestimmen. Nicht nur in Bezug auf die medizinische Behandlung sind diese Hoffnung und das Vertrauen in den eigenen Körper wichtig und hilfreich. Sie geben Kraft und unterstützen den Erkrankten wie den Begleitenden auf dem Weg zum Ziel, wieder gesund zu werden, gemeinsam das Schwere zu tragen und danach miteinander möglichst befreit und gestärkt auf die Zeit der Angst und der Sorgen zurückblicken zu können.

Nimmt die Erkrankung einen anderen Verlauf und stellt sich als unbesiegbar heraus, fällt das Erkennen und Annehmen dieser Wendung nach der Phase der Hoffnung immens schwer und wird oft – zumindest von einem Beteiligten – bis zum letzten Moment verweigert. Man will ignorieren, was einfach nicht sein darf. Umso mehr, wenn zwischenzeitliche Behandlungserfolge und -misserfolge das Auf und Ab der Gefühle nahezu unerträglich machen und die Grenzen der Belastbarkeit überschritten werden.

Die verbleibende Zeit kann darüber entscheiden, ob ein bewusster Umgang mit der neuen Perspektive möglich ist. Manchmal verschlechtert sich der Zustand des Erkrankten überraschend innerhalb von Tagen oder wenigen Wochen, und die Schnelligkeit des Geschehens überholt alle Beteiligten – selbst die behandelnden Ärzte –, so dass ein ehrliches Gespräch entweder zu spät oder gar nicht mehr stattfindet. Aber auch ein viel längerer Zeitraum zwischen der ersten Ahnung, dass nicht mehr Heilung das Ziel ist, und dem späteren sicheren Wissen, dass es um Sterben und Verlust geht, bedeutet nicht unbedingt ein offenes Umgehen mit dem Thema.

Einen harten Bruch in der Wahrnehmung löst die Konfrontation mit der Tatsache aus, dass es keine Hilfe mehr gibt, der Patient »austherapiert« und das Sterben nur noch eine Frage der Zeit ist. Dieses Ende der Hoffnung ist ein tiefgehender Schock, der nur bewältigt werden kann, wenn Patient und Begleiter Unterstützung und Hilfestellung bekommen.

Doch nur zu häufig sind die Betroffenen mit der Situation völlig überfordert. Das Informationsgespräch ist viel zu kurz und findet im Extremfall sogar auf dem Krankenhausflur statt; man wird mit der Mitteilung allein gelassen; man ist vollkommen allein mit der Aufgabe, den Kindern, anderen Familienmitgliedern und engen Freunden die Nachricht irgendwie überbringen zu müssen; und nicht zuletzt bedeutet es eine extreme Erfahrung, dem Partner wissend in die Augen zu sehen. Dies alles übersteigt die Kraft und Vorstellung des einzelnen Menschen.

Wie soll ich mich verhalten, wenn der Erkrankte nichts davon wissen will? Wenn er abblockt, den Blick auf die Wahrheit ablehnt und bis zum Schluss verweigert oder sich mit dieser Wahrheit nur alleine auseinandersetzen kann oder will? Wenn für ihn die Situation ohne Aufrechterhaltung des Scheins nicht zu ertragen ist, er vielleicht glaubt, dadurch seinen Partner, seine Familie schützen zu können? Was, wenn es mir selbst so geht und ich nicht die Kraft habe, den Gedanken an den Verlust des Partners zuzulassen und die Hoffnung – egal, wie unrealistisch sie auch ist – nicht aufgeben kann? Weil die Angst, das Kommende nicht auszuhalten, übermächtig groß ist?

Ob hoch bezahlter Unternehmensberater oder perfekt organisierte Familienmanagerin – hier betreten alle unbekanntes Land. Nur wenige können in diesen Momenten auf eigene Erfahrungen zurückgreifen oder wissen, wie sie sich verhalten sollen. Schwere und einsame Entscheidungen stehen in dieser Zeit an, und das Gefühl des Verlassenseins meldet sich schon beim bloßen Gedanken daran. Die Begleitung durch einfühlsame Ärzte, erfahrene Krankenpfleger, einen Seelsorger oder auch durch Freunde, die einem mutig zur Seite stehen, kann die Möglichkeit eröffnen, den Blick nach vorn zu wagen.

Im bewussten Umgang liegt die Chance, sich dem Abschied unverstellt zu nähern. Indem man die Endlichkeit anspricht, sich gegenseitig stützt und die Situation annimmt. Rückblickend ist für viele hilfreich und tröstend, dass sie dem Partner persönlich oder auch sachlich wichtige Fragen stellen konnten oder Ungeklärtes und seit langem zwischen ihnen Stehendes noch bereden und ausräumen konnten. Vielleicht hat man dem Partner auch einfach nur noch mal gesagt, was man für ihn empfindet, und konnte so ganz bewusst gegenseitig Abschied nehmen.

Dieser Weg ist alles andere als leicht. Ohne Versteckspiel und Ausweichmöglichkeiten sind wir gegenüber den Gefühlen, die uns manchmal ganz plötzlich überrollen, schutzlos. Das betrifft nicht nur unsere, sondern auch die Gefühle des Partners: Ob sie nun gerade guttun or ob sie bitter sind, sie entfalten ihre Wirkung aus der Tiefe und Offenheit der Empfindung. Einerseits verstärkt das nochmals die Bindung, die Nähe zueinander, andererseits ist das Leiden des jeweils anderen zeitweise kaum auszuhalten. Auf dieser Strecke gibt es viele unvorhersehbare Auslöser für emotionale Momente.

Ich halte es für eine nicht zu rechtfertigende Grenzüberschreitung, den Erkrankten gegen seinen ausdrücklich geäußerten oder aber deutlich spürbaren Wunsch, nichts davon wissen zu wollen, zu einer Auseinandersetzung mit dem eigenen Sterben zu zwingen. Mag der Leidensdruck des Begleitenden sowie das Bedürfnis, noch Antworten auf Fragen zu bekommen, noch so groß sein oder jemand von außen diese Konfrontation aus gut gemeinten Gründen anraten: Dem Erkrankten – der ohnehin ungefragt vielen Zwängen ausgesetzt ist und unfreiwillig im Fokus des Geschehens steht – wird auf diese Weise auch noch die Wahl genommen, mit welchem Blick, mit welchem Gefühl er auf dem letzten Stück seines Lebens unterwegs sein will.

Oft wird erst nachträglich deutlich, wie befreiend und auch tröstend das Wissen sein kann, dem Verstorbenen – soweit es in unserer Macht lag – alle Wünsche erfüllt, ihn und seine Bedürfnisse respektiert zu haben. Denn im Verlauf der Trauer kommen fast unumgänglich Fragen auf wie: »Habe ich alles für meinen Partner getan?«, »Hätte ich etwas besser machen können?«

Habe ich selbst das Bedürfnis, mich mit dem Sterben und dem unabwendbaren Tod des Partners auseinanderzusetzen, muss und sollte ich das jedoch keinesfalls verdrängen, sondern mir ein geeignetes Gegenüber dafür suchen. Einen Freund, einen Seelsorger, einen Begleiter, der selbst schon Trauer erfahren hat oder bereit ist, sich mit mir auf diese Erfahrung einzulassen. Oder ich suche mir Literatur zum Thema. Auf das eigene Bauchgefühl zu hören und zu spüren, dass meine Seele – wenn ich ihr nur Raum gebe – sehr genau weiß, was mir guttut und was ich brauche, ist eine Erfahrung, die sich durch den gesamten Trauerprozess ziehen wird.

Welcher dieser beiden Wege begangen wird beziehungsweise begangen werden kann, hängt von vielen individuellen Faktoren ab. Neben der zur Verfügung stehenden Zeit und den Möglichkeiten, die sich aus dem Umfeld ergeben, spielt das Befinden und die persönliche Lebenseinstellung aller Beteiligten dabei eine entscheidende Rolle. Eine allgemeingültige Empfehlung auszusprechen oder einen der Wege als besser oder schlechter zu bezeichnen, ist angesichts der Unterschiedlichkeit der einzelnen Menschen und Situationen nicht angebracht.

Die Erfahrungen, die ich als Trauerbegleiterin in den vergangenen Jahren gemacht habe, unterstützen mein eigenes Erleben beim Tod meines Mannes: Eine wirkliche Vorbereitung auf den Tod des Partners, ein »Vorwegnehmen«, ist nicht möglich, auch durch keinen noch so offenen Umgang mit dem Thema. Auch das scheinbar vorbereitete Sterben, der erwartete Tod des Partners ist, wenn die Situation eintritt, ein emotionaler Schock, den man nicht »vorfühlen« kann.

Diagnose: lebensbedrohliche Erkrankung
Andreas, geb. 1961, Berater:[2]

Ich glaube, wenn ich früher begriffen hätte, dass meine Frau stirbt, hätte ich mich auch früher mit den Bedingungen des Danach auseinandergesetzt. Meine Frau hat es vor mir begriffen, und sie wusste natürlich um meine Hemdsärmligkeit, was diese ganzen Haushaltsgeschichten angeht, und hat dann angefangen, lauter Listen zu schreiben für alle möglichen Bereiche, wie wird eine Steuererklärung, eine Mietabrechnung gemacht, wo wird was gekauft, wann sind irgendwelche Verträge fällig, wann muss was gekündigt werden usw. Zunächst dachte ich, na gut, schreib's mal auf, aber nachher war es dann bitter ernst. Und für mich eine sehr große Hilfe.

Die Diagnose haben wir im Januar bekommen, von da an bis zu dem Zeitpunkt, als meine Frau verstarb, vergingen gut anderthalb Jahre. Es ist am Anfang erst einmal ein großer Schock, auch für den Partner, wenn man so eine Diagnose bekommt. Man hat natürlich wahnsinnige Angst und denkt, die Welt geht unter. Man braucht einen gewissen Zeitraum, um zu realisieren, was das alles bedeutet. Auch um festzustellen, dass es so schnell dann doch nicht geht, weil es in relativ großen zeitlichen Zyklen verläuft.

Wir haben das Undenkbare, das endgültige Ende natürlich mal angesprochen, aber es war eigentlich immer ein Unthema, weil wir, wenn es schlechte Prognosen waren, immer gesagt haben, das interessiert uns alles nicht. Wir sind bei den paar Prozent,

---

[2] Andrea, die Frau von Andreas, verstarb 2007 an den Folgen von Unterleibskrebs. Ihre beiden gemeinsamen Söhne waren damals 3 und 4 Jahre alt.

die es trotzdem schaffen. Wir glauben da ganz fest dran und tun alles dafür, und deshalb haben wir uns mit dem Tod eigentlich sehr, sehr lange überhaupt nicht auseinandergesetzt. Ich hab das immer als Horrorszenario vor Augen gehabt, meine Frau natürlich auch, sie sah mich allein mit den kleinen Kindern.

Und dann gab es den Punkt, als wir es klar gesagt bekommen haben. Das war etwa sechs bis acht Wochen, bevor meine Frau dann tatsächlich verstarb. Ich glaube, meine Frau hat es schon einige Zeit vor mir realisiert. Ich selber habe es nicht realisiert. Mich hat dann erst ein Arzt darauf aufmerksam gemacht, als ich im Krankenhaus quasi Amok gelaufen bin nach dem Motto: Machen Sie was! Da hat er mich zur Seite genommen und hat gesagt: Hören Sie mal zu, wir sind jetzt nicht mehr auf der aufsteigenden Geraden, sondern auf der absteigenden Geraden, und das geht hier irgendwann zu Ende. Das war für mich ein Riesenschock, ich wollte es bis dahin nicht wahrhaben.

Letztendlich ist meine Frau an einem Durchbruch im Magen verblutet, und das ist sehr plötzlich passiert. Ich hab nicht damit gerechnet, selbst an dem Tag, als sie im Bett lag und es ihr sehr schlecht ging. Nur weil uns der Onkologe zufällig zu Hause besucht hat und er neben mir stand und sagte, es geht jetzt zu Ende, habe ich es überhaupt realisiert. Da hatte ich ihr vorher schon Morphium gespritzt, sie war gar nicht mehr ansprechbar, zu dem Zeitpunkt hatten wir keine Kommunikation mehr, außer dass ich ihre Hand gehalten habe.

Plötzlicher Tod

Es gibt keine Vorbereitung, nichts. Von einem Moment auf den anderen ändert sich alles. Was gerade noch wichtig war – der anstehende Kindergeburtstag, die Einkaufsliste, das Projekt im Job oder die Urlaubsplanung –, verliert mit der Nachricht, dass der Partner verunglückt ist, einen Infarkt hatte, zusammengebrochen ist oder tot aufgefunden wurde, jegliche Dringlichkeit und jeden Sinn.

Eine Möglichkeit, mit der Situation konfrontiert zu werden, ist die überbrachte Nachricht: der Polizist vor der Haustür, der Anruf in oder aus der Firma, ein Anruf aus einem Krankenhaus, von einem anderen Familienmitglied oder von einem Freund. Anders ist es, den Partner selbst aufzufinden oder dazuzukommen und dabei zu sein, wenn sein Herz versagt oder er die Treppe hinunterstürzt, wenn er morgens nicht mehr aufzuwecken ist oder wenn er sein Leben selbst beendet hat. Die Erinnerung an diesen Moment bleibt für immer. Selbst kleinste Details, eine bestimmte Blumensorte in der Vase, der Stift auf dem Schreibtisch, die Sendung im Fernsehen oder die laufende Waschmaschine sind bei den meisten nach Jahren noch präsent, als wäre es gestern gewesen.

In jedem Fall ist es ein tiefgehender Schock, der häufig mit Bildern wie »Mir wurde der Boden unter den Füßen weggezogen« oder »In dem Moment hielt die Zeit an« beschrieben wird. Die spontanen körperlichen und verstandesmäßigen Reaktionen auf das Geschehen sind so unterschiedlich wie die Menschen selbst: Man zittert, ist vorübergehend reaktionsunfähig, funktioniert wie fremdbestimmt oder lehnt alles brüsk ab: »Das ist nicht wahr!« Für alle Betroffenen gilt, dass sie in den nächsten Minuten, Stunden, Tagen, Wochen dringend Hilfe und Unterstützung brauchen, um Orientierung zu bekommen, um sich irgendwie zurechtzufinden in dem Lebenschaos, in das sie ohne jede Vorbereitung hineingeschubst wurden.

»Komm bitte schnell nach Hause / ins Krankenhaus, es ist etwas Schreckliches passiert.« Der Anruf, während ich an der Supermarktkasse stehe, mit den Kindern spiele oder im Gespräch mit Kollegen oder Kunden bin, lässt mich nach ersten, oft kurz und hektisch ausgetauschten Informationen vollkommen allein dastehen. Was jetzt? Wo muss ich hin und wie komme ich da hin? Wer holt die Kinder aus der Kita? Wem muss ich gleich Bescheid geben? Wer hilft mir? Die Gedanken überschlagen sich – vielleicht ist der Kopf auch plötzlich absolut leer und nicht fähig zu denken –, ich befinde mich in einem absoluten Ausnahmezustand, muss eventuelle Panik allein in den Griff kriegen und funktionieren.

Wird die Nachricht persönlich überbracht, ist zumindest jemand da. Ich habe ein Gegenüber, das mich – im besten Fall – auffängt und hält, mich beim Aufnehmen der Nachricht begleitet und meine ersten Reaktionen aushält. Mir vielleicht sagt, was zu tun ist, was jetzt wichtig ist. Den Schock mindert das nicht. Es kann jedoch eine Hilfestellung sein, und ich bin nicht völlig allein gelassen mit all den Gedanken und Fragen, die mir durch den Kopf schießen.

Im schlechteren Fall ist mein Gegenüber selbst überfordert, distanziert sich, hat Angst vor meiner Reaktion. Auch aus Routine oder Mangel an Einfühlungsvermögen gemachte unbedachte Äußerungen können tief verletzen und die Erinnerung an diesen Moment prägen.

Der Bedürftigkeit des Betroffenen entspricht, dass sein Umfeld selbst heftigste Reaktionen erträgt und Verständnis dafür zeigt. Er braucht ehrliches Mitgefühl und erfahrene Unterstützung, um diese große, plötzliche Belastung überhaupt auszuhalten.

Wo ist mein Partner jetzt? Lebt er noch? Kann ich zu ihm? Die Situation bestimmt, wie es weitergeht. Ob Nicht-Begreifen, Leere und Verzweiflung einsetzen, weil die Nachricht schon endgültig ist, oder ob das Hoffen und Bangen beginnt, weil der Partner zwar noch lebt, aber in lebensbedrohlichem Zustand, vielleicht unansprechbar, auf der Intensivstation oder im OP liegt – zu beiden Abläufen gehört das Gefühl, außerhalb von Zeit und Raum zu stehen und dem, was passiert, hilflos ausgeliefert zu sein.

Plötzlicher Tod – Unfall
Ilka, geb. 1968, Erzieherin:[3]

Alles, alles ist noch da. Der Morgen, als wir aufgestanden sind. Mein Mann war ein absoluter Langschläfer, er kam nie aus dem Bett. Eigentlich haben wir immer eine Tasse zusammen getrunken, aber an dem Morgen ging es nicht, weil er so spät dran war. Ich musste los, und er war verpennt, stand da in der Küche, ganz zersaust, und ich musste gehen. Ich hab dann nur so »Tschüs« gesagt, und auf dem halbem Weg zur Arbeit habe ich gedacht: Du hast ihm keinen Abschiedskuss gegeben, da hab ich wirklich überlegt zurückzugehen. Ich hab mich dann selbst beruhigt und gedacht, na, komm, das machst du halt morgen oder nachher, wenn du heimkommst. So um fünf habe ich ihn dann auch angerufen. Ich bin bekannt dafür, dass ich selten bei Leuten anrufe, und extrem selten bei meinem Mann angerufen habe, er hat das oft bemäkelt. Ich hab ihn also angerufen, und er war überrascht: Ja, was ist denn? Ich hab gesagt: Gar nichts, ich ruf nur mal so an, und da war er ganz erstaunt: Was, meine Frau ruft mich nur mal so an! Das ist ja toll, dass ich das noch mal erleben darf! Irgendwie war das Gespräch ganz albern. Und dann um sieben, kurz vor sieben, ich saß auf meinem Sofa und hab Fernsehen geguckt, die Jungs waren beschäftigt, da hatte ich plötzlich, ich weiß auch nicht, ich kann es nicht erklären, irgendwas war, ich bin aufgestanden und habe Panik gekriegt. Ich bin in die Küche, hab aus dem Fenster geguckt und habe Panik gekriegt. Ich habe die Freunde angerufen, zu denen er am Abend wollte, und gefragt: Ist Tobby schon bei euch? Sie sagten, er wollte doch erst um acht kommen, was denn los sei? Ich sagte: Ich weiß nicht, ich hab so ein komisches Gefühl. Da haben die mich natürlich beruhigt und gelacht: Wir sprechen hier von Tobby, der ist doch nie pünktlich. Da hab ich versucht, mich zu beruhigen, und hab selber auf

---

[3] Tobias, der Mann von Ilka, verunglückte 2008 tödlich mit dem Motorrad. Ihre beiden gemeinsamen Söhne waren damals 12 und 14 Jahre alt.

die Uhr geguckt, deshalb weiß ich es so genau, und hab gesehen, es ist noch nicht mal sieben. Ich hab mich selber gefragt, was ist denn los mit dir! Aber ich konnte es nicht erklären.

Dann hab ich meine Eltern angerufen, die wohnen nebenan, und hab gesagt, ich glaub, ich fahre jetzt mal die Strecke ab, irgendwie hab ich ein doofes Gefühl. Meine Eltern haben natürlich auch beschwichtigt, aber ich wusste das irgendwie so. Dann habe ich seinen Arbeitskollegen angerufen, mit dem wir auch befreundet sind, und hab ihn gefragt, ob Tobby schon weg war, als er losgefahren ist. Er meinte, dass sein Motorrad noch dagestanden habe, als er gegangen war. Da wurde ich völlig panisch, denn ich war mir sicher, dass er mit dem Fahrrad fahren wollte, es war ja schon Ende Oktober, eigentlich nicht mehr die Zeit, um Motorrad zu fahren. Der Kollege hat mir erzählt, dass Tobby morgens einen Platten am Rad hatte und deshalb mit dem Motorrad gefahren war. Da hab ich erst begriffen: Er wollte mit dem Rad fahren, dann war da der platte Reifen und er ist wieder hoch und hat sich umgezogen, deshalb war alles, sein Handy, sein Portemonnaie, in der anderen Jacke. Ich habe meine Eltern noch mal angerufen, und zeitgleich klingelte sein Handy in seiner Jackentasche. Also bin ich ran, und es waren diese Freunde, zu denen er abends wollte. Ich hatte beide Hörer in den Händen und stand am Küchenfenster, und in dem Moment kam der Peterwagen. Und da hab ich, glaub ich, schon nur noch geschrien. Alle haben gefragt, was ist denn los, und ich hab gesagt, jetzt kommt die Polizei. Dann haben die Polizisten geklingelt, und ab da kann ich mich eigentlich nicht mehr erinnern. Ich habe später den Unfallbericht gelesen und da stand, die Ehefrau war nicht mehr aufnahmefähig. Der Freund am Handy hat nur gesagt: Mach nichts, ich komme! Ich hab dann auf dem Fußboden in meinem Flur gehockt, das erinnere ich irgendwie, und die Polizisten haben gefragt, ob das sein kann, dass mein Mann sein Motorrad verliehen hat, weil sie ja nicht wussten, ob er es war, er hatte ja keinen Ausweis dabei. Sie haben nur gewusst, es ist sein Motorrad. Sie haben nur gesagt, es gab einen Unfall, und er sei ins Universitätskrankenhaus Eppendorf gebracht worden. Ich hab gefragt: Lebt er? Sie haben geantwortet: Das können wir Ihnen nicht sagen, das wissen wir nicht. In der Zwischenzeit haben meine Kinder natürlich alles mitgekriegt und waren auch aufgeregt. Dann kam der Freund und sagte, komm wir fahren nach Eppendorf.

Als wir dort waren und ausgestiegen sind, hab ich gesagt, ich geh da nicht rein. Ich hatte gar keine Hoffnung, dass es nicht schlimm sein könnte, ich kann das nicht erklären, aber ich hab das gewusst. Ich hab gesagt, ich geh da nicht rein. Ja, und dann sind wir halt doch reingegangen, und dann stand da, das war das Erste, was ich gesehen hab, dieses gelbe Schild »Vorsicht Rutschgefahr«, und sofort hatte ich diese Assoziation im Kopf, dass er heftig geblutet hat und dass deshalb alles sauber gemacht werden musste. Eine Schwester kam auf mich zu und guckte mich völlig entsetzt an. Thorsten hat gesagt: Wir suchen ihren Mann, er soll einen Motorradunfall gehabt haben. Die Krankenschwester kam sofort mit einer Tablette und sagte: Nehmen Sie mal diese Tablette. Ich hab gesagt: Nee, die nehme ich mit Sicherheit nicht, und dann kam der Arzt und sagte: Frau R., Ihr Mann hat einen Unfall gehabt. Ich hab nur gesagt: Lebt er? Sagen Sie mir nur, ob er lebt? Er hat so ganz doof gesagt: Er ist tot – so als ob noch ein Aber kommt, und ich hab gedacht, jetzt sagt er: Aber nicht in echt, aber nicht richtig. Es klang so, es gibt doch Sätze, wo man hört, es kommt jetzt noch ein Aber, aber es kam kein Aber. Erst viel später habe ich überlegt, dass er vermutlich sagen wollte, denn das hat er später auch zu Thorsten gesagt: Aber wenn man so schnell fährt, ist das ja auch kein Wunder. Ich weiß nur, dass ich ganz kurz geschrien hab und der Thorsten mich aufgefangen hat, und ab da war ich, ja, wie unter Droge. Ich habe diese Tablette nicht genommen, aber ich war plötzlich ganz ruhig. Ich weiß, ich hatte sein Portemonnaie in der Hand, das hatte ich mitgenommen. Ich hab dann die Schwester, die völlig überfordert war – sie war ganz jung und tat mir leid, sie hat immer ganz hilflos über meinen Rücken gestrichen –, ich hab sie angeguckt und gesagt: Haben Sie meinen Mann schon gesehen? Der ist hübsch, ich hab einen hübschen Mann, nicht? Und wir wollten nach Amerika fliegen, und es ist schon alles geplant. Ich hab alles Mögliche erzählt, ich wusste nicht, was ich tat.

Dann habe ich gesagt, ich will ihn sehen, und mir wurde gesagt, ich dürfe ihn nicht allein sehen, ich müsse warten, bis die Seelsorgerin kommt. Wir haben lange gewartet, und endlich kam diese Seelsorgerin, und das war ganz schlimm. Das passte überhaupt nicht, sie hat mir gar nicht geholfen, im Gegenteil. Jetzt durfte ich zu Tobby, und da lag er unter so einem Laken, und das Gesicht war ganz kalt, aber der Körper war noch warm. Ich wollte das Laken wegnehmen, weil ich ihn in den Arm nehmen wollte, und das hat sie mir nicht erlaubt, sie hat mich richtig weggezogen, und ich hab mich geärgert, dass ich mir das hab gefallen lassen. Überhaupt war falsch, dass sie dabei saß, das war so ein intimer Moment, sie hatte da gar nichts zu suchen, fand ich.

Ich hatte den Druck, wieder nach Hause gehen zu müssen, denn ich hatte meinem größeren Sohn gesagt, ich sag dir sofort Bescheid, sobald ich etwas weiß. Also musste ich heim, denn ich konnte meinen Kindern doch nicht am Telefon sagen, euer Vater ist gestorben. Dann bin ich mit der Seelsorgerin nach Hause, und es ging so furchtbar weiter, erst hatte sie kein Kleingeld für die Schranke, dann war das ganze Auto vollgequalmt, es war alles schrecklich. Wir sind zu mir nach Hause, in der Zwischenzeit waren ganz viele Leute gekommen, mein Vater und Freunde, die saßen alle um meinen Esstisch und haben Schnaps getrunken. Meine Kinder saßen auf dem Sofa. Wir sind rein, und alle meine Freunde sind aufgestanden, weil sie dachten, jetzt kommt die »Fachfrau«, die Seelsorgerin, jetzt kommt jemand, der das irgendwie hinkriegt. Alle waren überfordert mit der Situation. Sie sind alle auf die Terrasse, vor allem die Raucher, und anstatt dass die Seelsorgerin mir beisteht, ging sie mit auf die Terrasse und sagt zu meiner Freundin: Haste mal ne Kippe für mich? Und ich saß alleine vor meinen Kindern, und die haben mich angeguckt. Ich habe nur gesagt: Jetzt müssen wir drei alleine klarkommen. Und von da an habe ich das Gefühl – also bis dahin weiß ich alles, als ob es gerade gewesen wäre –, und von da an ist es wie Pudding in meinem Kopf. Ich kann nicht mehr chronologisch sagen, was dann passiert ist.

Es begann das Warten. Irgendwie hatte ich immer das Gefühl, man wartet, man sitzt und wartet, und ich wusste gar nicht, worauf. Ich hab das auch mal gesagt zu den anderen: Auf was warten wir eigentlich? Weil wir nur so herumgesessen haben, so fassungslos, man kann nichts machen und sitzt und guckt vor sich hin.

Ich beneide Kathrin so um diesen letzten Satz, dass ihr Freund Tschüs zu ihr gesagt hat, ich beneide sie so darum. Für mich ist das das Allerschlimmste, weil ich von den Ersthelfern gehört habe, das steht im Unfallbericht, dass Tobby etwas sagen wollte. Er war nicht sofort tot, sie haben ihn reanimiert, er hat versucht, etwas zu sagen, aber das hat keiner verstanden. Das hat mich am Anfang fast verrückt gemacht, diese Vorstellung, dass er da ganz allein auf dieser Straße stirbt und keiner ist da, und dass ich ihm nichts mehr sagen konnte.

Wenn man direkt dabei ist, wenn der Partner plötzlich stirbt oder in einen lebensbedrohlichen Zustand gerät und man dazukommt oder ihn als Erster auffindet, bedeutet das, alles unmittelbar mitzuerleben. Die Erinnerung an diesen Moment schließt dabei – zusätzlich zum Schock des Ereignisses – die Bilder des verletzten, sterbenden, toten Partners mit ein. Sie überdeckt für eine mehr oder weniger lange Zeit das bisherige Bild des lebendigen Menschen, so wie man ihn kannte und wahrgenommen hat. Einige werden diese Bilder nie ganz los.

Es macht einen immensen Unterschied im späteren Erinnern, ob ich auf diese Weise gezwungen werde, etwas mit anzusehen, weil ich – vielleicht als Einziger – da bin, handeln muss und keine Chance habe, mich abzuwenden, oder ob ich darüber nachdenken und frei wählen kann, meinen verstorbenen Partner noch einmal zu sehen, um bewusst Abschied zu nehmen. Das eine Erlebnis kann sich traumatisierend auswirken, das andere kann heilsam und hilfreich sein, um zu begreifen, dass dieser Mensch gestorben ist.

Ohne die geringste Vorwarnung aus den vertrauten und bis zu diesem Moment so sicher scheinenden Lebensumständen herausgerissen zu werden, ist unfassbar. Es bedeutet ein Spießrutenlaufen durch Gefühle, die in nie gekannter Schwere und Heftigkeit auftauchen und vermutlich nur für jene Menschen wirklich nachvollziehbar sind, die Gleiches oder Ähnliches erlebt haben.

Das emotionale Wechselbad, dem diejenigen ausgesetzt sind, deren Partner trotz intensiver medizinischer Versuche, sein Leben zu retten, nach kurzer Zeit doch verstirbt, hat Ähnlichkeit mit den Höhen und Tiefen der Gefühle von Angehörigen, die beispielsweise einen Krebspatienten begleiten. Nur dass alles viel schneller geht, wie im Zeitraffer: ohne jede Möglichkeit, sich auf etwas einzustellen, ohne jede Zeit, zwischendurch zu Atem zu kommen und sich zu sortieren.

Manchmal beginnt schon während der Wartezeit auf dem Flur das Grübeln rund um das Warum. Warum passiert das uns? Warum habe ich das nicht verhindern können? Warum haben wir uns heute Morgen noch über diesen Kleinkram gestritten? Viele solcher Fragen werden noch folgen, und auf fast keine gibt es eine Antwort, mit der wir uns zufriedengeben wollen. Wir hadern mit dem Schicksal des Partners und unserem eigenen.

Niemand kann sich aussuchen, welchen Verlauf das Geschehen nimmt, keiner wird gefragt. Vom Geschehen überrollt zu werden, ihm schutzlos ausgeliefert zu sein sowie unter Zeitdruck und unerfahren Entscheidungen treffen zu müssen, macht unsicher und hilflos. Die meisten von uns sind es jedoch nicht gewohnt, auf Hilfe angewiesen zu sein. Während das Anbieten von Hilfe eher mit einem guten Gefühl verbunden ist – umgeben von der Aura von Stärke und

Wissen –, schwingt beim Annehmen von Hilfe für viele ein unangenehmes Gefühl von Schwäche, mangelnden eigenen Fähigkeiten und Überforderung mit.

Wenn die Eltern oder Geschwister nicht in der Nähe wohnen, was heutzutage sehr häufig der Fall ist, gilt es in diesem Zeitraum der Unsicherheit erst einmal die Versorgung und Betreuung der Kinder zu organisieren. Habe ich keine Kinder, sind es vielleicht Haustiere, um die sich gekümmert werden muss. Oder ein Geschäftsbetrieb, in dem ich alles stehen und liegen gelassen habe. Wen muss ich benachrichtigen? Wer kann mir helfen? Ich kann gerade kaum für mich selber sorgen, wie soll ich mich da um alles andere kümmern? Und derjenige, der mich sonst immer unterstützt hat, den ich im Notfall um Rat und Hilfe gefragt und mit dem ich Schwieriges besprochen habe, kommt nicht, um mir zu helfen – ab jetzt ist er für mich unerreichbar. Eben noch ein Paar, sind wir nun unfreiwillig getrennt.

Auch wenn in der Partnerschaft nicht alles rund gelaufen ist, Meinungsverschiedenheiten oder echte Beziehungsprobleme bestehen, führt uns sowohl der drohende als auch der endgültige Verlust vor Augen, wie sehr wir mit dem anderen verbunden sind. Es geht nicht mehr darum, mit Schwächen des anderen oder eigenen Unzulänglichkeiten klarzukommen, auf einmal geht es darum, plötzlich alles zu verlieren.

Das aus dem Miteinander gewachsene Gefühl der Zusammengehörigkeit, das Wir, ist in dieser Situation ohne Einfluss, wird rücksichtslos übergangen. Wie bei einem Blitzschlag, der einen Baumstamm spaltet, wird ein Teil von uns schmerzhaft mit Gewalt abgetrennt.

Eine Vielzahl von Einzelheiten fügt sich wie beim Tod nach Krankheit auch beim plötzlichen Tod des Partners zu einem ganz individuellen Ablauf zusammen, wird zur eigenen Geschichte. Der Schock ist ein gemeinsames Merkmal, und doch sind Wahrnehmung und Fragen danach ganz unterschiedlich.

Im späteren Austausch mit anderen Betroffenen wird deutlich, was für den Einzelnen besonders schwer zu ertragen war, was ihm gefehlt hat und was er sich anders gewünscht hätte. Jemand, der nicht vor Ort gewesen ist und sich wieder und wieder fragt, ob seine Anwesenheit nicht doch etwas hätte ändern können, trifft beispielsweise auf jemanden, der alles miterlebt hat und sich genau deshalb immer wieder die Frage stellt, ob er etwas anders, besser hätte machen können, um den schlimmen Ausgang zu verhindern.

Überraschend und irritierend ist die Erkenntnis, dass das, was man selbst für die fehlende Antwort und damit für den Ausweg aus dem eigenen Fragenkarussell gehalten hat, gar keine Lösung bedeutet. Es schafft nur eine veränderte Ausgangslage mit fast genau den gleichen Fragen. Diese Feststellung macht ratlos, denn das Bedürfnis, eine Erklärung für das Geschehene zu bekommen oder selbst zu finden, ist übermächtig: Man will verstehen, was doch so unbegreiflich ist.

In der akuten Verlustphase ist noch gar nicht abzusehen, dass das Wissen um die Abläufe rund um den plötzlichen Tod des Partners nur einen kleinen Teil des Begreifens ausmacht und im Verlauf des Trauerwegs eher ein Nebenschauplatz wird. Genau zu erfahren, auf welche Weise, woran und unter welchen Umständen der Partner starb, ist für viele hilfreich und trägt zum Verstehen und Annehmen der Situation bei. Und doch werde ich erst langsam in den nächsten Wochen, Monaten und Jahren wirklich spüren und begreifen, welches Ausmaß an Veränderungen der Verlust meines Partners für mein weiteres Leben mit sich bringt.

Plötzlicher Tod – Herzinfarkt
Kathrin, geb. 1969, Krankenschwester:[4]
Auch heute noch, nach vier Jahren, erlebe ich jeden Freitag denselben Ablauf, alles ist noch ganz genau da. Wir sind normal gemeinsam zur Arbeit gegangen, es war alles gut, ich hab Mike noch bei der Arbeit gesehen, er hat mir einen Patienten gebracht, hat mich geküsst wie immer, hat mir gesagt: viel Spaß, und ich hab die Untersuchung gemacht und nach einer halben Stunde den Transport angerufen, um zu sagen, der Patient kann abgeholt werden. Aber dann kam der Kollege von Mike und sagte, er sitzt draußen im Auto, es geht ihm nicht gut, er will nicht reinkommen, geh mal raus. Ich bin sofort zu ihm gegangen, Mike saß im Krankenwagen, war sehr schweißig, und er sagte, er hat solche Schmerzen in der Brust, aber es würde ihm gleich wieder gutgehen. Ich musste ihn überreden, mit mir reinzugehen. Ich hab ein EKG geschrieben und gleich erkannt, dass er einen Herzinfarkt hatte. Ich hab dann sofort unseren Oberarzt gerufen, der war auch schnell da, und wir haben ihn gemeinsam auf die Intensivstation geschoben bei uns, haben gleich Blut abgenommen und den Notarzt geholt. Der hat gesagt, dass Mike nach Barmbek verlegt werden muss, damit die schauen können, welches Gefäß betroffen ist, und sie dann gleich einen Stent setzen können. Mike war wach, ansprechbar, und sagte, er will nicht nach Barmbek. Auf der Liege schäkerte er ganz normal herum, und auf einmal verzog er das Gesicht, es wurde zu einer Fratze, in dem Moment hatte er den zweiten Infarkt. Es waren sofort alle Ärzte da, alle Schwestern, der Defibrillator ging sofort an, wir haben ihn vielleicht dreißig Minuten reanimiert, haben alles gegeben. Ich hab in der Zwischenzeit aufgehört, weil ich nicht mehr konnte, stand aber daneben. Dann hörte ich, wie unser Oberarzt sagte, wir können aufhören, wir haben ihn wieder, in dem Moment machte Mike

---

4 Mike, der Mann von Kathrin, verstarb 2007 an einem Herzinfarkt. Die beiden haben je einen Sohn mit in die Partnerschaft gebracht, damals 15 und 17 Jahre alt.

die Augen auf, guckte mich ganz klar und deutlich an und sagte zu mir: »Tschüs, meine Süße.« Und dann hörte ich, wie in einem Film, dass jemand rief, wir verlieren ihn wieder, und sie haben sofort angefangen, weiter zu reanimieren mit dem Defibrillator. Ich hab den Raum verlassen und gesagt, ihr könnt aufhören, er hat Tschüs gesagt, und bin vor die Tür gegangen. Ich hab einfach vor der Tür gesessen, weil ich es nicht mehr sehen konnte, wie Mike da immer wieder nach oben flog, sein Kopf immer blauer wurde, ich hatte das Gefühl, er wird immer größer. Sie haben 1 Stunde 40 Minuten reanimiert, bis sie sagten, er kann jetzt nach Barmbek verlegt werden. Ich weiß, wie ich draußen gesessen habe und – ich glaub nicht an Gott – gebetet habe und gesagt habe: entweder ganz oder gar nicht, weil Mike immer gesagt hat, er möchte kein »Bewohner« bei uns werden. Sie haben dann Mike an mir vorbeigeschoben, intubiert, ich hatte das Gefühl, der Kopf war so groß und so dunkelblau wie ein riesengroßer Luftballon. Das, was sie an mir vorbeigeschoben haben, war irgendwie nicht Mike, aber in dem Moment schlug das Herz. Als sie ihn im Notarztwagen hatten, da hatte sein Herz schon wieder aufgehört zu schlagen, also haben sie ihn weiter reanimiert und der Wagen ist losgefahren.

Eine Kollegin hat mich nach Barmbek gebracht, und ich stand da in meinen Dienstklamotten ohne Jacke und ohne alles irgendwie auf der Station und habe gehofft. Irgendwann kam ein Arzt, der zu mir sagte, sie konnten nichts mehr für ihn tun. Der zweite Herzinfarkt war wohl so groß, dass man nichts mehr tun konnte. Und ich sehe heute immer noch diese Bilder und diesen großen Kopf vor mir, was ich immer sehe, ist, wie traurig er mich angeguckt hat, als er Tschüs gesagt hat zu mir, denn er war ja eigentlich schon tot nach dem ersten Mal. Ich glaube, dass er einfach zurückkommen wollte, weil er wusste, dass ich da stehe, das hoffe ich, wünsche ich mir, ich weiß nicht, wie das Phänomen ist, aber ich glaube ganz stark daran, dass er weiß, dass ich da gestanden habe, weil er wirklich nur für diesen kurzen Moment wach war, um sich von mir zu verabschieden. Ich sehe immer diese traurigen Augen vor mir, und ich möchte nicht diese traurigen Augen sehen, sondern ich möchte so gern diese lachenden Augen von ihm sehen.

Ich bin froh, dass ich dabei war, sonst hätte er sich von mir nicht verabschieden können, und ich glaube ja, dass er wirklich gemerkt hat, dass ich dabei war, und das tut mir gut, dass er in meiner Gegenwart sein konnte und nicht ganz allein irgendwo war. Jeden Tag, wenn ich bei der Arbeit bin, gucke ich automatisch um elf auf die Uhr. Auch heute noch, das ist ganz komisch.

Ich wollte dann meinen Sohn Paul anrufen, er war damals achtzehn, aber als ich endlich die Nummer von seiner Arbeitsstelle hatte, konnte ich ihn nicht erreichen. Ich habe ihm eine Nachricht hinterlassen, er möchte ins Krankenhaus kommen, es ist was mit Mike. Mehr nicht. Dann kamen Mikes Schwester und seine Mutter, die mich gleich sehr forsch ansprach: Er ist ja schon kalt, wieso hast du nicht vorher angerufen? Dabei hatte ich sie beide einfach ganz lang nicht erreicht. Ich weiß noch genau, wie ich da stand und gedacht hab: Wer nimmt mich mal in den Arm. Paul kam dann irgendwann und so saßen wir da – und irgendwann sagten Mikes Schwester und seine Mutter: Ja, wir gehen dann mal jetzt. Und ich: Ja, tschüs. Ich stand da, mit Paul, und er sagte: Mutti, und wir? Ich: Weiß nicht.

Mikes Sohn Maurice hab ich erst bei der Beerdigung gesehen, da saßen dann beide Jungs neben mir, und Maurice sagte zu mir: Ich möchte nichts von meinem Papa haben, ich möchte nur weiterhin zu dir kommen. Später hat er mal zu mir gesagt, er kommt so gerne zu mir, weil Mike bei uns nicht totgeschwiegen wird, sondern bei uns lebt Mike weiter. Dass es da die Bilder gibt und dass ihn alles an den Papa erinnert.

Trauerfeier und Bestattung

Ein entscheidendes Merkmal von Bestattungen ist, dass es keine wochen- oder gar monatelange Vorbereitung gibt. Es gibt weder Vorlauf noch Vorfreude, wie das beispielsweise bei den Vorbereitungen für andere Familienfeiern der Fall ist, bei Hochzeiten, Geburtstagen oder Taufen. Dieser Anlass ist geprägt von tiefer Traurigkeit, Verzweiflung, Schmerz oder auch dem Fehlen eines jeden Gefühls. Ich muss funktionieren und wie in Trance alles erledigen. Und ich muss entscheiden, was in der Zeitspanne zwischen dem Eintritt des Todes und der Bestattung getan werden muss.

Wenn der Partner gestorben ist, bleibt in der Regel nur eine relativ kurze Zeit, manchmal bleiben sogar nur drei Tage, bis die Beerdigung oder Trauerfeier stattfindet. Wenn es keine konkreten vorherigen Erfahrungen im Familien- oder Freundeskreis gibt, bedeutet das, spontane oder unerprobte Entscheidungen treffen zu müssen oder – wenn ich selbst dazu nicht in der Lage bin – von anderen treffen zu lassen. Und zwar endgültige Entscheidungen, die nicht rückgängig gemacht werden können und die über den Tag der Beerdigung hinaus Bedeutung haben.

Die Erinnerung an diesen Tag begleitet uns das ganze Leben lang, und eine stimmige Trauerfeier, die dem verstorbenen, aber möglichst auch dem trauernden Partner entspricht, kann eine wirkliche Stärkung sein. Sie hinterlässt ein – im Rahmen der Möglichkeiten – gutes Gefühl. Sowohl im aktuellen Moment als auch später, in der Erinnerung daran.

Die Wahl des Bestattungsunternehmens beeinflusst bereits entscheidend den Ablauf und die Atmosphäre dieser Tage. Für das Vergleichen von Angeboten, was etwa die Inhalte und die Preise betrifft, ist bei einem Trauernden gar kein Platz. Es ist angeraten und sinnvoll, jemanden aus meinem Umfeld um Unterstützung zu bitten oder zumindest einer persönlichen

Erfahrungs-Empfehlung zu folgen, statt den erstbesten Eintrag aus dem Branchenbuch zu nehmen.

So hilfreich und entlastend es ist, die technisch-organisatorischen Dinge abgeben zu können, so wichtig ist es, in allen individuellen und beeinflussbaren Bereichen einbezogen zu sein. Es sollte jemanden geben, der ausführlich berät, der alle Fragen rund um die Bestattung beantworten kann und der auf Wahlmöglichkeiten aufmerksam macht. Ein guter Bestatter weiß, dass all das, was für ihn – im positiven Sinne – berufliche Routine ist, für den Trauernden eine außergewöhnliche Erfahrung bedeutet, und er verhält sich dementsprechend einfühlsam. Respektvoller Umgang mit dem Toten und den Hinterbliebenen, sensibles Eingehen auf Vorstellungen und Wünsche sollte nicht nur selbstverständlich, sondern auch spürbar sein.

Bei einem unguten Gefühl oder spontaner Abneigung gegenüber dem Auftreten und Verhalten des Menschen, der die Ausrichtung der Trauerfeier maßgeblich mitgestalten wird, sollte ich, auch wenn es mir unangenehm ist oder mir umständlich erscheint, meinem Bauchgefühl vertrauen und mich an jemand anderen wenden. Denn es geht um die Bedürfnisse, das Erleben und spätere Erinnern der Trauernden und nicht nur um einen reibungslosen und schon gar nicht mechanisch vorprogrammierten Ablauf, der »hinter sich gebracht« werden muss.

Unterstützung durch das Bestattungsunternehmen
Ilka, geb. 1968, Erzieherin:[5]

Ich hatte das große Glück, an ein besonderes Bestattungsunternehmen zu geraten, wo die Leute seelsorgerisch einfach genau zu mir passten. Sie haben alles mit mir besprochen, diese drei, vier

---

5   Tobias, der Mann von Ilka, verunglückte 2008 tödlich mit dem Motorrad. Ihre beiden gemeinsamen Söhne waren damals 12 und 14 Jahre alt.

Wochen nach dem Unfall waren für mich die beste Trauerarbeit, die ich machen konnte.

Drei Monate vor dem Unfall hat sich ein Klassenkamerad von meinem jüngeren Sohn das Leben genommen. Bei der Trauerfeier war ich auf das Bestattungsunternehmen aufmerksam geworden, ich war damals sehr beeindruckt gewesen. Also habe ich das Unternehmen angerufen, und Herr O., der daraufhin zu mir kam, hat eine große Ruhe ausgestrahlt. Es war sofort eine Sympathie da, wir waren auf einer Wellenlänge. Er hat mich über alle Möglichkeiten informiert, und er hat mir vor allem gesagt: Du hast Zeit, überstürze nichts. Mache alles, was du brauchst, um dich von deinem Mann zu verabschieden, nimm dir die Zeit. Darüber war ich sehr erleichtert, ich musste nicht auf die Schnelle Dinge entscheiden. Mein Mann war in der Gerichtsmedizin, weil die Berufsgenossenschaft eine Obduktion veranlasst hatte. Von Herrn O. erfuhr ich, dass ich die Möglichkeit hatte, ihn dort zu sehen. Zwei Tage später, es war Halloween, haben wir dort einen Termin gehabt. Meine Kinder waren dabei, meine Eltern und meine beste Freundin. Ich werde das nie vergessen, es war im Keller, wir mussten in den Keller hinunter, und da haben sie ihn aufgebahrt, in einem Sarg mit Samt, da haben sie ihm ein Satinhemd angezogen, so eins mit Rüschen. Mein Mann war ein Biker durch und durch, ein Motorradfahrer, und da lag er nun mit so einem Rüschenkragen und ein Efeugewächs um ihn herum. Ich hab gedacht, ich schreie, als ich das gesehen habe. Ich saß dann in diesem Keller und hab das auch immer gesagt: Sag mal, was machen die denn mit dir, ich konnte das gar nicht glauben, ich war drauf und dran, ihn auszuziehen. Dann bin ich zusammengebrochen, und irgendwann hat mich diese Ärztin weggezogen, ich sollte gehen, aber für mich war das damals der entscheidende Moment. Ich habe gedacht, wenn ich diese Treppen hochgehe, dann entscheidest du dich wieder für das Leben. Das wollte ich nicht, ich hab mir gesagt, ich bleib hier unten sitzen. Ihr könnt mich hier einmauern, aber ich geh nicht wieder hoch. In dem Moment, wo ich da hochgehe, sag ich, dass ich weiterleben will. Und das wollte ich nicht.

Diese Stufen waren so symbolisch für mich. Diese Ärztin hat mich dann richtig weggezogen, und ich musste doch gehen, es blieb mir ja nichts übrig. Später habe ich diese Treppe ganz oft für mich als Hilfestellung genommen, wenn ich ganz tief drin war in so einem Loch, ich hab oft richtig laut gesagt, während ich in irgendeiner Ecke in meiner Wohnung gehockt bin: Du bist die Stufen schon mal hochgegangen, du machst das jetzt wieder, du schaffst das schon. Du hast es einmal geschafft, aus diesem Keller hochzukommen, also kannst du es wieder schaffen.

Herr O. informierte mich, dass ich entscheiden kann, was meinem Mann angezogen werden soll, er sagte auch, ich könne ihn noch einmal nach Hause holen, wenn ich das wolle. Ich könnte ihn noch eine Nacht bei mir in der Wohnung haben. Heute würde ich es machen, damals hab ich mich das nicht getraut. Damals dachte ich, so allein und mit den Kindern, wer weiß, ob du das aushältst.

Ich wusste, dass Tobby verbrannt werden wollte, und Herr O. hat mir aufgelistet, welche Möglichkeiten ich habe. Man kann da auch erstaunlich viel mitmachen, die Jungs haben dann zum Beispiel den Sarg bemalt. Wir entschieden uns für ein Krematorium außerhalb Hamburgs, eines, wo man mitkommen darf. Für mich war klar, dass ich meinen Mann bis zuletzt begleite. Im Krematorium durften wir Tobby noch einmal sehen. Da hat uns Herr O. allerdings vorbereitet, es waren auch meine Eltern mit, meine besten Freunde und meine Kinder, er hat gesagt, ihr könnt noch einmal Abschied nehmen, wenn ihr das wollt, aber er hat sich natürlich verändert, er ist jetzt seit zwei Wochen tot. Wir haben eine Weile überlegt, und der jüngere Sohn wollte nicht, Lukas aber wollte mit. Und dann sind wir hineingegangen. Das war für mich ganz, ganz gut. Es war so richtig, weil in dem Moment, wo ich ihn gesehen habe, klar war, es ist eben nicht mehr Tobby, es ist jetzt die Hülle, aber er ist nicht mehr da. Es war ja immer noch der Körper, den ich geliebt hab, ich hab ihn auch noch angefasst und geküsst. Ich war auch erleichtert, weil ich gesehen hab, er hat tatsächlich die Sachen an, die ich für ihn rausgesucht hatte. Bei der Trauerfeier hatte jeder Gast so einen Engel bekommen, wo er etwas draufgeschrieben hat, Wünsche und so, und ich hab gesehen, dass die wirklich im Sarg sind. Irgendjemand hat meinem Sohn noch so ein Geldstück gegeben und hat gesagt, das braucht dein Papa für die letzte Überfahrt, und das hat Lukas ihm noch in die Hand gegeben. Wir haben gesehen, dass alles das, was wir wollten, auch wirklich so war.

Mein jüngerer Sohn David ist zu uns gekommen, als der Sarg zu war und in den Ofen geschoben wurde. Er war mit dabei, und wir durften noch einen Moment in einem Raum sitzen bleiben, einem Raum der Stille. Da waren Fenster, wo man rausgucken kann, aber nicht reingucken. David saß da und sagte: Guck, jetzt ist das genau wie bei Papa, er kann uns, aber wir können ihn nicht mehr sehen. Das war für ihn so sinnbildlich, und ich fand es schön, dass er mit seinen zwölf Jahren das so empfindet.

Ausgestaltung

Eigenes Überlegen und aktives Beitragen zur Ausgestaltung fordert insbesondere nach einem plötzlichen Tod von den Trauernden viel Kraft – Kraft, die sie eigentlich gar nicht haben. Umso wichtiger ist die Unterstützung von außen, sei es von dem Bestatter, durch Freunde oder Angehörige.

Ohne konkret mit der Situation konfrontiert zu sein, informiert sich kaum jemand über die Notwendigkeiten und Möglichkeiten rund um eine Bestattung. Das ist verständlich. So kommen aber Angehörige häufig erst im Nachhinein an Informationen, die für die Planung des Ablaufs wichtig gewesen wären. Sätze wie »Dass man das darf, wusste ich gar nicht« oder »Eigentlich hätte ich gern das und das getan oder etwas anders haben wollen. Daran habe ich gar nicht gedacht ...« sind nicht selten zu hören, wenn es leider schon zu spät ist.

Noch immer wissen beispielsweise viele nicht, dass es erlaubt ist, den Verstorbenen noch eine Zeitlang zu Hause zu behalten beziehungsweise ihn noch einmal nach Hause zu holen, selbst wenn der Tod im Krankenhaus eingetreten ist.

Im vertrauten Umfeld Abschied zu nehmen, vielleicht auch Freunden die Chance dazu zu geben, ist in der heutigen Zeit eher unüblich. Ein Brauch, der früher selbstverständlich war und heute in Vergessenheit geraten ist, dessen Sinn und Wirkung jedoch im Trauerprozess hilfreich sein kann: Es gibt dem Ereignis, meinem Verlust, einen angemessenen Raum, wenn ich den toten Partner noch zu Hause haben kann, wenn ich bei ihm sitzen kann, vielleicht gemeinsam mit engen Vertrauten, ihn ansehen und von ihm sprechen kann und ihn noch eine Weile nahe weiß. Weil es eine so außergewöhnliche, einmalige Situation schafft, widersetze ich mich auf diese Weise dem Ablaufdruck der Außenwelt. Ich verlangsame den allgemein gültigen Zeitfluss, der für mich gerade ohnehin viel zu schnell ist, und mache mir und ebenso allen anderen bewusst, dass etwas passiert ist, das mein Leben aus der bisherigen Bahn geworfen hat und es grundlegend verändern wird.

Den Verstorbenen vor der Bestattung an einem anderen Ort noch einmal oder mehrmals zu sehen, kann dieselbe Wirkung haben und eine Verbindung, eine Überleitung und Vorbereitung für das Erleben der nachfolgenden Trauerfeier sein.

Abschied nehmen
Kathrin, geb. 1969, Krankenschwester:[6]
Bei der Verabschiedung in diesem Ruheraum beim Bestattungsinstitut war ich allein. Ich war fast den ganzen Tag da drin und hab unendlich viel geweint. Ich hab Mike noch ganz viel gesagt und ihm versprochen, dass ich mich um Maurice kümmern werde. Einmal bin ich raus, weil ich eine Schere wollte, und die vom Bestattungsinstitut hat mich mit großen Augen angeguckt: Was wollen Sie mit einer Schere? Ganz leise hab ich gesagt: Ich möchte

---

6 Mike, der Mann von Kathrin, verstarb 2007 an einem Herzinfarkt. Die beiden haben je einen Sohn mit in die Partnerschaft gebracht, damals 15 und 17 Jahre alt.

ihm ein paar Haare abschneiden. Ich hatte ein kleines schwarzes Stoffsäckchen, und dann habe ich ihm Haare abgeschnitten. Das ist das, was von Mike geblieben ist. Für mich war es gut, dass ich da in Ruhe sitzen konnte, nicht im Krankenhaus in dieser ganzen Hektik. Das Beerdigungsinstitut hat mir ganz viel Zeit gelassen, um Abschied zu nehmen. Und ich muss heute sagen, dass es gut war, dass ich mir auch wirklich diese vielen Stunden genommen habe, bei ihm zu sitzen, mit ihm zu reden und dort zu weinen. Das Einzige, was ich gemacht habe, ist, dass ich die Musik ausgemacht habe und stattdessen eine CD von Mike eingelegt habe. Mit AC/DC, Metallica und so. Das war seine Musik, und die haben wir dann zusammen gehört.

Mein Sohn Paul hatte Mike im Krankenhaus gesehen, und ich weiß, dass Paul Maurice einmal gefragt hat, bist du eigentlich traurig darüber, dass du den Papa nicht mehr gesehen hast? Er antwortete: Nein, ich habe ihn immer lebend in Erinnerung und nicht tot. Das ist genau das, was ich ja immer versuche: Nicht den toten Mike in Erinnerung zu behalten, sondern den lebendigen Mike. Aber ich weiß, dass Mike ganz friedlich dalag. Vorher war ja dieser Todeskampf, diese Fratze, die ich beschrieben habe, das war weg. Es waren ganz weiche Gesichtszüge. Ich habe in meinem Beruf ja viele tote Menschen gesehen, und nicht alle sahen so friedlich aus wie Mike. Er sah sehr friedlich aus.

Sehr schwierig ist für mich, dass ich ihm nichts mehr sagen konnte. Wir waren ja fast zehn Jahre zusammen, und ich habe ihm nie gesagt, dass ich ihn liebe, sondern immer nur gesagt: Ich hab dich lieb. Jetzt, nach seinem Tod, weiß ich, dass ich ihn tatsächlich sehr geliebt habe und es ihm nie gesagt habe. Ich glaube, und ich weiß auch, dass er wusste, dass ich ihn über alles geliebt habe, es sind nur drei Worte, aber ich hab's durch meine Vorgeschichte, die ich hatte, ihm einfach nicht früher sagen können. Und das steht mir heute sehr im Weg. Es sind ja irgendwie nur Worte, also er hat es gewusst und ich wusste es auch, aber ich hab es ihm eben nie, nie wirklich gesagt. Ich hab es ihm gezeigt, glaub ich.

Es gibt sehr unterschiedliche Möglichkeiten und Freiräume für die anstehende Bestattung: Erd-, Feuer-, Seebestattung, anonyme Beisetzung oder auch zunehmend genutzte Alternativen wie die Bestattung in einem Friedwald, die Urnenaufbewahrung zu Hause, das Verstreuen der Asche im Wind und über Wasser oder die Herstellung eines Diamanten aus einem Teil der Asche als Erinnerungsstück. Je nach Art der Bestattung gibt es unterschiedliche Voraussetzungen und Abläufe, wenn aus rechtlichen Gründen beispielsweise eine schriftlich hinterlegte Zustimmung des Verstorbenen vorliegen muss oder die Asche nur auf vorgeschriebenen Wegen an den gewünschten Bestimmungsort gebracht werden kann.

Umfassende Ausführungen zu allen individuellen Ausgestaltungsmöglichkeiten zu geben, ist sinnvollerweise eine Aufgabe des Bestatters. Wichtig ist jedoch, die Ermutigung, eigene Wünsche und Ideen im Vorfeld auszusprechen, Fragen zu stellen und um ausführliche Informationen zu bitten, damit eine Bestattung den persönlichen Bedürfnissen entspricht. Was würde mir guttun, was möchte ich auf keinen Fall? Was hat oder hätte sich mein Partner vorgestellt? Wie kann ich die Kinder einbeziehen? Solche Überlegungen kommen oft noch viel zu kurz. Durch die eigene Auswahl von Texten, Musik, Bildern und Blumen sowie von weiteren Details, wie zum Beispiel einer selbstgegossenen Kerze oder einem bemalten Sarg, kann ich Einfluss nehmen. Das schafft im gesellschaftlich ritualisierten Ablauf einer Bestattung eine sehr persönliche und intensiv mit dem Verstorbenen verbundene Atmosphäre, die, gerade auch im Rückblick, für viele etwas Tröstliches hat.

Um sich damit aber nicht völlig zu überfordern, sollte angebotene Hilfe und Unterstützung möglichst angenommen werden, oder es sollte darum gebeten werden, sowohl bei den Vorbereitungen als auch später im Verlauf der Trauerfeier.

Mitgestalten der Trauerfeier – den Abschied nachholen
Lea, geb. 1981, Streetworkerin:[7]
Ich hätte vieles anders gemacht. Die Trauerfeier war sehr mutterlastig, wir haben uns zwar alle zusammengesetzt, mit dem Pfarrer und so, aber es wurde nur berücksichtigt, was Felix' Krankheit und sein Tod für seine Mutter bedeutet haben. Dadurch, dass Felix' Mutter genau wusste, wie sie die Trauerfeier und alles drumherum haben wollte, konnte sie das auch klar formulieren. In Gebeten und Liedern, die sie ausgewählt hat, die nicht meine Lieder waren und wo ich das Gefühl hatte, da geht auch etwas von Felix verloren, weil es auch nicht seine Lieder waren. Ich war viel zu jung, und ich hätte jemanden gebraucht, der meine Position stärkt. Ich hatte das Gefühl, dass der Teil seines Lebens, den er mit mir, mit seinen Freunden gelebt hatte, nicht aufgegriffen wurde. Dieser Teil ist in der Trauerfeier komplett ausgeklammert worden. Ich hätte es schön gefunden, wenn es mit drin gewesen wäre. Dadurch wäre Felix als Person als Ganzes erschienen, nicht nur als Kind, sondern eben auch als Erwachsener. Dargestellt als Persönlichkeit, die ein eigenständiges Leben geführt hat und aus diesem Leben rausgerissen wurde. Das wäre automatisch präsent gewesen, wenn ich Worte an Felix gerichtet hätte und über Felix erzählt hätte, so wie ich ihn wahrgenommen habe. Aber das wurde nicht gewünscht. Und weil ich in diesem Schockzustand keine Verbindung zu meinen Gefühlen hatte, habe ich mir das halt auch ausreden lassen. Ich hab letztendlich die Trauerfeier völlig passiv miterlebt, ich hätte auch einer der anderen hundert Gäste sein können. Ich habe im Grunde genommen keine Rolle gespielt. Wie auch unsere Beziehung keine Rolle gespielt hat, obwohl wir in den sechs Jahren, bevor er gestorben ist, ein eigenständiges Leben als Paar zusammen hatten. War das alles echt? Unsere Liebe so stark, wie ich sie empfunden habe? Ich habe mich gefragt, habe ich überhaupt ein Recht zu trauern?

---

7 Felix, der Freund von Lea, verstarb 2005 an den Folgen eines neuroendokrinen Karzinoms. Felix war damals 24 Jahre alt.

Das Leben und die Liebe, die wir beide hatten, hatte keinerlei Raum in der Trauerfeier, auch nicht in Gesprächen mit Felix' Mutter. Ich hatte das Gefühl, ich wurde als Letzte genannt, noch hinter dem Stiefvater. Das war ein entscheidender Faktor für meinen Trauerprozess oder für meinen dadurch sehr verzögerten Trauerprozess. Unsere Liebe hat nicht das Gewicht erhalten, das sie tatsächlich hatte. Außerdem spielt eine Rolle, dass man zu jung ist, um das zu verstehen, sich zu wehren, sich auch positionieren zu können und sich den Raum zu nehmen, der einem gebührt und nicht gegeben wird. Meine Angst war immer, wenn ich die vielen Gefühle, den Schmerz zulasse, dann verliere ich vielleicht komplett den Anschluss an die Welt und finde nie wieder zurück ins Leben. Diese Angst, die hat dazu geführt, dass ich es auch so lange verdrängt habe. Für mich ist erst viel später eine gedankliche Blockade gefallen, als mir gesagt wurde, ich könne die Trauerfeier für mich nachholen. Ich dachte, das geht ja nicht. Aber dann fing ein Prozess an, und ich habe mir überlegt, was ist mir wichtig, wenn ich von Felix Abschied nehme. Was möchte ich ihm sagen, was will ich ihm mitgeben? Wie will ich es machen, dass er auch gehen kann. Mir sind dann Ideen gekommen, es war unglaublich schön, schon der Vorprozess, bevor ich dann mit unserer Pfarrerin gesprochen habe. Dieser Vorprozess hat auf einmal allein *meiner* Trauer Raum gegeben. Sich da reinzufühlen und zu überlegen, das hat wahnsinnig gutgetan. So schmerzhaft es auch war, ich hatte das Gefühl, ich bin ihm noch mal richtig nah, ich kann diese Liebe, die wir hatten, noch mal fühlen, und ich kann ihm als Mensch und als Seele, als Teil meines Lebens, noch einmal alles mitgeben von dieser Liebe. Das hat irre gutgetan. Als ich dann mit der Pfarrerin gesprochen habe, war auch sie bereit, mir ganz viel Gestaltungsraum zu lassen für meinen Abschied. Diese Verbindung aus allen Ebenen, ich kann es nicht beschreiben, was das bedeutet ... Ich spürte, was hier in der Andacht gerade passiert, an Energie und an Liebe, an Intensität, das existiert weiter, es findet einen Raum und ist quasi universal dadurch. Dieser Teil hatte mir gefehlt bei der eigentlichen Trauerfeier. Jetzt konnte ich ihn leben und öffentlich sagen: Ich liebe dich, du wirst immer ein Teil von mir sein, und du warst toll, und ich vermiss dich sehr, und jetzt gebe ich dir all die Liebe, zu der ich fähig bin, mit, und wo auch immer deine Seele hingehen mag, mögest du behütet sein und diese Liebe fühlen, und mögest du von dieser Liebe, die in meinem Herzen ist für dich, getragen sein. Das sagen zu können, dafür gibt es keine Worte. Dieser öffentliche Abschied hat das Leben und Sterben mit Felix für mich real werden lassen. So konnte ich das akzeptieren. Die Auseinandersetzung hat mein Leben, das ich jetzt führe, total beeinflusst. Weil ich das Gefühl habe, wieder ganz zu sein, nicht so zersplittert und grau und gefühllos, sondern wieder ganz, wieder eine Person zu sein. Und das nicht ohne Felix, sondern eben mit Felix, aber anders. Das Leben, das ich jetzt führe, das könnte ich sonst so nicht führen.

Der Tag

Dem Tag der Trauerfeier sehen viele mit großer Angst, zumindest aber sehr gemischten Gefühlen entgegen. Werde ich den Tag und die Situation des Abschiednehmens durchstehen und Haltung bewahren können, oder werden mich meine Gefühle überwältigen und zusammenbrechen lassen? Werde ich einfach weiter funktionieren können? Der Ablauf einer Bestattung bringt für alle Anwesenden intensive und tiefgehende Gefühle mit sich. Ob die Trauerfeier auf dem Friedhof, in einer Kapelle oder einer anderen dafür ausgesuchten Räumlichkeit stattfindet, macht dabei wenig Unterschied. Das Zusammenkommen der Angehörigen, der Freunde und Arbeitskollegen, die Begegnungen, die traurigen, mitfühlenden, manchmal auch verlegen gesenkten Blicke, die gesprochenen Texte und die ausgesuchte Musik ergeben eine hochemotionale Atmosphäre. Der Ablauf kann noch so klar vorbereitet und durchgeführt werden – die eigenen Gefühle und Reaktionen bleiben unvorhersehbar und können sich der Kontrolle entziehen.

Um die Anforderungen an mich so gering wie möglich zu halten, ist es sinnvoll, anstehende Aufgaben an andere zu delegieren. Habe ich jemanden an meiner Seite, der mir direkt beisteht und mich seelisch wie körperlich halten kann? Eine Freundin, einen Freund, der sich auf mich einstellt und für mich da ist? Gibt es jemanden, der sich an diesem Tag um meine Kinder kümmert, damit ich entlastet und in der Lage bin, mich auch auf mich zu konzentrieren, mich meinen eigenen Gefühlen überlassen zu können?

Wenn möglich, sollten andere für die organisatorischen Aufgaben zuständig sein, die der gemeinsam abgesprochene Ablauf mit sich bringt, sei es das Bestatterteam, der Pastor beziehungsweise der Trauerredner oder eben Freunde und Familienangehörige, damit ich keiner zusätzlichen Belastung ausgesetzt bin. Es sei denn, es ist für mich wichtig und ich habe mir vorgenommen, ganz bestimmte Dinge selbst zu tun oder zu sagen. Denn auch das ist eine Möglichkeit, meiner gefühlten Verbindung zum Verstorbenen Raum zu geben, und es kann sowohl an diesem Tag als auch rückblickend tröstlich für mich sein.

Ort der Erinnerung

Der Partner ist nicht mehr da. In den vertrauten Räumen ist er noch spürbar, seine Anwesenheit scheint greifbar, und seine Abwesenheit könnte nur vorübergehend sein: die Kleidung im Schrank, persönliche Dinge auf dem Schreibtisch, die Lieblingstasse auf dem Regal, der leere Platz am Esstisch oder auch Mütze und Schal an der Garderobe bestätigen das Gefühl, den innigen Wunsch, dass er oder sie jeden Moment durch die Tür kommen wird und einfach wieder da ist.

Obwohl die Trauerfeier ein gemeinsames und sichtbares Ritual ist, das den Tod eines Menschen – das Ende seines Lebens – manifestiert, bleibt die Abwesenheit des Partners und sein endgültiges Fortbleiben noch lange Zeit unbegreiflich. Wo ist mein Partner jetzt? Wo kann ich ihn finden? Die

Sehnsucht, diesen Menschen wie gewohnt bei sich zu haben, und das Bedürfnis, ihm nahe zu sein, mit ihm sprechen zu können, sind überwältigend groß. Für die meisten Hinterbliebenen ist es hilfreich und tröstlich, einen besonderen Platz zu haben, an dem sie diese Nähe spüren können. Einen Ort, den sie aufsuchen und an den sie sich zurückziehen können, wenn ihre Trauer nach einem Raum verlangt, nach Zeit für das Fließenlassen von Gedanken und Tränen oder für ein stilles Zwiegespräch.

Ein solcher Ort ist für viele die Grabstätte auf dem Friedhof. Ähnlich wie beim Betreten einer Kirche umfängt den Besucher eine gedämpfte Atmosphäre von Langsamkeit und Ruhe. Verglichen mit dem lauten und hektischen Treiben des Alltags bewege ich mich dort in einer anderen Welt. Das entspricht auch meinem inneren Zustand, meinen Gedanken, die um den Verlust kreisen, den Schmerz, das Vergangene. Gedanken, die für lange einen weitaus größeren Teil meines Tages bestimmen als die Gegenwart, in der ich noch nicht wirklich wieder angekommen bin und, zumindest unterbewusst, gar nicht ankommen will.

Das zeigt sich bei einigen auch daran, dass ihnen die Auswahl sowie die Entscheidung zum Aufstellen eines Grabsteins sehr schwerfällt und sie sich lange Zeit lassen beziehungsweise sie eine lange Zeit brauchen, um diese Aufgabe angehen und umsetzen zu können. Der Grabstein mitsamt den festgeschriebenen, sichtbaren Daten symbolisiert eine Endgültigkeit, die für viele noch nicht erträglich ist, und sie sträuben sich dagegen, indem sie das Aussuchen von Stein und Beschriftung vor sich herschieben. Auch wenn das Umfeld vielleicht drängt, »Nun wird es aber wirklich Zeit, dass du dich um einen Stein kümmerst«, gibt es jedoch keinen zwingenden Grund, sich gegen das eigene Gefühl zu stellen und sich zu beeilen. Sich über die eigenen Vorstellungen klarzuwerden, sich bei Steinmetzen umzusehen, sich beraten zu lassen, Wünsche und Möglichkeiten zu prüfen, kann den

Prozess des Begreifens und Zulassenkönnens begleiten und ist dem Gefühl für meinen Partner angemessen. Für viele ist es immens wichtig, ihrer Verbundenheit durch das Finden und Gestalten eines stimmigen Grabmals Ausdruck geben zu können – gewissermaßen als letztes Geschenk, das sie dem Verstorbenen machen können. Ich kann auch meine Kinder bei der Auswahl mit einbeziehen und, wenn es so weit ist, den Stein im Rahmen einer kleinen Zeremonie gemeinsam mit der Familie und / oder Freunden an seinen Platz setzen lassen. Genau wie bei der Entscheidung für ein Bestattungsunternehmen ist es sinnvoll, mit einem Steinmetz zusammenzuarbeiten, der einfühlsam und geduldig mit mir umgeht. Es sollte jemand sein, der sich trotz seiner täglichen Beschäftigung mit dem Thema immer dessen bewusst ist, dass der Stein, den er bearbeiten wird, eine große emotionale Bedeutung für die Hinterbliebenen hat und für sie ein sehr persönliches Einzelstück ist; im besten Falle sieht er das auch für sich so.

Der bloße Aufenthalt am Grab oder dessen Gestaltung und Pflege können die Funktion einer Auszeit haben und mir das Quäntchen Kraft geben, um die täglichen Anforderungen bewältigen zu können, und sei es zu Anfang einfach nur schlafen, aufstehen und essen. Nur um einen weiteren Tag allein zu überleben.

Ein passender Ort der Erinnerung kann jedoch auch abseits des Friedhofs gefunden werden. Wenn es keine namentliche Grabstätte gibt (beispielsweise weil der Partner anonym oder seebestattet wurde) oder aber ich mich auf dem Friedhof unwohl fühle oder die Grabstelle für mich keine Verbindung mit dem Verstorbenen darstellt, gibt es ganz individuelle Alternativen. Vielleicht existiert der Ort bereits in Form eines ruhigen Platzes, an dem ich schon immer gern allein oder mit meinem Partner gemeinsam war: eine Bank im Park, eine Aussichtsplattform, ein Fluss, ein Bach, ein Seeufer. Ertrage ich in meiner Stimmung andere Menschen um mich, kann es vielleicht auch der Ecktisch im Stammlokal sein. Was für den einen undenkbar erscheint, kann für jemand anderen genau richtig sein, egal wie gewöhnlich oder ungewöhnlich dieser Platz Außenstehenden erscheinen mag.

Eine weitere Möglichkeit besteht darin, dass ich mir einen ganz neuen Platz suche oder gar erschaffe. Im Innenbereich kann das etwa ein Zimmer oder eine Ecke in einem der Räume meiner Wohnung sein, die ich, solange ich das brauche, als Ort der Erinnerung gestalte und nutze. Fotos, Bilder, persönliche Erinnerungsstücke, ein Sessel, ein Platz, um zu schreiben, zu malen, meine Gedanken schweifen zu lassen ... Draußen im Gartenbereich wiederum kann ich ein Beet aus Lieblingsblumen anlegen, einen größeren Naturstein setzen oder eine Skulptur aufstellen.

Ein kraftvolles Symbol der Erinnerung ist auch das Pflanzen eines Baumes; vielleicht ein Baum, der im Frühjahr blüht oder zu dem der Verstorbene eine Verbindung hatte. Das kann ich selbst dann tun, wenn ich keinen eigenen Garten habe. In vielen öffentlichen Parks und Stadtgärten besteht die Möglichkeit, unter Einbeziehung des städtischen Gartenbauamtes einen Baum zu stiften und an einem gemeinsam ausgewählten Platz pflanzen zu lassen oder selbst zu pflanzen. An einem Platz, den ich jederzeit aufsuchen kann und der, auch nach vielen Jahren noch, für mich und alle, die mit meinem Partner verbunden waren, ein ganz persönlicher Ort der Erinnerung sein wird.

Die eigene Trauer

Auf die übervollen ersten Tage, die Besuche und Begegnungen rund um die Beerdigung, die keinen Raum für sich selbst lassen, weil so vieles vorbereitet und geregelt werden muss, folgt eine weiterhin unruhige und körperlich wie seelisch belastende Zeit. Wenn die erste Welle der Anteilnahme und Unterstützung verebbt, bleibe ich plötzlich inmitten meines durcheinandergewirbelten Lebens allein zurück – erschöpft und verwirrt von dem, was passiert ist, und unvorbereitet auf das, was noch kommt. Meist geschieht das schon bei der Verabschiedung direkt nach der Trauerfeier, spätestens aber, wenn Familienangehörige und Freunde wieder in ihren eigenen Alltag zurückkehren.

Pass auf dich auf! Melde dich, wenn du etwas brauchst. Es wird schon. Du bist stark, du schaffst das! Dann schließt sich die Tür. Jetzt bin ich entweder ganz allein, oder ich bin allein mit meinen Kindern, für die ich sorgen und funktionieren muss.

Der Spagat, der mir abverlangt wird, um mit meiner ungewollt neuen Lebenssituation zurechtzukommen und Aussicht auf einen irgendwann wieder lebbaren Alltag zu haben, ist anstrengend und schmerzhaft. Einerseits ist da der Berg an Organisatorischem, der Papierkram: Danksagungen, Formulare, Kündigungen, Anträge, Ab- und Anmeldungen. Sterbeurkunde, Nachlass, Hinterbliebenenrente, Versicherungen, Bankgeschäfte, Arztrechnungen, Mitgliedschaften, Abos … Die Liste, die es abzuarbeiten gilt, ist schier endlos. Andererseits befinde ich mich weiter in einem emotionalen Ausnahmezustand, habe das Geschehene noch gar nicht wirklich begriffen, werde von Gefühlen überrollt, stehe neben mir und bin innerlich ganz und gar wund.

Die vor mir liegenden Aufgaben und Anforderungen, die immer aufs Neue an mich herangetragen werden, würden schon für jemanden in guter Verfassung eine echte Herausforderung darstellen – in meinem angeschlagenen Zustand, meinem inneren Durcheinander aber sind sie von mir allein, ohne Unterstützung und Entgegenkommen, im Grunde nicht zu bewältigen.

Unfreiwillig wieder Single

»Bis dass der Tod euch scheidet.« Verheiratet oder nicht, eine gut eingespielte, sich ergänzende und glückliche Zweisamkeit kann Sinn und auch fester Rahmen für ein zufriedenes Leben sein. Je enger ich mit meinem Partner zusammengelebt habe, je unabhängiger von Job, Familie und Freunden, umso ungebremster ist die Wirkung der Verletzung und der Leere, die der Verlust des Partners mit sich bringt. Kein gemeinsames Aufstehen mehr, kein Frühstück zu zweit, kein Anruf, keine SMS, keine gemeinsame Tagesplanung. Das Gegenüber ist weg. Nicht auf Dienstreise, nicht im ohnehin bisher nie getrennt gemachten Urlaub – die Endgültigkeit des »Nie wieder« dringt schleichend oder aber auch überfallartig ins Bewusstsein vor. Panikgefühle, körperlich spürbarer Schmerz, Apathie, Schlaflosigkeit und Essstörungen sind einige der auftretenden Folgen.

Ist die Partnerschaft etwas offener gewesen oder auf die Wochenenden beschränkt oder gab es Beziehungsprobleme – die Partner lebten vielleicht ganz oder auf Zeit getrennt – bedeutet das keineswegs, dass die Empfindungen weniger heftig sind oder gar ausbleiben. Aus einer solchen Situation können sich stattdessen weitere belastende Gefühle wie Schuld, Scham und Selbstanklagen entwickeln. Keines der gerade noch angestrebten Ziele, kein Plan, kein Vorsatz ist mehr realisierbar – die nicht genutzte Chance ist definitiv vorbei. Diese Erkenntnis ist verbunden mit Verzweiflung, Frustration und nicht selten auch mit depressiven Stimmungen.

All das macht vielen zusätzlich zu schaffen, während sie nach außen hin versuchen, Haltung zu bewahren, möglichst unauffällig zu sein und zu funktionieren.

Dieses Verhalten schützt zum einen sie selbst, denn die Angst, unkontrolliert in Tränen auszubrechen und den eigenen Gefühlen ausgeliefert zu sein, ist groß und berechtigt. Die so mühsam erkämpfte Haltung fällt immer wieder durch Unvorhersehbares von einem auf den anderen Moment in sich zusammen. Das erinnerungsbeladene Lied im Radio dringt wie ein Stich ins Innerste ein und lässt die Tränen in die Augen schießen. Der noch an den Verstorbenen adressierte Brief, die zufällig zwischen Unterlagen oder in einem Buch gefundene Notiz des Partners, der flüchtige Blick auf jemanden, der ihm ähnlich sieht, das Gespräch mit einem Bekannten, der noch nichts weiß, ein Kleidungsstück, ein Duft … Es gibt unendlich viele Momente, die sich wie ein Finger in der offenen Wunde anfühlen oder den ersten, hauchdünnen Schorf wieder aufreißen lassen.

Zum anderen entspricht das Haltungbewahren aber auch der Erwartung unseres Umfelds, das mit offen gezeigten Gefühlen, vor allem wenn es dunkle und traurige sind, nicht gut umgehen kann oder sogar nichts von ihnen wissen will. Aus Verlegenheit, aus Zeitmangel, aus Furcht oder auch weil so etwas gerade nicht passt und die Stimmung verderben würde. Die Kluft, die auf diese Weise zwischen dem Trauernden und seiner Umgebung entsteht, nimmt über einen langen Zeitraum zu, wird breiter und tiefer, oftmals bleibt sie für lange Zeit unüberbrückbar.

Ich habe ein anderes Zeitgefühl, eigentlich gar keins, während um mich herum das Leben einfach weitergeht, offensichtlich unberührt von meinem persönlichen Drama. Der Bäcker verkauft weiter seine Brötchen, die Busse und Bahnen fahren, Veranstaltungen und Partys finden statt, die Medien berichten von neuen, aktuellen Ereignissen. Die Welt dreht sich für alle anderen weiter, während sie doch für mich stehengeblieben ist.

Wie durch eine unsichtbare Wand bin ich abgetrennt vom bisher vertrauten Treiben um mich herum, das jetzt so fremd, so falsch erscheint. Die anderen machen einfach weiter, für mich beginnt eine neue Zeitrechnung: das erste Mal danach. Das erste Mal rausgehen – werde ich jemandem begegnen, der mich kennt, der es weiß und mich anspricht? Nachbarn im Haus, Bekannte auf der Straße, die Kassiererin an der Kasse. Alltägliches wird plötzlich zur Herausforderung, und in manchen meiner Reaktionen erkenne ich mich selbst nicht wieder. Das verunsichert zusätzlich. Das erste Mal die Waschmaschine bedienen, das erste Mal Luft, Wasser, Öl am Auto kontrollieren, sich das erste Mal um Rechnungen oder Raten kümmern – egal ob die Arbeitsteilung vorher klassisch oder individuell war –, jetzt gibt es kein Teilen mehr, ich bin ab sofort wieder allein für alles zuständig, was zu tun und zu entscheiden ist.

Mit der Trauer leben lernen

Der Tod meines Partners hinterlässt einen ständigen und fordernden Begleiter in meinem Leben: meine Trauer. Sie ist 24 Stunden bei mir, bestimmt meinen Tag und lässt Gefühlen, die nicht mit ihr verbunden sind, vorerst so gut wie keine Chance. Ein positives Ereignis im Job, das Lachen meines Kindes, sonniges Wetter oder ein überraschendes Geschenk – nichts durchdringt mehr unbelastet das Schwere, das mich ständig umgibt. Selbst im Schlaf kann mich die Trauer in Form von wirren, traurigen, sehnsüchtigen oder bedrohlichen Träumen erreichen. Ich kann ihr nicht entkommen, sondern muss lernen, mit ihr zu leben, ob ich will oder nicht.

Das bedeutet, die vielen ersten Male »danach« anzugehen und durchzustehen, aber auch, mich damit abfinden zu müssen, dass mein Leben auf Dauer verändert ist. Ich bin gezwungen, mich von fast allen gewohnten Abläufen zu verabschieden, von vielem, was vorher selbstverständlich war. Das kostet Kraft, bringt Verunsicherung und verlangt Mut, sich auf Neues einzulassen sowie Stück für Stück gemeinsam Gelebtes aufzugeben.

Am Anfang geht es für viele nur darum, den Tag zu überstehen, einen nach dem anderen. Die nicht vorhandene Antwort auf das »Warum überhaupt weiter leben, weiter funktionieren müssen?« lähmt, führt zu Antriebslosigkeit und Lethargie. Alltägliches, was früher leicht von der Hand ging, steht plötzlich wie ein Berg vor mir, dessen Bewältigung einen ungeahnten Kampf bedeutet und viel Energie kostet.

Das fängt schon mit dem Aufwachen an, mit dem Blick auf den leeren Platz neben mir im Bett, der hellwach macht: Der Partner ist tatsächlich nicht da, und ich muss auch diesen Tag wieder ohne ihn verbringen. Keine Freude auf das, was ansteht, kommt auf, und am liebsten würde ich liegenbleiben, weiterschlafen, um der Realität zu entkommen und sie zu verdrängen. Gutes Wetter, das bisher meine Laune gehoben und die Lust auf den Tag gesteigert hat, verliert nicht nur diese Wirkung, sondern steht meinem Empfinden so sehr entgegen, dass ich es fast nicht ertragen kann: Wie kann die Sonne scheinen, wenn in mir alles farblos und dunkel ist? Sonnenschein gehört in die Welt der anderen, aber nicht mehr in meine. Helles und Fröhliches um mich herum fühlt sich völlig falsch an, und auch wenn graues, regnerisches Wetter die Stimmung ebenfalls nicht heben kann, so entspricht es doch viel mehr meinem Inneren, erscheint irgendwie passender, fast tröstlich.

Da über eine mehr oder weniger lange Zeit die Motivation, einen Tag nach dem anderen anzugehen, völlig fehlt, ist das Gerüst, das sich bei vielen in diesem Lebensabschnitt aus den Arbeitszeiten oder aus dem Ablauf der Aufgaben rund um die Kinder (oder aus beidem) erstellt, einerseits unterstützend, weil es mir vorgibt, was zu tun ist. Andererseits steht das fast wie fremd gesteuerte Funktionieren in krassem Gegensatz zu dem, was ich fühle. Innen gibt es kein Gerüst, da geht alles unkontrollierbar durcheinander, und es herrscht ein Chaos aus Schmerz, Nicht-Begreifen, Selbstzweifeln und Zukunftsängsten, das mich immer wieder überrollt und fassungslos macht.

Es kann auch sein, dass ich eine Zeitlang erst mal gar nichts fühle und eine totale Leere das Funktionieren begleitet. Es scheint dann überraschenderweise so zu sein, dass ich all das Geschehene ganz gut verkrafte, und mein Umfeld reagiert teils beruhigt mit einer Bemerkung wie: »Wie gut, dass du damit klarkommst und nach vorne schaust«, teils aber auch irritiert mit Verwunderung und leicht vorwurfsvollem Unterton: »Ich hatte gar nicht erwartet, dass du das so schnell wegstecken würdest …« Trotz vielleicht aufkommender Zweifel, dass das nicht alles gewesen sein kann, geht jedoch niemand gern der unterschwelligen Ahnung nach, dass sich der gegenwärtige Zustand noch verändern wird und vielleicht nur die Ruhe vor dem Orkan ist.

Wenn die erwartete Schwere der Trauer zunächst ausbleibt, liegt das nicht daran, dass sie nicht da ist, sondern daran, dass die Gefühle wie schockgefroren sein können und erst langsam, aber unweigerlich auftauen. Oder sie sind wie ein vergessenes, fest verschnürtes Päckchen über viele Monate im Inneren verstaut, und wenn aus welchem Anlass auch immer der Knoten gelöst wird, explodieren sie wie eine Zeitbombe und lösen das innere Chaos umso heftiger aus. Ich bin nicht vorbereitet auf das, was dadurch in mir passiert, und begreife zunächst auch gar nicht, warum die Trauer erst jetzt, lange nach dem tatsächlichen Geschehen, so heftig ausbricht und meine gesamte Aufmerksamkeit fordert.

Verzögerte Trauer
Andreas, geb. 1961, Berater:[8]
Nach dem Tod meiner Frau war ich erst mal ohnmächtig und völlig betäubt. Als Manager mit viel Verantwortung war ich ständig durch die Welt geflogen, doch jetzt hatte ich eine ganz neue zusätzliche Hauptaufgabe. Und da fühlte ich mich hilflos und unsicher. Ich habe dann diese Trauer relativ schnell beiseitegeschoben, habe mich in mein Familienleben, in meinen Beruf gestürzt, hab mir relativ schnell, etwa nach einem halben Jahr, eine neue Freundin gesucht und versucht, diese Lücke zu schließen.

---

8 Andrea, die Frau von Andreas, verstarb 2007 an den Folgen von Unterleibskrebs. Die beiden haben zwei gemeinsame Söhne, damals 3 und 4 Jahre alt.

Hab diesen Trauerprozess erst mal gar nicht an mich rangelassen. Erst drei Jahre später habe ich dieses Fass aufgemacht. Bin dann alleine losgelaufen, weil ich nicht mehr durchblickte, und hab mir Hilfe gesucht, wie ich die Situation in den Griff kriegen könnte. Ich bin zu einem Paartherapeuten gegangen, der hat sich meine Geschichte angehört, der hat sich auch die ganze Geschichte mit der Erkrankung und dem Tod meiner Frau angehört, und der hat mir auf den Kopf zugesagt: Sie haben noch ein ziemliches Päckchen, das Sie mit sich herumtragen. Das sollten Sie dringend mal angehen. Ich würde Ihnen dringend empfehlen, sich damit auseinanderzusetzen. Das habe ich mir dann eine Zeitlang durch den Kopf gehen lassen und hab gemerkt, dass er mit dem, was er gesagt hat, wohl recht hatte. Also hab ich angefangen, mich nach Möglichkeiten und entsprechenden Gruppen umzugucken. Ich hab zunächst verschiedene Trauergruppen ausprobiert, bis ich dann bei verwitwet.de gelandet bin. Zugleich hab ich auch noch eine reine Männergruppe gefunden, das waren beides Sachen, die mir wirklich viel gebracht haben.

Die Therapie hat bei mir einen Prozess in Gang gesetzt, mich aktiv noch mal mit diesen ganzen Dingen auseinanderzusetzen, und es hat vor allen Dingen auch dazu geführt, sich mit den Kindern zusammen noch mal damit auseinanderzusetzen und auch die Kinder in eine Kindertrauergruppe hineinzubringen. Das hat bei den Kindern ganz viel bewirkt. Sie haben einen viel offeneren Umgang mit dem Tod ihrer Mutter bekommen, sie sprechen jetzt ganz frei darüber und werden von Freunden offen darauf angesprochen, wie es eigentlich ist, ohne Mutter aufzuwachsen. Ich kann mich noch daran erinnern, als ich das erste Mal abends von meiner Trauergruppe nach Hause kam und beim Abendbrottisch meinen Kindern davon erzählte, da ist mein Großer unter den Tisch gekrochen und wollte nichts mehr davon hören. Das war für mich ein sehr deutliches Zeichen, dass bei denen auch noch was richtig im Busch ist. Und deswegen ist das eine Sache, die ich rückblickend als absolut positiv und richtig ansehe.

Kontakte mit dem Umfeld

Wann immer sie einsetzt, die innere Unordnung – das Chaos, das nicht mit dem Kopf aufzuräumen ist und sich dem Willen widersetzt –, sie bestimmt über meist lange Zeit nicht nur mein Befinden, sondern ebenso den Umgang mit anderen. Das Bedürfnis, meine Gefühle zu teilen und über sie zu reden, ist groß. Ich bin übervoll von Gefühlen. Im Grunde beschäftigt mich nur das eine Thema, im Kopf, aber auch im Bauch, alles andere ist unwichtig und berührt mich kaum, genau genommen gar nicht. Gleichzeitig wächst die Sorge, andere mit meinem Thema zu überfordern, ihnen auf die Nerven zu gehen, so dass ich den Impuls, darüber zu reden, unterdrücke. Fast jeder kennt die Reaktion »Oh bitte, nicht schon wieder!« rund um selbst positiv besetzte Lebensumstände, etwa die Geburt eines Kindes, wenn zum x-ten Mal vom süßen Lächeln, dem ersten gestammelten Wort oder in aller Ausführlichkeit von den Schlafgewohnheiten der Kleinen sowie den Vorzügen dieser oder jener Windel berichtet wird. Grundsätzlich ist das Thema Kinder jedoch irgendwie amüsant und unterhaltsam, und das große Mitteilungsbedürfnis wird mit Nachsicht hingenommen.

Zu den Gesprächen rund um meine Trauer gehört dagegen jedes Mal die Angst, abgewiesen zu werden oder mich unverstanden und falsch zu fühlen. Beides trägt dazu bei, dass ich – entgegen meinem inneren Wunsch – immer seltener von meiner Seite aus das Gespräch suche oder beginne. Wenn überhaupt jemand mit mir über meine Situation spricht, werde ich oft umgehend mit Ratschlägen und Tipps überhäuft, was und wie ich etwas machen soll, damit es mir bessergeht: »Ich an deiner Stelle würde ...«, »Was du jetzt brauchst, ist ...«, »Mach doch einfach mal ...« Viele vermitteln mir so den Eindruck, genau zu wissen, was für mich richtig ist, sie glauben, sich in meine Lage versetzen zu können. Nicht selten findet ein solches Gespräch zwischen Tür und Angel statt, damit es keinesfalls zu lang wird ... Das lässt mich an mir und meiner Wahrnehmung zweifeln, macht mich noch unsicherer. Aber ich spüre dabei auch genau, dass sich diese Vorschläge und Anregungen für mich falsch anfühlen, dass das alles gar nicht geht und mir keine Lösung in meiner jetzigen Situation bietet. Folge davon ist oft zunächst Frustration oder manchmal Resignation und eine noch umfassendere Hilflosigkeit, weil ich ja selbst keine Ahnung habe, was ich tun kann, damit der scheinbar unendliche Schmerz aufhört und die kommende Zeit sich nicht weiter nur als dunkle, bedrohliche Gewitterwolke vor mir aufbaut.

Er fehlt mir mit jedem Tag mehr[9]
Am 30. Dezember wird es ein halbes Jahr, dass mein geliebter Mann nach einem fürchterlichen Schlag aufs Auto plötzlich kein Wort mehr zu uns gesagt hat.

Auch ich dachte, nach ein paar Monaten wird es leichter. Der alles ausfüllende Schmerz würde nachlassen. Dem ist aber nicht so. Denn an die Stelle des übermächtigen, jähen Schmerzes tritt jetzt das langsame Erwachen aus einem Schockzustand und macht Platz für die übermächtige Sehnsucht nach ihm. Und die lässt sich auch durch Ablenkung oder Lebensaufgaben (Kinder, Arbeit ...) nicht verdrängen. Im Gegenteil! Er fehlt mir mit jedem Tag mehr, ich kann keine Entscheidungen mehr mit ihm absprechen, kann ihm nicht von meinem Tag erzählen, mich nicht anlehnen, ihn nicht umarmen und festhalten. Er fehlt mir mit jeder Sekunde mehr. Jetzt, wo ich langsam dabei bin, den Alltag wieder in den Griff zu bekommen, wo das Chaos in der Familie ein wenig nachlässt, kommt das immer deutlicher zum Vorschein. Und ich ahne, dass das noch lange nicht der Höhepunkt des Schmerzes ist! Dass es immer noch weitergeht, die Sehnsucht noch größer wird.

Ich dachte auch, nach einem Jahr wird alles besser, leg dich am besten schlafen und wach in einem Jahr wieder auf. Aber das ist nicht so ... Wenn ich denke, wie schnell die letzten 5 ½ Monate

---

9   Eintrag im Forum »Allgemein« von verwitwet.de, Dezember 2001

> verflogen sind, dann kann es nach einem Jahr nicht vorbei sein. Aber die Umgebung meint das! Und das macht die Sache nur noch schlimmer, weil man in seiner Umgebung kein Verständnis mehr findet. »Jetzt muss aber mal gut sein«, so denken eben viele. Also verstellt man sich, tut so, als wäre es eben gut, damit sich nicht alle zurückziehen. Aber das hilft auch nicht weiter, weil die Kontakte einen dann nicht mehr befriedigen. Sie bekommen so einen oberflächlichen Charakter.
>
> Im Kontakt mit anderen Betroffenen tut es gut zu spüren, dass es noch nicht vorbei sein muss, dass man seine Trauer auch nach Jahren noch zeigen darf.

Aus den ernüchternden, teilweise sehr verletzenden Erfahrungen mit meinem Umfeld entwickelt sich erst langsam eine Erkenntnis, die mich weiterbringt, aber auch sehr erschreckt: Ich bin auf meinem Trauerweg überwiegend allein unterwegs. Ich muss – darf aber auch – vor allem mir selbst vertrauen. »Ich kann das einfach noch nicht.« »Es fühlt sich aber nun mal so und nicht so an.« »Du kannst mich nicht trösten, sei einfach bloß bei mir.« »Ich will mich nicht ablenken, sondern mich damit auseinandersetzen und begreifen, was da gerade mit mir geschieht!« Wenn ich die ersten Entscheidungen getroffen habe, die nicht denen entsprechen, die mir nahegelegt oder die von mir erwartet werden, und diese sich dann gut oder zumindest richtig anfühlen, habe ich einen ganz wichtigen Schritt getan, um meine Sicherheit und mein Selbstvertrauen irgendwann wieder vollständig zurückzugewinnen.

Es ist ein zähes, sehr hartes und oft auch mitleidloses Ringen, das von Zweifeln, Enttäuschungen und immer wieder auch von Kraftlosigkeit begleitet wird, bis ein Trauernder an diesem Punkt angekommen ist. Der Zeitraum, der dafür benötigt wird, ist sehr unterschiedlich, denn der eine kommt ein wenig schneller voran, während sich für den anderen der Prozess scheinbar endlos lang hinzieht. Für so gut wie alle gilt, dass sie sich damit auseinandersetzen und abfinden müssen, auf ihrem Weg noch weitere Verluste zu erleiden. Andererseits taucht aber auch unerwartet Neues auf, es entstehen Verbindungen, mit denen ich nicht gerechnet habe: Langjährig enge Freunde sind plötzlich unerreichbar, verschwinden teils wortlos aus meinem Leben, und andere Menschen, die bisher nur locker mit mir verbunden waren oder denen ich erst jetzt neu begegne, nehmen Kontakt auf und werden zu verlässlichen Begleitern auf meinem Weg. Ebenso können sich innerhalb der Familie völlig unerwartet Gräben auftun, die in manchen Fälle nicht wieder zu überbrücken sind, oder zwischen Familienmitgliedern, bei denen es vorher lediglich ein oberflächliches Miteinander oder Nebeneinander gab, entsteht eine tiefe Verbundenheit mit intensiver Nähe.

All das gehört zu den Veränderungen, die der Einschnitt in meinem Leben mit sich bringt. Es macht deutlich, dass weder ich selbst noch mein gesamtes Leben je wieder so sein werden wie vorher – gar nicht wieder so sein *können*. Gleichzeitig lässt dieser Prozess auch ganz zart ahnen, dass es für mich vielleicht doch die Aussicht auf einen – trotz der Veränderung – lebenswerten Alltag gibt, der nicht nur von Schwere und Funktionieren durchzogen ist, sondern wieder echte Freude, Wärme und Zufriedenheit beinhalten kann.

Der Weg dahin ist allerdings unerwartet weit. Immer wieder stolpere ich und lande in unvorhersehbaren, teils tiefen Trauerlöchern, aus denen ich mühsam wieder herauskrabbele – herauskrabbeln muss, um weiterzukommen, ohne zu wissen, wann und wo der nächste Sturz auf mich wartet. Viele Trauernde beschreiben ihr Erleben als Schübe oder auch als Wellen, die sich immer wieder vor oder hinter ihnen aufbauen und von denen sie mitgerissen, untergetaucht und umhergewirbelt werden, so dass sie kaum noch Luft bekommen. Irgendwann kommt dann der Moment, wo sie auf einer dieser Wellen mitschwimmen, von ihr getragen werden und zwischendrin wieder durchatmen können. Bevor die nächste kommt ...

Ob Trauerloch, Schub oder Welle, Tiefe und Heftigkeit der Gefühle vermindern sich zunächst nur unmerklich und auch nicht linear, das Auf und Ab hat unregelmäßige Ausschläge. Erst nach einer Weile kann ich rückblickend die Veränderung selbst erkennen und feststellen, dass der Sturm tatsächlich abnimmt und alles etwas ruhiger wird. Der Schmerz fühlt sich anders an und ist nicht mehr so allumfassend, wie noch vor ein paar Monaten. Gleichzeitig lerne ich, mit den Höhen und Tiefen umzugehen, gewöhne mich gewissermaßen daran, dass das Stolpern zu meinem (Trauer-)Weg gehört, und krabbele gezielter, mutiger und sicherer aus den Löchern heraus. Außerdem beginne ich, wieder mehr nach links und rechts zu schauen und Dinge wahrzunehmen, die nicht unmittelbar mit meinem Trauerprozess zusammenhängen.

Jahrestage

Im ersten Jahr nach dem Tod meines Partners durchlebe ich jeden der 365 Tage zum ersten Mal ohne ihn. Viele davon vergehen fast unbeachtet, verschwinden im Auf und Ab meiner Befindlichkeit. Andere aber, die früher oft schon im Vorfeld mit ungeduldiger Erwartung, mit Freude, Genuss und Fröhlichkeit verbunden waren, haben plötzlich beim Gedanken an sie eine ganz andere, ebenfalls sehr besondere Wirkung. Je näher sie rücken, desto mehr fürchte ich mich vor ihnen. Der erste Geburtstag ohne den Partner, meiner, seiner, der der Kinder. Der erste Hochzeits- oder Begegnungstag allein, das erste Osterfest ohne ihn. Für viele Trauernde ist es enorm angstbesetzt, zum ersten Mal Weihnachten und Silvester ohne den Partner verbringen und das neue Jahr allein beginnen zu müssen. Jedem dieser Anlässe geht die verzweifelte Frage voraus: »Wie soll ich diese Tage bloß überstehen?« Damit verbunden ist der Wunsch, alles möge schon vorbei sein.

Der Wunsch, einen Tag einfach auslassen zu können, wird

nicht in Erfüllung gehen, und das Ignorieren oder Ausblenden des Anlasses funktioniert nur in den seltensten Fällen. Vor allem bei gemeinschaftlich begangenen Festtagen wie Weihnachten habe ich keine Chance, mich der Atmosphäre zu entziehen. Schon gar nicht, wenn ich Kinder habe. Deren Geburtstage kann ich genauso wenig einfach ausfallen lassen, weil das Fehlen meines Partners bei der Feier noch präsenter ist und besonders schmerzt: Die Enttäuschung und Verletzung, die es für mein Kind bedeuten würde, an seinem Geburtstag nicht gefeiert zu werden, würde schwerer wiegen.

Ein Weg, mit solch besonderen Jahrestagen umzugehen, kann sein, sich möglichst gut auf sie vorzubereiten und bei Bedarf um Unterstützung zu bitten. Gemeinsame Feiertage lassen sich vielleicht auch gemeinsam planen, mit den Kindern, mit Freunden. Nichts spricht dagegen, den Geburtstag des verstorbenen Partners weiterhin auf besondere Weise zu begehen, indem man mit Freunden zusammenkommt und sich gemeinsam erinnert. Oder man plant mit den Kindern sowie Freunden eine Unternehmung, die für alle ein Miteinander und vielleicht auch etwas Ablenkung von den schweren Gedanken bedeutet. Bin ich in der Situation, für mich allein entscheiden zu können, sollte ich in mich hineinhorchen und mich fragen, was mir an dem Tag guttun könnte, was meinem Bedürfnis am meisten entsprechen würde. Für mich allein sein, oder besser jemanden zur Seite haben? Auch wenn das Gefühl überwiegt, lieber mit mir und meinen Gedanken allein zu sein, zum Friedhof zu gehen, einen langen Spaziergang zu machen oder an einen besonderen Ort zu fahren, kann ich trotzdem im Vorfeld eine Alternative vorbereiten, falls sich am Tag selbst plötzlich alles doch ganz anders anfühlen sollte. Ich kann einen Freund, eine Freundin oder Familienangehörige fragen, ob sie in dem Fall erreichbar sind und bereit, auch kurzfristig für mich da zu sein. Das erfordert von mir vielleicht etwas Mut, ist aber sinnvoll und wichtig, weil ich auf diese Weise gut für mich sorge.

Das gilt auch für den kommenden Todestag des Partners, der mein erstes Trauerjahr beschließt. Wenn dieser Tag näherrückt, spüren viele eine ansteigende Unruhe in sich, die sich von anderen Jahrestagen unterscheidet. Dabei ist nicht ausschlaggebend, ob ich gerade einigermaßen zurechtkomme, vielleicht schon einen Ansatz von Sicherheit im Umgang mit meinem neuen Leben spüre, oder ob das Auf und Ab noch unkontrollierbar Einfluss auf mich nimmt.

Der Todestag ist ein neuer, ungewohnter und ungewollter Jahrestag in meinem Leben. Diejenigen, die ihren Partner aufgrund einer Krankheit verloren haben, tauchen im Vorfeld gedanklich häufig noch einmal in das Erleben der letzten Monate und Wochen vor dem Sterben ein. Wann ging es dem Partner noch gut, wann gab es noch Hoffnung, ab wann war der Verlauf im Rückblick eventuell schon abschbar, ohne dass ich das damals bemerkt habe oder wahrhaben wollte? Alles ist wieder präsent: der Tag der Diagnose, die Phasen des (Mit-)Leidens, der scheinbaren Besserung und der schwindenden Chancen sowie auch die Erinnerung an einzelne Gespräche, Blicke und kleinste Begebenheiten. Auch die Bilder des leidenden, sterbenden und dann toten Partners drängen wieder in den Vordergrund, ohne dass ich etwas dagegen tun kann.

Denjenigen, deren Partner plötzlich verstorben ist und von einem Moment zum anderen nicht mehr da war, geht es ähnlich. Sie gehen in dieser Zeit oft noch einmal durch die letzten gemeinsamen Erlebnisse, den letzten Tag, die letzte Stunde oder auch die letzte Umarmung, Berührung und die letzten ausgetauschten Worte, von denen sie zu dem Zeitpunkt nicht wussten, dass es die letzten sein würden. Dann der Moment des Unfalls, des Infarkts oder der überbrachten Nachricht und die bohrende Warum-Frage, die auch jetzt wieder im Raum steht. Das Jahr hat mir die Endgültigkeit zwar gnadenlos deutlich gemacht, ich *will* aber immer noch nicht akzeptieren, dass es so ist.

Ist der erste Todestag dann begangen und überstanden, kann es sein, dass ich mich tatsächlich gewissermaßen von etwas befreit fühle, und ich spüre auch, einen weiteren Schritt nach vorn gemacht zu haben. Jedoch geht meine Hoffnung, dass ein Jahr Trauer ausreichen könnte, um den Verlust meines Partners zu »verarbeiten«, die veränderten Lebensbedingungen als gegeben anzunehmen und wieder wie vorher im Leben zurechtzukommen, leider nicht in Erfüllung. Der gesellschaftlichen Erwartung, ich müsste mit dem zugestandenen Trauerjahr auch den aktiven Trauerprozess beenden, kann ich deshalb genauso wenig entsprechen.

»Ich fühle mich, als wäre ich in die zweite Klasse versetzt worden«, beschreibt eine jung verwitwete Mutter den Übergang vom ersten Jahr ihrer Trauer ins zweite. »Ich merke, dass ich schon etwas weiter bin und mehr begreife als am Anfang, aber da kommt noch Neues, was ich zu lernen habe, und einiges muss ich anscheinend auch wiederholen ...« Den Trauerprozess mit Schule zu vergleichen, ist sachlich betrachtet gar nicht so abwegig. Handelt es sich doch um den Beginn eines neuen, unumgänglichen Lebensabschnitts, der vor allem im ersten Jahr unglaublich viel Unbekanntes in mein Leben bringt, einen veränderten Tagesablauf, neue Inhalte und Prioritäten, neue Menschen und Begegnungen, andere Regeln und auch Zwänge. Aber auch im zweiten Jahr, wenn ich mit dem Umfeld und der Situation schon etwas vertrauter bin, kommt noch Neues und manchmal Schweres. Ich werde mit Aufgaben, Erlebnissen und Gefühlen konfrontiert, die ich verarbeiten, beziehungsweise an denen ich weiter arbeiten muss. In unregelmäßigen Abständen gibt es (oft unangekündigte) Prüfungen, deren Ergebnisse nicht immer meine selbstgesteckte Erwartung erfüllen, manchmal aber auch motivieren und bestätigen, dass die Beschäftigung mit dem Thema eine gute Vorbereitung war und weiterhin ist.

Im Gegensatz zur Schullaufbahn ist am Anfang des Trauerprozesses allerdings nicht abzusehen, wie viele Jahrgänge ich durchlaufen muss, um den »Stoff« zu beherrschen, um mein erlerntes Wissen sicher und selbstbewusst in mein Leben einfließen zu lassen und bei Bedarf anwenden zu können. Welchen Zeitraum auch immer ich persönlich dafür benötige: Sowohl mein erlerntes Wissen als auch die aktiv gelebte Zeit der Trauer werden mich auf meinem gesamten weiteren Lebensweg begleiten und nie ganz vergessen sein.

Was wird aus den Sachen des Partners?

Mein Partner ist nicht mehr bei mir. Außer der Fülle von Erinnerungen, den Gedanken an ihn und der Sehnsucht, bleibt gleichzeitig fast immer auch noch viel Sichtbares und Berührbares zurück. All die Dinge, die ihm gehört haben, stehen, liegen, hängen an dem Platz, wo er sie das letzte Mal benutzt, weggelegt und in den Händen gehabt hat. Sie umgeben mich und scheinen anfangs nur darauf zu warten, dass der Verstorbene wiederkommt: die Kleidung in Schränken und Schubladen, die Schuhe im Gartenhaus, die Brille, die Papiere auf dem Schreibtisch oder das Werkzeug neben dem angefangenen Modell im Hobbykeller. Überall sehe und finde ich Dinge, die zu meinem Partner gehören, mit denen ich ihn verbinde. Früher oder später stellt sich bei jedem dieser Dinge die Frage: »Was mache ich damit?«

Einem Teil der Trauernden tut es gut, diese Fragen und die damit verbundenen Entscheidungen wegzuschieben, weil sie sich fürs Erste gar nicht vorstellen können, auch nur ein Teil, das an den Partner erinnert, wegzugeben. Das schmerzhafte Gefühl, den verstorbenen Partner dadurch noch einmal und endgültig zu verlieren, die Angst, dass mit jedem Stück auch eine Erinnerung, eine weitere Verbindung schwindet, ist bei ihnen größer als der Schmerz beim Anblick dieser Gegenstände. Denn die persönlichen Sachen meines Partners verkörpern auch Vertrautheit und Zusammengehörigkeit. Sie unangetastet zu lassen ermöglicht, einen Bereich zu erhalten, in dem die Zeit noch eine Weile stehenbleibt, während die übrige Welt sich schnell weiterdreht. Manche Trauernde müssen alles unverändert so lange um sich haben, bis sie irgendwann zu spüren beginnen, dass sie etwas bewegen können und wollen. Sei es, weil der Gedanke erträglicher wird, sei es, weil es einen konkreten Anlass, einen Auslöser gibt, beispielsweise ein Auf- oder Umräumen der Wohnung, ein Umzug oder nur ein Zettel für eine Kleidersammlung. Der für den Trauernden richtige Zeitpunkt, um sich von den ersten persönlichen Dingen des Partners zu trennen, ist wie so vieles in diesem Prozess ganz individuell. Falls sich nicht unabwendbare Zwänge einstellen, sollte ich hier ebenso meinem Bauchgefühl vertrauen und geduldig mit mir sein. Auch oder gerade dann, wenn jemand anderer der Meinung ist, dass es mir bessergehen und mir helfen würde, wenn »die ganzen alten Sachen« aus meinem Blickfeld entfernt werden; aus den Augen bedeutet für Trauernde keineswegs zugleich aus dem Sinn.

Das bemerken ebenso die Hinterbliebenen, die sich umgehend von einigen oder sogar allen Gegenständen trennen, die ihrem Partner gehört haben oder die eine Verbindung zu ihm darstellen. Dieser Teil der Trauernden empfindet es als hilfreich und entlastend, sämtliche Kleidung, Schuhe und Accessoires wegzugeben, Erinnerungsstücke, Fotos und nur vom Partner genutzte Gegenstände in Kartons zu verpacken oder auch Badutensilien wie die Zahnbürste, das Parfum oder Rasierzeug wegzuräumen – jedoch verschwinden damit auch bei ihnen weder die Gedanken an den Verstorbenen noch die Trauer.

Für die Menschen im Umfeld, und das schließt Freunde und Familie mit ein, ist es in vielen Fällen schwer nachvollziehbar, warum ich so oder so vorgehe. Auf der einen Seite bereitet ihnen mein akribisches Festhalten an den Dingen oft Sorgen, da es die veränderten Bedingungen zu leugnen scheint, aber sehr radikale Lösungen können ebenfalls Unverständnis oder gar Ablehnung auslösen. Ein jung verwitweter Vater zertrümmerte in einem Moment voller Schmerz, Wut und Verzweiflung das gemeinsame Schlafzimmer und schmiss die Einzelteile aus dem Fenster in den Garten hinaus, weil er den Anblick der Einrichtung nach dem Tod seiner Frau einfach nicht mehr ertragen konnte. Er wurde daraufhin über lange Zeit von Nachbarn und Anwohnern fast ängstlich gemieden und nur noch aus der Distanz beobachtet. Ein solch klares und sichtbares, vielleicht extremes Zeichen zu setzen, kann aber dem einen Trauernden genauso entsprechen wie einem anderen das Abwarten und völlige Unberührtlassen der Sachen des Partners. Auch das zuletzt getragene T-Shirt ungewaschen beim Schlafen bei sich zu haben, weil es den vertrauten Geruch des Partners verströmt – subjektiv auch noch nach Monaten –, ist vielen Trauernden nicht fremd.

Obwohl mir mein Kopf deutlich sagt, dass ich den Partner auf diese Weise nicht festhalten kann, braucht es nicht selten den Verlauf des ersten Jahres oder länger, bis ich auch emotional in der Lage bin, endgültig zu entscheiden, welche persönlichen Dinge ich weggebe und welche ich behalte. Bei Sachen, die uns gemeinsam gehört haben, die wir zusammen angeschafft haben, spüre ich vielleicht, dass sie auch zu mir allein gehören, *meine* werden können. Andere kann ich etwas leichter aussortieren, weil dabei der Unterschied zwischen Schrankfüllern und Lieblingsklamotten zum Tragen kommt, zwischen Gebrauchsgegenstand und persönlichem Erinnerungsstück. Dennoch ist das Ausräumen für die meisten ein echtes Angehen, gestaltet sich schwerer als erwartet und braucht oft mehrere Ansätze oder Etappen. Für Außenstehende mag das schwer vorstellbar sein, aber allein beim Durchgehen der Fächer im Schrank schießen mir bei fast jedem Kleidungsstück automatisch Gedanken durch den Kopf: »Das hatte sie beim Sommerfest an«, »Das Hemd habe ich ihm zum letzten Geburtstag geschenkt«, »Den löchrigen Pulli hat er zweimal wieder aus dem Altkleidersack gerettet«,

»Das Sockenpaar hat sie noch selbst übereinander gezogen«. Bei den persönlichen Unterlagen, den Briefen, Notizen, Büchern geht es unaufhörlich mit Erinnerungsblitzen weiter, die ein geplant sachliches Vorgehen in ein emotionales Chaos verwandeln können.

Wenn ich mich nicht spontan zu Entscheidungen durchringen kann, hilft vielleicht eine Zwischenlagerung im Keller oder auf dem Dachboden. Eine Erinnerungskiste, in der ich die mir besonders wichtigen Stücke sammele, ohne sie weiter ständig vor Augen haben zu müssen, kann ebenfalls eine gute Lösung sein; ein solches Kästchen ermöglicht auch meinen Kindern eine Verbindung, den Zugang zu ihrem Vater oder ihrer Mutter, wenn und sobald sie es möchten.

Ob ich viel, wenig oder auch gar nichts konkret Anfassbares von dem bewahre, was mein Partner hinterlassen hat, sagt nichts darüber aus, wie sehr ich mit ihm verbunden bin, ist kein Maß dafür, wie intensiv unsere Beziehung war.

Um jedoch nicht in die Situation zu kommen, eine spontane und nicht rückgängig zu machende Entscheidung zu bereuen, die ich in einem emotionalen Durcheinander getroffen habe, ist es sinnvoll, Zwischenlösungen in Betracht zu ziehen, bis ich wieder klar denken kann und mir sicher bin. Speziell wenn die Entscheidungen nicht ausschließlich mich betreffen, sondern eher Überlegungen dazu gefragt sind, was für meine Kinder und folglich gerade auch später wertvoll sein kann. Vielleicht bedeutet auch ein Gegenstand, zu dem ich keinen Bezug habe, einem anderen Familienmitglied, einem Freund sehr viel.

Der Umgang mit den verbliebenen Sachen, das Sichten, Ordnen, Behalten oder Sichtrennen, ist jedes Mal zugleich ein Schritt des Übergangs, der Anpassung an meine neue Lebenssituation. Egal ob ich diese Aufgabe in mehrere kleine Schritte aufteile oder in einem Zug angehe: Den sichtbaren Dingen einen mir entsprechenden Platz zu geben, gehört zum Trauerprozess und trägt dazu bei, dass ich auch für meinen verstorbenen Partner einen neuen, passenden Platz in meinem Leben finden kann.

Ver-rückt-sein

So gut wie allen Trauernden begegnet das Gefühl, verrückt zu sein. Es trägt sehr zu ihrer Verunsicherung bei. Der spontane Ausspruch »Das macht mich ganz verrückt!« oder »Ich glaub, gleich werde ich verrückt« ist zwar vielen Menschen bekannt, aber sich tatsächlich und über einen längeren Zeitraum falsch zu fühlen, sich selbst scheinbar nicht mehr zu kennen und einschätzen zu können, ist in dieser Form für viele völlig neu und beängstigend. Wenn mir nicht allein durch mein Umfeld dieses Gefühl vermittelt wird, sondern mir gleichzeitig auch meine eigenen Reaktionen fremd und unerklärlich sind, komme ich unvermeidbar an den Punkt, an dem ich mich erschrocken frage, ob ich überhaupt noch »richtig ticke« oder nicht vielleicht schon am Durchdrehen bin. Selbst Menschen, die bisher mit beiden Beinen fest auf dem Boden gestanden haben und die kaum etwas aus der Ruhe bringen konnte, zweifeln plötzlich an ihrer Wahrnehmung und stellen sich und ihr Handeln infrage. Sie empfinden dadurch eine tiefgehende Verunsicherung und verlieren ihr gerade in dieser Zeit so dringend benötigtes Selbstbewusstsein. Immer wieder fühle ich so ganz anders als die anderen, sehe mich fragenden, irritierten, teils kritisch-besorgten Blicken gegenüber – selbst dort, wo ich bisher immer Verständnis erwarten konnte.

Es kann eine ganze Weile dauern und mir wie eine Ewigkeit vorkommen, bis ich begreife, dass selbst eine vorhandene Gesprächsbereitschaft des Gegenübers nicht ausreicht, um letztendlich verstanden zu werden. Wenn der andere sich auf meine Situation erst gar nicht einlässt, nicht verstehen will, besteht ohnehin keine Chance auf Annäherung. Jedoch kommt auch das Verstehenwollen an eine spürbare Grenze, wenn es um die Erfahrung an sich und die damit verbundene Gefühlswelt geht. Der andere kann gar nicht verstehen oder fühlen, was er noch nie selbst real gefühlt hat. Er bewegt sich in der Vorstellung eines theoretischen »Was wäre wenn«, und die ist begrenzt. Als Grundlage dienen die eigenen bis dato gemachten schwersten Erfahrungen, sie sind der Maßstab. Doch sie reichen nur in den seltensten Fällen aus, wenn jemand bisher noch keine persönlich tiefgehende Trauer erleben musste. Anders bei Menschen, die diese Erfahrung schon gemacht haben oder gerade dabei sind, sie ebenfalls zu machen. Mit ihnen kann ich mich über meine Gefühle direkt austauschen und muss nicht erst erklären oder versuchen zu beschreiben, was eigentlich gar nicht zu beschreiben ist. Mein Gegenüber weiß, wie es sich anfühlt.

Es macht einen großen Unterschied, ob ich mir vorstelle, wie sich etwas anfühlt, oder ob ich es real erlebe und spüre. Am Beispiel der vielen besser bekannten und vertrauten Lebenssituation »Kinder haben« oder »keine Kinder haben« ist das vielleicht leichter nachvollziehbar. Die gedankliche und organisatorische Beschäftigung rund um das Leben mit Kind, das Lesen von Büchern, das Einholen von Tipps und Einbeziehen von Erfahrungen anderer schafft eine gute Grundlage, um auf diese umfassende Veränderung in meinem Leben vorbereitet zu sein. Jeder weiß, dass mit eigenen Kindern auch neue Aufgaben, Anforderungen und andere Schwerpunkte ins Leben kommen. Jedoch kann keine noch so detaillierte Planung die Vielfalt der Gefühle einbeziehen, die erst das tatsächliche Erlebnis »Kind« mit sich bringt. Die unbeschreiblichen Gefühle, die tiefe Freude oder Ängste lassen mich den Unterschied von Theorie und Praxis sehr schnell spüren. Das ganze Ausmaß der Empfindungen ist im Vorfeld einfach nicht vorstellbar – ebenso wenig wie die Fülle der gut gemeinten und oft ungefragt gegebenen Ratschläge, die mit dieser Situation einhergehen.

Ich mache relativ schnell die Erfahrung, dass vieles wesentlich leichter gesagt als getan ist und sich für mich die Situation meist ganz anders darstellt, eben weil ich mittendrin bin. Nur ich kann all die einzelnen Puzzleteile sehen, die beim Entscheiden und Handeln mit einbezogen werden müssen. Wenn sie fehlen, ist das Bild nicht vollständig und kann nur in Teilen betrachtet werden. Trotzdem gibt es Menschen um mich herum, die mir immer wieder den Eindruck vermitteln, dass sie genau wissen, was zu tun ist, obwohl sie es aus ihrer Position gar nicht ausreichend sehen können.

Darin liegt keine Wertung, es ist einfach eine neutrale Erkenntnis, dass jemand, dessen Leben an entscheidenden Stellen anders verläuft als meines, immer nur mit seinen Augen sehen kann und deshalb möglicherweise auch zu anderen Lösungsansätzen kommt. Da ich aber mit meiner Trauersituation meistens allein dastehe und scheinbar die ganze Welt um mich herum anders empfindet als ich, wird das Resultat zunächst dennoch sein, dass *ich* mich falsch fühle.

Das ändert sich in dem Moment, in dem ich auf jemanden treffe, der die gleichen oder sehr ähnliche Erfahrungen gemacht hat. Wenn ich, bildlich gesprochen, als schwarzes Trauer-Schaf inmitten einer Herde weißer Schafe auf ein weiteres schwarzes treffe. Plötzlich ist da jemand mit gleichen Bedingungen, der genauso empfindet, der nicht fragend guckt, sondern verstehend und bestätigend nickt, und ich stelle erleichtert fest, dass meine Gedanken und Gefühle stimmen und endlich bestätigt werden. Ich bin also doch normal, ich bin »richtig«.

Die Bestätigung meines Fühlens und Handelns entlastet, auch wenn der Druck von außen, eigentlich anders sein zu sollen, weiter bestehen bleibt. Der Austausch mit ebenfalls von Trauer Betroffenen bestärkt und lässt mich wieder etwas Selbstbewusstsein entwickeln – ich bin nicht allein. Zu erfahren, dass meine Angst vorm Verrücktsein unbegründet ist, erleichtert ungemein.

Und doch hat mich mein Gefühl nicht völlig getrogen, denn ich bin tatsächlich verrückt, wenn auch in anderem Sinne: Ich bin ver-rückt worden. Ich selbst und vieles in meinem Leben wurde und wird durch den Tod meines Partners ver-rückt, bekommt oder sucht einen neuen Platz, eine neue Ordnung und Verbindung. Wie bei einem Mobile, von dem ein Teil abgeschnitten wird, geraten alle anderen Teile aus der Balance und müssen erst langsam und vorsichtig wieder in ein neues Gleichgewicht gebracht werden. Die Veränderung der Position eines Teils beeinflusst das gesamte System.

Mein Leben Stück für Stück wieder in Balance zu bringen erfordert viel Zeit, Energie, Stärke und auch eine Menge Mut. Den Mut, meine Trauer mit all ihren Facetten zuzulassen und sie auszuhalten, so wie sie ist. Auch wenn sich für mein Umfeld dadurch der Eindruck verstärkt, ich sei irgendwie nicht ganz »bei mir«. Ich aber weiß jetzt, dass das Gegenteil der Fall ist und ich sehr wohl bei *mir* bin – nur eben genau deshalb für eine Weile nicht bei allen anderen sein kann, allenfalls vielleicht bei einigen wenigen.

Allein sein – Schmerz und Sehnsucht

Für jeden Trauernden gibt es Momente, in denen er sich unendlich allein fühlt, gleichgültig wie viele oder wenige Menschen an seiner Seite sind. Es ist das Gefühl, inmitten einer großen Leere einsam zu sein, vom Partner getrennt und allein gelassen. Schmerz und Sehnsucht, die sich dann plötzlich unaufhaltsam als größer werdende Lawine im Körper ausbreiten, mich in sich aufnehmen und einhüllen, sind nicht in Worte zu fassen, so wenig wie die damit einhergehende Verzweiflung beim Gedanken an die Endgültigkeit.

Dabei geht es weniger ums Hinterfragen oder Verstehen; diese Momente sind pure Emotion, die die Intensität der gelebten Verbindung widerspiegelt und deshalb auch nicht weggetröstet werden kann. Mein Partner ist und bleibt tot.

Schmerz entsteht durch Verletzung, und ich bin schwer,

geradezu lebensbedrohlich verletzt. Es ist eine innere Verletzung, deren ganzes Ausmaß ich zwar spüre, das jedoch von außen nicht sichtbar ist. Während jedem klar ist, dass der Verlust eines Körperteils – und so empfinden viele den Tod ihres Partners – ohne umfangreiche medizinische Versorgung und intensive Pflege nicht zu überstehen ist, bleibt die vergleichbar schwere innere Verletzung meist unversorgt und sich selbst überlassen. Ein Heilungsprozess kann jedoch nur nach einer guten Erstversorgung einsetzen, wenn das Überleben gesichert ist und sich danach um die Wunde regelmäßig und vorsichtig gekümmert wird. Von keinem Schwerkranken wird erwartet, dass er in seinem Zustand leistet, wozu er in gesundem Zustand in der Lage war. Genau das wird aber den meisten Trauernden abverlangt. Nicht selten verlangen sie es sogar von sich selbst, entgegen jeder Vernunft.

Deshalb ist es sinnvoll und hilfreich, sich das Bild eines Schwerverletzten immer wieder vor Augen zu führen, um zu verstehen, dass diese Forderung weder angemessen noch erfüllbar ist. Meine Verletzung bedeutet für lange Einschränkungen und verlangt Rücksichtnahme, um heilen zu können. Das zu begreifen und zu akzeptieren ist nicht nur eine Aufgabe des Betroffenen, sondern sie stellt sich seinem gesamten Umfeld: rotgeränderte Augen, Traurigkeit im Gesicht, Antriebslosigkeit sowie plötzlich aufsteigende Tränen bei Ansprache sind nur die kleinen sichtbaren Anzeichen, hinter denen sich im Inneren eine weitaus größere Wunde versteckt, die Pflege braucht, um langsam verheilen zu können. Der Heilungsprozess ist keine Frage von Tagen oder Wochen, sondern von Monaten und Jahren. Übrig bleibt eine unsichtbare, aber vorhandene Narbe, die von Zeit zu Zeit immer wieder einmal schmerzen kann, wenn ein zufälliger Stoß genau diese Stelle trifft oder auch, weil sie gewissermaßen wetterfühlig bleibt, auf bestimmte Auslöser reagiert.

Schmerz und Sehnsucht stehen in enger Verbindung. Während ich zumindest theoretisch weiß, dass der Schmerz mit dem Heilen der Wunde verbunden ist und somit die Aussicht besteht, dass er nachlässt, erträglicher wird und irgendwann verschwunden ist, kann die Sehnsucht auch nach Jahren noch bei mir sein. Sie ist dann nicht mehr zwingend mit Schmerz verbunden, oft eher mit Melancholie, mit der Erinnerung an diesen mit mir verbundenen Menschen. Wenn ich sie dann vielleicht sogar mit etwas Freude annehmen kann, geschieht das ganz unabhängig davon, ob es in meinem Leben inzwischen vielleicht jemand anderen an meiner Seite gibt oder nicht. Denn die Erinnerung an den Lebensabschnitt mit meinem verstorbenen Partner steht Neuem in meinem Leben irgendwann nicht mehr im Weg. Zu mir gehören wird sie jedoch immer.

Verluste im sozialen Umfeld

Nach ein paar Wochen die ungeduldige Frage: »Geht es dir denn immer noch nicht besser?« Darauf die harte, aber genau der eigenen Wahrnehmung entsprechende Antwort: »Wieso sollte es – mein Partner ist ja immer noch tot.« Danach Funkstille …

Nur sehr wenige Trauernde entwickeln eine derartige Schlagfertigkeit im Umgang mit den manchmal fordernden und teils auch ungewollt verletzenden Fragen zu ihrem Befinden. Die meisten Schläge stecken sie unkommentiert weg, auch die in Form von Ratschlägen. Dabei ist es egal, ob Frage oder Rat gar nicht so gemeint waren, eigentlich nett und unterstützend sein oder zumindest Interesse signalisieren sollten. Wenn diese Botschaften beim Trauernden so nicht ankommen, verstärken sie das Gefühl, unverstanden und allein zu sein. Bedenkt man, wie viel Traurigkeit, Ärger und Wut sich dadurch mit der Zeit ansammeln und aufstauen können, wird die schroffe und brüskierende Antwort in diesem Beispiel vielleicht nachvollziehbar. Sie mag unangemessen heftig anmuten, zeigt aber auch den Druck, unter dem der Trauernde steht.

Ein verbaler Schlagabtausch führt allerdings nur in den seltensten Fällen zu Verständnis, Austausch und bleibender Verbindung, häufiger zu beidseitigem, oft beleidigt-verletztem Rückzug. Die kurze Genugtuung, der Stolz, sich endlich gewehrt zu haben, weicht meistens der Ernüchterung, erneut einen Kontakt verloren zu haben und sehen zu müssen, wie das eigene soziale Umfeld immer kleiner wird.

Die Kontaktverluste im Freundes-, Bekannten- und auch Kollegenkreis sind nach dem Tod, spätestens aber nach der Bestattung, bei Trauernden erschreckend hoch. Nicht immer geht dem ein Konflikt, eine entzweiende Begegnung oder gar ein Schlagabtausch wie beschrieben voraus. Weitaus häufiger ist es ein eher schleichender Prozess oder auch wortloses Wegbleiben, das den Betroffenen gleichermaßen sprachlos macht und fassungslos, weil es auch bisher enge Freundschaften betrifft. Menschen, bei denen ich mir so sicher war, dass ich mich gerade jetzt auf sie verlassen kann, sind nicht erreichbar, ziehen sich zurück oder reden von »wenig Zeit« und »Ich ruf dich an«, ohne es je zu tun.

Durch meine veränderte Lebenssituation wird im Grunde jede bestehende Verbindung zu Freunden und auch innerhalb der Familie einer Belastungsprobe ausgesetzt, und das kann für beide Seiten sehr anstrengend sein. Vor allem dann, wenn trotz gegenseitigen Bemühens die gefühlte Nähe schwindet. Die unterschiedlichen Sichtweisen und Empfindungen werden zu einer unüberwindbaren Hürde, und unaufhaltsam findet eine Entfremdung wider Willen statt.

Im Familienkreis oder wenn sich der vorhandene Freundeskreis vorwiegend aus Paaren und Familien zusammensetzt, die möglicherweise auch noch einen festen Kreis bilden, fällt das Fehlen einer Person besonders auf. »Wo ist denn dein Mann, deine Frau heute?«, lautete bisher die Frage, wenn jemand bei einem Treffen ungewöhnlicherweise allein kam. Diese Frage wird jetzt natürlich nicht mehr gestellt – sie steht aber gefühlt im Raum, denn in der Wahrnehmung der anderen, und auch in meiner, bin ich ein Paar, und die Abwesenheit meines Partners konfrontiert alle ganz ohne Worte mit der Tatsache, dass er tot ist und nie mehr dabei sein wird. Je nach persönlicher Verbindung ist das für die Einzelnen in diesem Kreis ein ganz individueller Verlust, mit dem jeder dann auch auf seine Art unterschiedlich umgeht. In einer Gruppe führt die Unsicherheit der Einzelnen leicht zum stillschweigenden Konsens, dass das Fehlen ausgeblendet oder gar mit kollektiver Fröhlichkeit überspielt wird, in der irrigen Annahme, so die alte Unbeschwertheit erhalten oder etwas von ihr retten zu können. Manchmal geht das so weit, dass selbst der Name des Verstorbenen nicht mehr erwähnt und es vermieden wird, Bezug auf gemeinsame Erlebnisse zu nehmen. Teils aus Verlegenheit, Unwillen oder eigener Angst vor dem Thema, teils auch aus vermeintlicher Rücksicht auf den wunden Punkt des Trauernden. Diese Rücksichtnahme ist nicht nur unnötig, sondern falsch und schmerzt mehr, als das Geschehen anzusprechen, das ohnehin immer in meinen Gedanken ist. Für mich bedeutet dieses Verhalten, dass ein unschätzbar wichtiger Teil, der zu mir gehört, plötzlich ignoriert wird, so als hätte er nie existiert. Mein Partner wird mir noch einmal weggenommen, und das ist ein Schock. Mir wird keine Möglichkeit gelassen, mich noch eine Weile weiter als Paar fühlen zu dürfen, während ich mich langsam an meinen neuen Platz, meine neue Funktion in diesem Kreis gewöhne. Ich werde auf diese Weise gezwungen, nach außen hin nicht nur meine Vergangenheit auszuklammern, sondern auch den mächtigen Teil im Hier und Jetzt, mit dem ich mich auseinandersetzen muss, um mein eigenes Leben, also mich, wiederfinden zu können. Schon beim Lesen wird klar, dass das gar nicht geht. Der Erwartungsdruck, der sich dadurch bei jedem Treffen, jedem Miteinander auf beiden Seiten aufbaut, lässt keine Unbeschwertheit zu. Die anderen erwarten, dass ich einfach weitermache, mich in ihr Leben einfüge, und ich warte nur darauf, dass jemand auf mich und mein Bedürfnis eingeht, über meinen Partner und die Veränderungen reden zu dürfen. Ich warte darauf, dass jemand mich wahrnimmt. Was in solchen Situationen vor sich geht, beschreibt eine verwaiste Mutter sehr eindrücklich in dem Text »The elephant in the room«:

Der Elefant im Raum[10]

Ein Elefant ist im Raum.
Breit sitzt er da, und es ist schwierig, um ihn
   herumzukommen.
Und doch quetschen wir uns vorbei, sagen »Wie geht's?«
Und »Mir geht's gut.«
Und viele andere Floskeln und Geschwätz.
Wir reden über das Wetter. Wir reden über die Arbeit.
Außer – über den Elefanten im Raum.

Ein Elefant ist im Raum.
Wir alle wissen, dass er da ist.
Wir denken an den Elefanten, während wir miteinander
   reden.
Wir denken ständig an ihn.
Er ist nämlich ziemlich groß.
Er tut uns allen weh.
Aber wir sprechen nicht über den Elefanten im Raum.

Bitte, sagt ihren Namen.
Bitte, sagt noch einmal »Barbara«.
Bitte, lasst uns über den Elefanten im Raum sprechen.
Denn wenn wir über ihren Tod reden,
dann können wir vielleicht auch über ihr Leben reden.

10 Terry Kettering, Übersetzung aus dem Englischen: Margit Bassler

Kann ich den Namen »Barbara« in eurer Gegenwart sagen,
ohne wegschauen zu müssen?
Denn wenn ich das nicht kann, dann lasst ihr mich
allein …
in einem Raum …
mit einem Elefanten.

Verbindungen, in denen dieser wirklich riesige »Elefant im Raum« niemals thematisiert wird, werden dauerhaft von ihm belastet sein und sich dadurch verändern, manchmal bis hin zur Zerstörung.

Auf die Frage »Was ist echte Freundschaft?« antworten die meisten Menschen sinngemäß, dass wirklich enge Freunde nicht nur in guten Zeiten, sondern auch in schlechten immer füreinander da sind. Im realen Leben, speziell bezogen auf den langen Prozess, der mit Trauer einhergeht, ist das eine hohe Anforderung, der oft nur wenige Verbindungen standhalten. Es braucht Toleranz, Geduld und Mut zu Ehrlichkeit, Vertrauen und die Flexibilität, sich auf Veränderungen einzulassen, auch von Seiten des Trauernden. Der aber ist, zumindest zeitweise, dazu gar nicht in der Lage. Das ist das Dilemma in vielen dieser Situationen: Das Umfeld tut sich schwer, ist unsicher und braucht eigentlich Anleitung, Hilfestellung für den Umgang mit dem Trauernden – der Trauernde kann beides nicht geben, braucht aber dringend selbst Hilfe und erwartet seinerseits, dass sein Umfeld eigentlich weiß, wie es jetzt mit ihm umgehen muss …

Aus diesem Dilemma kommen beide Seiten nur heraus, wenn sie sich mit dem Phänomen Trauer beschäftigen und bereit sind, sich immer wieder aufeinander einzulassen und darüber zu sprechen, wie es ihnen dabei geht, was sie fühlen und was sie leisten können – und was nicht. Erst mit der Zeit zeigt sich, ob die Verbindung hält und in diesem Fall nicht selten sogar enger und vertrauensvoller als vorher ist. Oder aber wir müssen uns trotz allem damit abfinden, dass auch diese Lebenswege durch den Tod des Partners getrennt werden und die spürbar entstandene Distanz nicht wieder zu überbrücken ist.

Eine ebenfalls nicht zu überbrückende Distanz, ein sich Fremdwerden, entsteht ferner bei Verbindungen, die von bisherigen Freunden quasi »auf Eis gelegt« werden, bis sie einigermaßen sicher sein können, dass es mir wieder bessergeht. Freunde also, denen es nicht möglich war, mir in der anstrengenden Zeit beizustehen. In einer Gesprächsrunde jung Verwitweter wurde in diesem Zusammenhang die Bezeichnung »Spaßfreunde« mit zustimmendem Nicken bedacht: Solche Freunde tauchen erst wieder auf, wenn das Leben irgendwann unbeschwerter und lustiger aussieht … Selbst wenn ich darüber hinwegsehen möchte, offen darauf reagiere und sich vielleicht erneut ein lockerer Kontakt ergeben sollte, es wird nie wieder so vertraut werden wie zuvor. Denn zum einen fehlt diesen »Freunden« das Miterleben eines wichtigen Wegstücks, das mich verändert und geprägt hat, und zum anderen wird mir immer bewusst sein, dass sie mich allein gelassen haben und ich mich im Zweifelsfall also nicht auf sie verlassen kann. Ich weiß, ihr Interesse an mir wird nie wirklich tief gehen, weil es Schweres ausklammert, mit dem sie nicht umgehen können oder einfach nichts zu tun haben wollen.

Es kann auch vorkommen, dass Menschen in meinem Umfeld auf Abstand zu mir gehen, gleichzeitig aber aus sicherer Entfernung genau beobachten, was ich tue, ob und wie ich zurechtkomme (oder auch nicht), wie sich mein Leben unter den gegebenen Umständen entwickelt. Hier spielt ebenfalls kein persönliches Interesse an mir eine Rolle, sondern der Gänsehautfaktor meiner Situation. Es ist schlichte Neugier und ein bisschen so, als wenn sie eine ins Limonadenglas gefallene Fliege dabei beobachten, ob sie es schafft, rauszukrabbeln oder nicht … Wenn ich es schaffe, öffnen sie mir manchmal ganz überraschend wieder ihre Tür. Wie lange das dauern kann und warum dann so gar kein Bedarf mehr da ist, durch diese Tür zu gehen, beschreibt der folgende Beitrag aus dem Internetforum von verwitwet.de:

Die »Unberührbare« ist wieder interessant ...[11]
Ich muss das hier kurz loswerden, ich könnte fast lachen, wenn es nicht so »seltsam« wäre: Nach nahezu zehn Jahren meldet sich eine alte Bekannte, ehemalige Nachbarin aus dem Nachbarort, bei mir. Ob ich denn nicht mal wieder Lust hätte, an ihren Spieleabenden teilzunehmen. Der Hintergrund: Als mein Mann noch lebte, waren wir in dieser Clique; wir trafen uns einmal im Monat wechselseitig zu Spieleabenden, es wurde aber auch mal zusammen gefeiert, zu Abend gegessen, gegrillt usw. Das hielt, auch als wir bauten und umzogen. Das betreffende Ehepaar, zwei andere Paare und wir blieben in Kontakt. Als mein Mann dann erkrankte, öfters ins Krankenhaus musste – er war ja insgesamt drei Jahre krank – schlief der Kontakt zwar nicht ganz ein, aber wurde sporadisch. Nachdem mein Mann gestorben war, sagten sie mir auf der Beerdigung, ich sei »jederzeit« herzlich willkommen. Als ich Monate später mal anrief, fand ich die Frau am Telefon recht verlegen: Die Treffen seien sehr selten geworden, man sehe sich in der Gruppe kaum noch usw. Dabei hatte ich nur nachgefragt, ob sie Lust hätten, mal vorbeizukommen. Sie wollte sich »bald wieder melden«, was nie geschah.

Als ich vor vier Jahren schwanger war, rief die ehemalige Bekannte wieder an, man habe ja sooo lange nichts voneinander gehört usw. Aha, die hatten wohl meine Nummer verlegt, unsere Adresse vergessen, meinen Namen auch. Ich merkte sofort, worum es ihr ging: Futter für den Kaffeeklatsch; ich habe mich dann schnell verabschiedet. Das war es dann – bis gestern, es kam eine (schriftliche) Einladung zum »gemütlichen Abend« mit ehemaligen Freunden und Nachbarn (die sich ja vor Jahren kaum noch trafen), zur Feuerzangenbowle und Vorführung eines Films – sie waren

---

11 Eintrag im Forum »Allgemein« von verwitwet.de, November 2011

> in Australien in Urlaub, so als sei nie etwas gewesen. Und das Witzige: Meinen neuen Partner solle ich gerne mitbringen!
> Nun überlege ich, ob ich höflich absage, oder, wonach mir mehr ist, gar nicht reagieren soll.

Bei vielen der kleinen oder größeren Begebenheiten, die in Gesprächskreisen oder Einzelgesprächen erzählt werden, bleibt nur Kopfschütteln.

Auch wenn längst nicht alle Erfahrungen, die Trauernde mit ihren Mitmenschen machen, negativ sind, fällt es doch schwer, gerade mit diesen klarzukommen. Bekannte, die eine solche Angst davor haben, mir zu begegnen, dass sie die Straßenseite wechseln, um vorgeben zu können, sie hätten mich nicht gesehen. Eltern, die ihre Kinder nicht mehr mit meinen spielen lassen oder sie nicht mehr zu Geburtstagen einladen, weil sie nicht wollen, dass ihre Kinder mit dem Thema Tod in Berührung kommen. Ich werde als Elternvertreter in der Schule oder dem Sportverein abgewählt, weil ich nicht mehr repräsentativ die Interessen der anderen Elternpaare vertreten kann; offizieller Grund ist allerdings, dass ich mich jetzt ja erst mal um so viel anderes zu kümmern habe und man mich nicht überfordern will. All diese Dinge muss ich zusätzlich zu meiner Trauer verkraften. Manche sind für mich zunächst so absurd, dass ich erst nach einer Weile die Hintergründe erkenne. Wenn ich als verwitwete Frau nicht mehr in Runden eingeladen werde, die sich nur aus Paaren zusammensetzen, kann das – außer an meiner Trauer-Aura – auch daran liegen, dass mich andere Frauen mit sofortiger Wirkung als potentielle Gefahr und Rivalin in Bezug auf Männer ansehen. Dass ich selbst überhaupt noch keinen einzigen Gedanken an eine neue Partnerschaft zulassen kann, ändert in den Augen einiger nichts an der Bedrohung, die ich nun anscheinend darstelle. Verwitweten Männern passiert das auch, aber seltener. Das mag mit daran liegen, dass Partnerwechsel ganz allgemein bei Männern noch immer anders – weniger kritisch und wertend als bei Frauen – betrachtet werden. Im Umkehrschluss bedeutet das allerdings für männliche Verwitwete, dass sie häufig schon nach kurzer Zeit danach gefragt und dazu ermuntert werden, eine neue Partnerschaft einzugehen, um damit auch die Trauer zu beenden. Es ist leider nicht nur ein Klischee: Tiefe Gefühle, Tränen, Schwäche zeigen und sich nicht unter Kontrolle haben, führt noch immer erschreckend oft (vor allem unter Männern) dazu, entweder gemieden zu werden oder gar Zielscheibe für Spott und dumme Sprüche zu sein – beides ist für den Trauernden schwer auszuhalten und verletzt.

Da ich nicht voraussehen kann, wie mir jemand begegnet, sondern ich unerwartet damit konfrontiert werde, muss ich lernen, mit diesen Erlebnissen umzugehen. Das bedeutet nicht, dass ich sie schweigend tolerieren oder gar akzeptieren muss, aber da ich sie nicht verhindern kann, sollte ich zu meinem eigenen Schutz lernen, mit ihnen zu leben. Dabei ist es kaum hilfreich, sich immer wieder aufs Neue darüber aufzuregen. Sich im vielleicht auch nur gedanklichen Zwiegespräch im Gewirr von Vorwürfen, Schuldfragen, Verständnislosigkeit, Recht und Unrecht zu verstricken und dort steckenzubleiben, ändert ebenfalls nichts. Wichtiger ist für mich zu begreifen, dass solche Begebenheiten überwiegend der allgemeinen Unsicherheit, dem Unwissen im Umgang mit Trauernden zuzuschreiben sind – und somit nicht mir persönlich. Das macht sie zwar weder harmlos noch leichter verdaulich, verhindert aber vielleicht, dass mich derartige Erlebnisse jedes Mal völlig aus der Bahn werfen und tief verletzen können.

Ich habe nur begrenzt Einfluss darauf, ob viele oder wenige bisherige Kontakte verlorengehen. Alles entwickelt sich aus den Veränderungen, die der Tod meines Partners für mich und andere mit sich bringt, und während ich mein Leben neu zu ordnen versuche, verändere ich mich auch selbst.

Neue Kontakte knüpfen

Die Folge der ungewollten Lebenssituation sowie der unerwarteten Kontaktverluste kann Rückzug und Verbitterung sein, bei manchen Menschen bricht tatsächlich das soziale Umfeld komplett weg. Dennoch führen die persönliche Veränderung und die damit verbundene Sichtweise des Trauernden früher oder später bei vielen zu einer neuen Offenheit. Positiv überrascht werden einige schon in der ersten Zeit, wenn Menschen Kontakt zu ihnen aufnehmen, von denen sie es nicht erwarten und die zum Teil von ihnen vorher gar nicht wirklich wahrgenommen wurden. Da ist plötzlich die Nachbarin oder der Nachbar, die sich Zeit für ein Gespräch nehmen, vielleicht eine Tasse Kaffee anbieten oder gar etwas Warmes zu essen bringen. Der bisher flüchtige Bekannte, der spontan anbietet, sich um eine Reparatur zu kümmern, oder die Mutter, der Vater (vielleicht ebenfalls alleinerziehend), die fragen, ob man nicht mal etwas zusammen unternehmen will oder sich gegenseitig bei der Kinderbetreuung helfen könnte. Auch der Kollege oder die Kollegin, die sich in der Kantine zu mir setzen oder auf ein Feierabend-Bier einladen und ernsthaft nachfragen, wie ich zurechtkomme. Darauf bin ich oft gar nicht vorbereitet, aber es tut gut. Solche Angebote anzunehmen ist zwar ungewohnt, eröffnet jedoch erste neue Verbindungsmöglichkeiten, die sich vielleicht zu festen und verlässlichen Kontakten entwickeln können. Bei Menschen, die wissend um meine Situation auf mich zukommen, kann ich zumindest sicher sein, dass sie mich meinen und keine Berührungsängste haben oder sich mutig über sie hinwegsetzen, weil sie mich wirklich unterstützen wollen. Auch wenn ich mich – zunächst vielleicht gezwungenermaßen und aus Mangel an Alternativen – einer Trauergruppe anschließe, können sich daraus über die regelmäßigen Gruppentreffen hinaus persönliche Anknüpfungspunkte ergeben, private Verabredungen und Gespräche. Das gibt beiden Seiten gleichzeitig mehr Raum für individuelle Trauer und entwickelt sich nicht selten zu echten Freundschaften. Die Konstellation ist dabei egal: Ob sich zwei, drei, vier oder mehr zusammenfinden – das mir inzwischen so gut bekannte, schreckliche Gefühl, fünftes Rad am Wagen zu sein, hat hier keine Chance.

Bis ein neuer, fester und Halt gebender Freundes- und Bekanntenkreis entsteht, vergeht jedoch bei den meisten sehr viel Zeit. Es ist unglaublich schwer zu akzeptieren, dass mein über Jahre gewachsenes Umfeld teilweise oder gar nicht mehr vorhanden ist; wieder von vorn beginnen zu müssen, ist frustrierend hart. Aber neue, verlässliche Freundschaften sind erst das Ergebnis von Kennenlernen, Zeit verbringen, Vertrauen aufbauen, und nicht zuletzt muss auch die gesamte Chemie stimmen, damit eine neue Verbindung von Dauer ist.

In dieser Zeit des Umbruchs, in der schmerzhafte Abschiede von alten Verbindungen stattfinden und die zarten, noch unsicheren neuen Kontakte sich erst entwickeln und beweisen müssen, sind viele Trauernde durchweg an den Grenzen ihrer Kraftreserven. Diese Zwischenzeit wird davon bestimmt, immer wieder auf sich selbst zurückgeworfen zu werden, keinen sicheren Boden unter den Füßen zu spüren, sondern das Gefühl zu haben, andauernd von einer schmelzenden Eisscholle zur nächsten springen zu müssen.

Auf die berechtigte Frage, welche Motivation da dennoch im Verborgenen wirkt, die den Einzelnen diese Zeit durchhalten lässt, kann vermutlich nur der Springende selbst seine ganz individuelle Antwort geben.

Alleinerziehend

Es gibt relativ wenige Frauen und noch weniger Männer, die sich bewusst und freiwillig dafür entscheiden, ihr Kind oder ihre Kinder allein großzuziehen. Die Mehrheit wird aufgrund einer Trennung vom Partner alleinerziehend, nach einem mehr oder weniger langen Lebensabschnitt als Paar oder Familie. Nach der Trennung nehmen dann die beiden einzelnen Elternteile je nach Sorgerechtsverteilung und Absprache im Normalfall ihre Aufgaben weiter wahr, auch wenn die individuelle Gewichtung dabei sehr unterschiedlich sein kann. Zu einer für alle gut funktionierenden Lösung zu kommen, ist oft schwierig, und ein dauerhaft harmonisches Miteinander gelingt längst nicht allen. Manchmal verschwindet eines der Elternteile auch vollständig aus dem Familienleben, so als gäbe es sie oder ihn nicht mehr. Jedoch besteht selbst nach einem Beziehungsabbruch noch immer die Möglichkeit, Jahre später vielleicht doch den Versuch zu machen, wieder in Kontakt zu kommen. In der Regel bleiben nach einer Trennung aber beide Elternteile für die Kinder erreichbar, sie kümmern sich oder können zumindest besucht werden.

Das ist der grundlegende Unterschied zu Familien, in denen die Mutter oder der Vater versterben. Sind die Kinder noch dazu minderjährig, sind die Auswirkungen und Aufgaben für mich als verbleibender Elternteil besonders hart. Nur ich bin als engste Bezugsperson übrig, soll jetzt Versorger, Verantwortlicher, Unterstützer, Erzieher und, was unmöglich ist, Mutter und Vater in einer Person sein.

Verlust des Partners in seiner Funktion als Vater oder Mutter

»Wie soll ich das bloß ganz alleine schaffen?« Diese Frage steht beim allein übriggebliebenen Elternteil von Anfang an im Raum. Es ist gut, dass ich noch gar nicht alle Situationen überblicken und voraussehen kann, in denen ich meinen Partner in Bezug auf die Kinder vermissen werde und er mir unendlich fehlen wird; ich wäre sonst vermutlich noch verzweifelter, als ich es jetzt ohnehin schon bin.

Zum einen ist da der emotionale Verlust, dessen Vielschichtigkeit den gedanklichen Rahmen sprengt, sowohl in

Richtung des Partners, der die Entwicklung, das Heranwachsen seiner Kinder nicht mehr miterleben darf, als auch in Richtung der Kinder, die alles, was Vater oder Mutter ihnen hätten geben können, nicht mehr bekommen werden. Das ist Schmerz in seiner pursten Form.

Zum anderen ist da der ganze Berg an Organisatorischem, all das, was wir uns als Paar vorher geteilt haben, muss ich nun alleine bewältigen. Das ist nicht nur eine Frage der Energie, sondern in vielen Fällen zeitlich gar nicht zu leisten. Egal ob beide oder nur ein Elternteil berufstätig waren, je nach Familienkonstellation haben sich meist ganz individuelle Arbeits- und Aufgabenverteilungen entwickelt, damit alles reibungslos läuft, möglichst jeder in der Familie zu seinem Recht kommt, ja selbst für Unvorhergesehenes wie Schulausfall oder Ähnliches gibt es oft schon kleine erprobte Notfallpläne. Den jetzt eingetretenen Notfall probt niemand vorher – mit solch einer Familienkatastrophe rechnet keiner wirklich.

Wenn dem Tod des Partners eine Krankheit vorausgeht, muss der Familienalltag und die Arbeitsteilung schon in dieser Zeit den veränderten Anforderungen mehr oder weniger stark angepasst werden. Kompromisse werden gesucht, Behelfs- und Übergangslösungen, im besten Falle Freunde oder Familienangehörige, die zwischenzeitlich einspringen und aushelfen. Dauert die Krankheit länger, ist der gesunde Elternteil in einigen Bereichen schon jetzt alleinerziehend, jedoch gehen immer noch alle davon aus, dass das Durcheinander im Lebensrhythmus nur vorübergehend ist und am Ende wieder die alte Normalität einkehrt.

Mit dem Tod des Partners wird klar, die alte Normalität wird es nie mehr geben. Deshalb kann es nicht mehr nur um Behelfs- oder Übergangslösungen gehen, ich brauche Abläufe, die auf Dauer funktionieren und die so auf mich und die Kinder abgestimmt sein müssen, dass sich irgendwann wieder etwas Ruhe und Sicherheit entwickeln und eine neue Normalität einkehren kann. Der Weg dahin ist weit und das Ziel diffus, weil eine Normalität ohne den Partner über lange Zeit nicht vorstellbar ist – weder für mich noch für die Kinder, die ihre Mutter oder ihren Vater verloren haben.

Für diejenigen, deren Partner ganz plötzlich und unerwartet verstirbt, gilt das ebenfalls. Zwar bleiben mir das Durcheinander im Vorfeld, die Ängste und Sorgen um meinen kranken Partner und darum, wie die Kinder das Kranksein des Elternteils verkraften, erspart, meine Situation ist deshalb jedoch keinesfalls leichter, nur anders. Ohne die kleinste Vorwarnung wird unsere heile Familienwelt zerstört, und ich stehe unter Schock, bin oft noch nicht mal in der Lage, mich um meine Kinder zu kümmern. Wie eine aus dem Nichts kommende Tsunami-Welle hinterlässt der Tod meines Partners innere und äußere Verwüstungen in unserem Leben, deren Ausmaß erst nach und nach von jedem Einzelnen realisiert werden.

Eltern, zusammen oder getrennt lebend, die sich gemeinsam um ihre Kinder kümmern, wissen um die vielen Situationen, in denen sie sich miteinander austauschen, um Entscheidungen treffen zu können, wo sie abwägen, sich gemeinsam sorgen oder einfach nur gegenseitig ihre Freude an den Kindern teilen und stolz sind. Selbst wenn in manchen Dingen unterschiedliche Ansichten vertreten werden, beide sind auf einzigartige Weise mit ihrem Kind verbunden, kennen es von klein auf und würden nahezu alles für es tun.

In all diesen Situation, den schönen, in denen ich meine Freude so gern teilen möchte, und besonders auch den schwierigen, die Sorgen machen oder Entscheidungen verlangen, bin ich nun allein.

Alles liegt in meinen Händen, und überall bin ich nur auf mich gestellt: die Wahl des Kindergartens oder der Schule, Elternsprechtage, Kindergeburtstage, ärztliche und therapeutische Termine, Förderung von sportlichen, musikalischen oder kreativen Interessen, Informationen einholen, Anträge stellen, Ämtergänge …

Mütter oder Väter, die aufgrund des Todes des Partners alleinerziehend sind, empfinden das dauerhaft als eine der größten Herausforderungen: Die Verantwortung ganz und gar allein tragen zu müssen und keinen zu haben, der sich mit ihnen für das Kind stark macht und dem es auf die gleiche Weise am Herzen liegt wie ihnen. Das wertet die Liebe oder Zuneigung und Unterstützung seitens Großeltern, anderen Familienmitgliedern oder Freunden nicht ab, schmälert sie in ihrer Wichtigkeit überhaupt nicht. Es macht aber deutlich, dass es da trotz allem noch einen Unterschied gibt, denn genau dieser verstorbene Mensch ist nicht zu ersetzen, niemand wird so sein, wie er als Vater oder als Mutter war und weiterhin gewesen wäre.

Den anderen ersetzen?

Heute[12]
Mein lieber S., heute bist du seit 4 Jahren nicht mehr bei uns. Irgendwie kommen wir ja klar. Die Jungs meistern alles ganz toll, du hättest deine Freude an ihnen. Aber mir tut es manchmal so leid, dass sie ohne *dich* leben müssen. Bei ihren Konfirmationen warst *du* nicht da, hast sie nicht auf ihrem Abschlussball tanzen sehen (und sie tanzen echt toll, da kommen sie ganz nach dir), konntest ihnen bei ihrem ersten Liebeskummer nicht auf die Schulter klopfen, sie haben *dich* nicht dabei beim Basketball, sondern hören nur die Väter der anderen beim Anfeuern. *Dein* Großer hat grad den Führerschein gemacht und hat nur seine Mutter als Beifahrerin auf seinem Schein stehen, *du* hast nie seiner Band zugejubelt, die jetzt in *deiner* Werkstatt probt. Ich hab im Internet rausgesucht, wie man einen Krawattenknoten bindet, und die Tipps zum Rasieren haben sie von Kumpels bekommen. Du bist nie da, um ihre Freuden und ihre Traurigkeiten mit ihnen zu teilen.

12 Eintrag im Forum »Familie & Co.« von verwitwet.de, November 2011

Abgesehen davon, dass der Partner mit seiner ganz persönlichen Art, seinen ihm eigenen Fähigkeiten, Reaktionen und Ideen fehlt, fehlt er auch in seiner Funktion als zweiter Elternteil allgemein sowie als männlicher beziehungsweise weiblicher Gegenpart im Besonderen. In Konfliktsituationen mit den Kindern gibt es niemanden mehr, der mich unterstützt, der schlichtet, eingreift und wieder zusammenführt. Das ist anstrengend für mich, aber auch hart für die Kinder, denen die Auseinandersetzung auf diese Weise oft mehr abverlangt, als ihrem Alter entspricht. Viele von ihnen wirken dadurch erwachsener als ihre Altersgenossen und sind es in mancherlei Hinsicht auch. Das richtige Maß zu finden, weder mich noch die Kinder zu überfordern, dauert aufgrund meines Angeschlagenseins und der veränderten, instabilen Familienkonstellation viel länger als gehofft. Die Anforderungen an die Kinder und mich werden trotzdem immer höher und anders sein als in Familien, in denen Vater und Mutter vorhanden sind.

Derartige Stresssituationen bestätigen meine Ahnung, dass es mir nicht möglich sein wird, zwei Elternteile in einem zu sein: Ich kann nicht gleichzeitig schimpfen und trösten. Ich kann, selbst wenn ich es immer wieder versuche, nicht doppelten Stolz ausdrücken, doppelt Mut machen oder vier Daumen drücken. Ich habe nur zwei.

Naturgemäß kann ich als Frau und Mutter die männliche Rolle des Vaters gar nicht ausfüllen, genauso wenig wie der Mann die weibliche Rolle der Mutter. Die kindliche Orientierung, Identifikation oder Abgrenzung findet anhand von realen männlichen und weiblichen Bezugspersonen statt, und ich kann nur beispielhaft für ein Geschlecht stehen. Als echte Prinzessin fühlt sich ein Mädchen aber nur, wenn ihr allererster Prinz, der Vater, dieses Gefühl vermittelt, und Jungen probieren sich und ihren Beschützerinstinkt erstmals an ihrer »ersten großen Liebe«, der Mutter, aus.

Dass sie den anderen Elternteil unmöglich ersetzen können, spüren besonders Väter mit Töchtern und Mütter mit Söhnen immer dann, wenn es um geschlechtsspezifische Erfahrungen geht, um Themen rund um die Sexualität. Das Gespräch »unter Männern«, wobei der Vater mit seinem Sohn über körperliche Entwicklung, Reaktionen und den Umgang mit Mädchen spricht, vielleicht auch von eigenen Erfahrungen, von Liebeskummer berichtet, wird immer anders, authentischer sein, als wenn es mit der Mutter geführt wird (sofern es dann vom Sohn überhaupt zugelassen wird). Das Frauengespräch zwischen Mutter und Tochter, in dem es um die erste Periode geht, den Besuch beim Gynäkologen, erstes Herzklopfen und die Gefühle zu Jungs, kann der Vater ebenfalls so nicht leisten, und das stellt ihn vor emotionale Hürden, die nur wenige gut überwinden können.

»Kein Wunder, da fehlt eben der Vater / die Mutter!« »Auch wenn er sich Mühe gibt, die Liebe der Mutter kann er als Mann nicht ersetzen.« In solchen oder ähnlichen Kommentaren schwingen häufig Verallgemeinerungen und bekannte Klischees mit, gegen die man machtlos ist. Viele der spürbaren Zweifel und der Bemerkungen, die von außen kommen, machen schwierige Situationen nicht gerade einfacher. Eine gehörige Portion Selbstvertrauen ist gefordert, um als Alleinerziehender genügend Sicherheit zu entwickeln und sich nicht andauernd erneut selbst infrage zu stellen.

Es ist eine harte und schmerzhafte Erkenntnis, dass es mir nicht möglich sein wird, meinen Kindern den fehlenden Elternteil zu ersetzen. Ich kann aber versuchen, sein Bild zu vermitteln, meinen Kindern von ihm zu erzählen und ihnen so das sichere Gefühl zu geben, dass sie sehr wohl einen Vater oder eine Mutter *haben*. Es fällt oft zunächst schwer, den verstorbenen Elternteil nicht in Vergessenheit geraten zu lassen, indem ich ihn immer wieder erwähne, Geschichten von ihm erzähle und einfließen lasse, was er oder sie vermutlich zu bestimmten Themen gesagt hätte. Es tut jedoch zunehmend gut, weil die Erinnerung mich, ihn und die Kinder verbindet, und unsere Vergangenheit, die Wurzeln der Familie, uns gemeinsamen Halt in unserer neuen Normalität geben können.

Papa-Quiz[13]

Habe vor 2 Wochen einen Vortrag besucht über Traumatologie. Dort sagten sie, dass die Psyche bzw. das Unterbewusstsein zunächst einmal alles wegpackt. Später wird das dann häppchenweise wieder hochgeholt, um es zu verarbeiten. (Das gilt hauptsächlich für traumatische Erlebnisse jeglicher Art, aber ich denke, der Tod des Partners ist immer ein traumatisches Erlebnis, entweder durch den langen Leidensweg vorweg oder durch die Plötzlichkeit des Todes.) Ich bin in psychologischer Betreuung, ebenso wie meine Kinder. Meine Psychologin sagte mir, dass das Unterbewusstsein schlauer ist als das Bewusstsein und immer nur so viel herauslässt, wie wir verkraften können. Auch meine Mädchen (7 und 11) tun so, als wäre nichts passiert. Sie reden zwar mit mir manchmal über den Unfall (sie waren dabei), aber über Gefühle reden sie nicht.

Meine beiden verstehen sich seither auch besser, das hat die Kleine sogar selbst schon gespürt und ihrer Psychologin erzählt! Wenn ich mit ihnen manchmal versuche, über den Unfall zu sprechen (um diesen Bildern endlich den Schrecken zu nehmen), dann höre ich deutlich heraus, dass sie sich schon öfter darüber unterhalten haben. Was meine Kinder jedoch gerne tun, ist, sich an den Papa erinnern. Manchmal machen wir ein »Papa-Quiz«, dann stellen wir uns gegenseitig Fragen, was der Papa jetzt getan, gesagt hätte, welche Augenfarbe er hatte, wie er am liebsten auf der Couch saß, welches seine Lieblingskleidung war, sein Lieblingsessen usw. Das gefällt ihnen sehr, und ich merke, wie viel Erinnerung an Kleinigkeiten in ihnen steckt. Das macht mich sehr froh, denn ich hatte große Angst, dass speziell die Kleine sich später mal kaum an ihren Papa erinnern wird. So halten wir die Erinnerung lebendig, machen ein Spiel daraus, und keiner ist

---

13 Eintrag im Forum »Allgemein« von verwitwet.de, November 2005

dabei traurig. Manchmal wissen die Kinder Dinge, die ich nicht mal mehr weiß!

Dass die Kinder vor uns oft nicht weinen, liegt nach Meinung der Kinderpsychologin an verschiedenen Dingen: Sie erleben so einen Schicksalsschlag anders als wir. Es ist für sie zwar auch traurig und schmerzlich, aber das Wichtigste ist für sie, dass die Normalität wiederhergestellt wird, das gibt ihnen Sicherheit.

Und was ist wenn ...

... mir auch etwas zustoßen sollte? Jeder, der mit einem oder mehreren Kindern nach dem Tod des Partners allein da steht, wird irgendwann mit dieser Frage konfrontiert. Manchmal ist es das Kind, das ganz plötzlich und dringend eine Antwort braucht: »Mama, stirbst du jetzt auch?« »Papa, was passiert, wenn du auch tot gehst?« Manchmal kommt mir dieser Gedanke aber auch von allein, bringt Gänsehaut und aufsteigende Angst mit sich, weil das ganz schlicht der (un-)vorstellbare *worst case* ist. Nach der Erfahrung, die meine Familie durch das Sterben des einen Elternteils gemacht hat, kann ich noch nicht mal guten Gewissens sagen »Nein, mein Schatz, ich verspreche dir, das werde ich nicht«. Denn ich habe gerade schmerzhaft gelernt, dass niemand so etwas versprechen kann, es liegt nicht in unserer Hand. Die Zeit des Urvertrauens ist vorbei: Es trifft nicht immer nur die anderen, und es gibt auch keine gesicherte biologische Reihenfolge – es kann jedem jederzeit etwas passieren, auch mir. Wie kann ich also auf derartige Fragen meiner Kinder reagieren?

Wesentlich ist dabei, den Kindern größtmögliche Sicherheit zu vermitteln, zu sagen, dass es keinen Anlass dafür gibt, sich Sorgen zu machen, und zu erklären, dass der Tod eines Elternteils nicht bedeutet, dass der andere jetzt auch stirbt. Zu versichern, dass es mir gesundheitlich gutgeht und ich gut auf mich achtgeben werde, kann, je nach Alter der Kinder, beruhigen und erst mal schon ausreichen. Ein zu intensives Gespräch, das meinen eigenen Gedanken und Sorgen Raum gibt, kann mein Kind überfordern und mehr beinhalten, als es eigentlich wissen will. Ein Gespräch darüber, wer außer mir noch für es da ist, welche liebevollen und engen Verbindungen zu anderen Menschen bestehen, kann ebenfalls unterstützend gegen die Angst wirken, auch für ältere Kinder. Es kann ihnen vor Augen führen, dass sie nicht allein dastehen, auch wenn damit die grundsätzliche Sorge sicherlich nicht völlig zu nehmen ist. Es gibt keine hundertprozentige Sicherheit, jedoch gleichzeitig auch keinen konkreten Grund, jetzt besondere Angst um mich haben zu müssen.

Die Kinder verlieren nicht nur Vater oder Mutter, sondern mit dem Verlust des Elternteils auch das Urvertrauen in ihre bisher so selbstverständlich heile Welt. Sosehr ich es mir auch wünsche, ich kann daran nichts ändern. Ich kann ihnen aber das sichere Gefühl geben, dass ich offen und ehrlich mit ihnen umgehe und sie sich auf mich und das, was ich sage, verlassen können. Deshalb sollte ich ihnen Wichtiges, das sie betrifft oder betreffen könnte, möglichst nicht auf Dauer verschweigen und sie auf keinen Fall belügen – auch nicht, um sie vor Schwierigem schützen zu wollen. Kinder haben sehr feine Antennen, und speziell Kinder, die mit Trauer konfrontiert werden, nehmen noch sensibler wahr, ob das Gesagte tatsächlich dem entspricht, was ihr Gefühl ihnen vermittelt.

Wenn ich meinem Kind die Ängste und Sorge um mich und die gesamte Situation nicht nehmen kann und es davon längere Zeit spürbar beunruhigt und verunsichert wird, sollte ich jedoch nicht zögern, mich an trauererfahrene Menschen, an Ärzte und Therapeuten zu wenden. Professionelle Hilfe in Anspruch zu nehmen kann sowohl mein Kind als auch mich entlasten und bietet auf eine Weise Unterstützung, die ich selbst so nicht leisten kann.

Mit meiner eigenen Angst, der Sorge, was passieren wird, wenn mir etwas zustößt, muss ich zu leben lernen, denn diese Besorgnis gehört automatisch zu meiner neuen Lebenssituation. Um ihr entgegenzutreten, kann ich innerhalb der Familie oder mit Freunden, die uns nahestehen, darüber sprechen. Wer könnte sich vorstellen oder ist in der Lage und willens, sich im Fall der Fälle zu kümmern und da zu sein? Dabei geht es zum einen um Versorgung, aber vor allem auch darum, zu wem mein Kind eine vertrauensvolle Bindung hat. Bei älteren Kindern kann es auch eine Möglichkeit sein, sie in diese Überlegungen mit einzubeziehen, denn es reicht nicht aus, eine persönliche Lösung im Kopf zu haben, sondern sie sollte mit den Beteiligten besprochen und auch darüber hinaus Menschen in meinem Umfeld bekannt sein. Nur dann wird sie im Ernstfall auch umzusetzen sein. Vorsorge zu treffen ist für alle entlastend und kann die Sicherheit geben, den bedrohlichen Gedanken wieder ablegen zu können, anstatt ihn dauernd im Hinterkopf zu haben. Zur Vorsorge und dem Gefühl, ohne konkreten Zwang gut vorbereitet zu sein, kann ebenso die schriftliche Festlegung persönlicher Wünsche und Entscheidungen mit Hilfe einer Patientenverfügung, einer Betreuungs- und Vorsorgevollmacht sowie auch eines Testaments gehören. Eine Patientenverfügung bezieht sich auf medizinische Maßnahmen und ist für den Fall gedacht, dass ich selbst nicht mehr in der Lage bin, meinen Willen wirksam zu erklären. Mit Betreuungs- und Vorsorgevollmachten lege ich über medizinische Belange hinaus fest, welche Person(en) im Falle einer Notsituation an meiner Stelle Entscheidungen treffen sollen und dürfen. Das Testament wiederum regelt im Falle meines Todes den Umgang mit dem Erbe.

Was auch immer dazu beitragen kann, mir persönlich Sicherheit in meiner neuen Funktion als Alleinverantwortlicher zu geben, sollte ich prüfen und nutzen. Es ist ein Denkfehler, dass meine Aufgabe allein darin besteht, mich vor allem oder gar ausschließlich um meine Kinder zu kümmern – ich muss unbedingt auch für mich sorgen und dafür, dass es mir möglichst gutgeht. Vielen stark geforderten und mehrfach belasteten Elternteilen fällt es schwer zu begreifen, dass das keine Form von unangebrachtem Egoismus ist, sondern eine Notwendigkeit und Voraussetzung, um den Kindern auf Dauer ein verlässliches und gesundes Zuhause bieten zu können. Jedem leuchtet die Anweisung im Flugzeug, bei Druckabfall zuerst mir, dem Erwachsenen, eine Sauerstoffmaske aufzusetzen, bevor ich die Kinder damit versorge, sofort ein.

Männertrauer – Frauentrauer

Die unterschiedlichen Verhaltensweisen von Männern und Frauen beschäftigen nicht nur ganz individuell jeden Einzelnen von uns immer wieder, sondern ebenso Wissenschaftler vieler Fachrichtungen. Gen-, Hirn- und Verhaltensforscher, Biologen, Psycho- und Soziologen versuchen herauszufinden, worin die Unterschiede bestehen, welche Kompetenzen beim jeweiligen Geschlecht stärker oder schwächer ausgeprägt sind und wie sich begründen lässt, dass Männer und Frauen in vielen Situationen so ganz anders »ticken«.

Genau wie in anderen Lebensbereichen sind auch im Trauerprozess Unterschiede im Ausdruck und bei der Verarbeitung zu erkennen. Dass emotionale Themen Frauensache sind, bestätigen diese Erfahrungen jedoch keineswegs, auch wenn der Zugang und das Reden Männern allgemein schwerer fällt und es ungewohnter für sie ist, derartige Gefühle in Worte zu fassen. Ihre innere Tiefe, das Berührtsein, emotionaler Schmerz und Empfindsamkeit sind ebenso ausgeprägt und intensiv wie bei Frauen, oft sind sie nur fester verschlossen und werden weniger nach außen sichtbar gemacht. Viele klischeehafte Verhaltensmuster tragen dazu bei, dass Männern manchmal sogar die Fähigkeit, wirklich zu trauern, abgesprochen wird oder ihnen vorgeworfen wird, nicht richtig zu trauern. Zeigen sie aber ihre Gefühle, kann es dem Umfeld schnell unheimlich und zu viel werden … Das Weinen bei Männern löst häufig noch größere Verlegenheit, Unsicherheit und Hilflosigkeit aus als das von Frauen. »Männer weinen nicht« – und wenn, dann sind noch immer viele davon eher peinlich berührt (auch sie selbst) und hoffen, dass derjenige sich möglichst schnell wieder in den Griff bekommt. Das ist keine gute Grundlage, um mit Trauer umgehen zu lernen und sie zulassen zu können.

Ein großer Teil der Trauerliteratur ist von und für Frauen, und auch die praktischen Angebote in den Bereichen Trauerarbeit und Trauerbegleitung werden noch überwiegend von Frauen unterbreitet. In Gesprächsrunden zum Thema sind Leitung und Teilnehmer in der Mehrzahl ebenfalls weiblich. Männern kann eine Orientierung daher schwerer fallen, für sie kann es schwieriger sein, Bestätigung für ihre vielleicht etwas anderen Reaktionen rund um die Trauer zu bekommen. Frauen beschäftigen sich bewusster innerlich mit ihrer Trauer, während bei Männern häufig die Organisation, das Handeln und aktives Tun im Vordergrund steht – nicht selten als Ersatz, um die Trauer an sich zu vermeiden.

Helmut, geb. 1950, Lehrer:[14]
Trauer ist so was Innerliches. Beobachten fällt mir da leichter und ich merke, dass Frauen viel mehr über ihre Trauer sprechen, auch ausgiebiger, also die Wortwahl ist viel emotionaler. Männer gehen ein bisschen geschäftsmäßiger damit um, die sind einerseits das Organisieren mehr gewohnt, andererseits haben sie in ihrer Arbeitswelt viel weniger Möglichkeiten, ihre Trauer auszuleben. Frauen suchen sich häufig Bereiche, wo sie ihre Emotionen ausleben können. Sie gehen in kirchliche und karitative Gruppen oder engagieren sich in anderen sozialen Bereichen. Männer lösen das anders. Männer gehen eher in Gaststätten oder zum Sportverein oder machen Aktivurlaub ... Wobei man hier differenzieren muss,

---

14 Regina, die Frau von Helmut, verstarb 2008 an den Folgen von Speiseröhrenkrebs. Die beiden haben zwei gemeinsame Söhne, damals 24 und 27 Jahre alt.

Männer mit kleineren Kindern beispielsweise müssen sich sehr um die Kinder kümmern. Aber die Tendenz ist schon, dass der Mann durchschnittlich ein bisschen mehr alles »managed«.

Ein anderer Aspekt ist, dass die Gesellschaft, die nächste Umgebung mit einer alleinstehenden Frau anders umgeht als mit einem alleinstehenden Mann. Als ich plötzlich alleine war, kamen Nachbarn, weil einfach unterstellt wird, der Mann kommt im Haushalt nicht klar. Die Frauen greifen einem unter die Arme so nach dem Gesichtspunkt »der arme Mann kommt nicht alleine zurecht«, wogegen Frauen solche Unterstützung eigentlich nicht bekommen. Das sollte eine Frau ja alles selbst können, sonst ist sie »eine schlechte Frau«. Männer kommen nicht auf mich zu mit dem Satz »Ach, du Armer, du bist ja jetzt alleine«. Da gibt es eine größere Solidarität von Frauen zu dem Mann.

Auf der einen Seite haben es Frauen sicherlich häufig deutlich schwerer, weil sie wirtschaftlich schlechter gestellt sind, also doppelt benachteiligt sind: Sie haben den Mann verloren, und dann stehen sie noch wirtschaftlich schlechter da, das schmeißt sie um. Andererseits haben es Frauen vielleicht auch leichter, weil Frauen problemlos zu anderen Frauen gehen und über ihre Befindlichkeiten sprechen können. Auch sich einfach mal zu umarmen, also körperlicher Kontakt, ist für Frauen untereinander viel leichter. Männer können das nicht so leicht – da wird man sofort ziemlich dumm angeguckt … Dagegen kann ich als Mann ohne weiteres alleine ins Kino gehen oder ins Schwimmbad, Frauen fühlen sich da schnell beobachtet. Ich kann abends ausgehen als Mann, das ist alles kein Problem. Ob es Spaß macht alleine, das steht auf einem anderen Blatt – aber grundsätzlich kann ich erst mal gehen, ohne dass sich jemand daran stört.

Ich glaube, die meisten Frauen beherrschen so eine gewisse emotionale Sprache besser als Männer. Männer erzählen nicht so viel Persönliches, wenn überhaupt. In gemischten Gesprächsgruppen sind die Frauen quasi wie eine Verbindungsmasse, aber selbst da sind die Wortbeiträge von Männern deutlich kürzer. Männern fallen die Worte nicht so ein. Obwohl, das Gefühl ist sicherlich auch da, das will ich gar nicht abstreiten, aber es fehlt die Wortgewandtheit. Über Autos oder Werkzeug könnten sie sprechen, aber über Gefühle ... Also ich hatte den Eindruck nach dem Tod meiner Frau, dass ich in größeren Gesprächskreisen erst mal so eine Art Fremdsprache lernen musste von den Frauen. Aber für mich war das sehr gut. Obwohl ich mich sehr schwer getan habe, *meine* Gefühle auszudrücken. In der Regel versteckt man sich ja hinter Formulierungen wie »Ja, ich könnte mir vorstellen«, »Ich habe mal gehört«, »Ich habe mal gelesen«. Anstatt zu sagen »Ich habe das Gefühl«, »Ich glaube«, »Ich möchte«. Das können Frauen viel besser formulieren.

Ich habe den Eindruck, dass viele Frauen in der Arbeitswelt mit meiner Situation Mitgefühl haben. Das ist kein Mitleid, sondern Mitgefühl. Wenn sie mir begegnen, ist ihnen das in der Regel sehr präsent. Wenn Männer mir dagegen in der Arbeitswelt begegnen, wissen sie es ebenso, aber sie gehen anders damit um. Frauen haben das sofort im Kopf, wenn sie mich sehen. Ich glaube, bei ihnen habe ich sofort so ein Stigma. Nicht im negativen Sinne, sondern positiv, eben als Mitgefühl. Männer hingegen haben mit der Zeit gemerkt, dass sie mit mir reden können. Sie halten mich für kompetent, was Sprechen über Gefühle angeht. Ich weiß nicht, woher sie das wissen, Flurfunk, Hörensagen, aber wenn es den Männern schlecht geht und sie haben emotionale Probleme, dann kommen sie zu mir zum Reden, dann bin ich dran.

Die Männer, die sich alleingelassen fühlen mit ihren Emotionen, sagen, der versteht mich, der wird mich nicht abblocken und nicht dumm angucken, der wird sich auch nicht verziehen, sich lustig machen, oder mit 'nem coolen Spruch kommen, so wie Männer sonst reagieren: »Stell dich man nicht so an« und »Wird schon werden« oder »Komm, wir gehen jetzt erst mal in die Kneipe oder gucken heute Abend Fußball.« Alles, bloß nicht drüber reden.

Das betrifft jetzt nicht nur die Arbeitswelt, sondern gilt allgemein. Sowohl Frauen als auch Männer, ja selbst meine eigenen Kinder sagen, dass ich mich nach der psychosomatisch ausgerichteten Kur, die ich direkt nach dem Tod meiner Frau machte, deutlich verändert habe. Denen gefällt meine Sprache, meine Art, meine Sensibilität jetzt viel besser. Aber ich habe mich auch wirklich verändert. Ich erinnere mich an einen Kollegen, sein Vater war gestorben – das ist 20 Jahre her –, da habe ich so etwas Dummes gesagt wie: »83 Jahre, das ist ja schon mal ein glückliches Alter.« Das würde ich heute nie mehr sagen, da habe ich viel gelernt.

Ich habe durch den Tod meiner Frau ganz viel gelernt. Ich verhalte mich völlig anders, als ich mich vorher verhalten habe. Ich bin eine ganz andere Person geworden.

Ernst, geb. 1957, Ingenieur:[15]

Für einen Vergleich der Trauer von Männern und Frauen ganz allgemein fehlt mir völlig der Austausch – mal abgesehen von der Gesprächsgruppe, kommt das sonst ja nicht vor.

Ich gehe mit meinem Schicksal nicht mehr sehr viel an die Öffentlichkeit, das war anfangs anders, da habe ich es noch gemacht, auch im Beruf. Das will aber keiner wirklich hören. Nicht im Beruf, und woanders noch viel weniger. Ich mache das als Mann alles für mich alleine. Ich hab sehr gute Freunde, schon von früher, mit denen habe ich viel gesprochen.

Ich sehe bei meiner Trauergruppe, dass sich Frauen untereinander, auch wenn sie sich vorher nicht kannten, viel intensiver austauschen. Bei den Männern ist das bei weitem nicht so intensiv. Ich empfinde das auch so, dass ich als Mann deutlich weniger dazu beitrage als die Frauen dort. Ich glaube, dass Frauen viel öffentlicher mit diesem Schicksal umgehen. Ich dagegen habe mich, insbesondere nachdem der erste Schmerz vorbei war, mit diesem Schicksal zurückgezogen. Draußen möchte ich lieber der normale, reflektierte, starke Mann sein. Mittlerweile habe ich mir auch eine Sprache zugelegt – erlernt –, aus der man nur sehr

---

15 Gabriele, die Frau von Ernst, verstarb 2009 an den Folgen von Eierstockkrebs. Die beiden haben gemeinsam eine Tochter und einen Sohn, Zwillinge, damals 24 Jahre alt.

schwer und nur mit erheblichem Nachfragen herausbekommen kann, dass ich verwitwet bin. Ich spreche zum Beispiel von meiner Frau nicht mehr in der Vergangenheit, sondern in der Gegenwart. Meine Frau *ist* Lehrerin, sage ich, anstatt sie *war* Lehrerin. Wenn ich überhaupt über meine Frau rede, dann über die Zeit, als es die Krankheit noch nicht gab, als meine Frau noch lebte und wir ganz normal miteinander umgegangen sind. Wenn ich nicht über meine Frau rede, fragt da aber auch keiner nach. Eher rede ich schon über meine Kinder, die sind ja beide noch da.

Ich lese sehr viele Bücher, die Gabi gehörten. Ich bediene mich aus ihrem Bücherschrank, sie las Bücher immer mit sehr intensiver Kommentierung an den Seitenrändern. Ich lese also, was sie unterstrichen hat, was sie als Kommentar hingeschrieben hat. In ein Buch hat sie mir eine Widmung reingeschrieben, als sie es mir geschenkt hat, und damit umzugehen, wie ihre Gedanken waren, was sie wohl gefühlt und gedacht hat, das habe ich noch nie so intensiv betrieben wie nach ihrem Tod. Und es wird immer intensiver: Je mehr ich dieses Thema in der Öffentlichkeit verschwinden lassen, desto mehr kommt es in mir zum Ausdruck. Früher habe ich Bücher über Autos, Boote und Seefahrt gelesen, heute beschäftige ich mich sehr viel mit dem, was sie gelesen hat, da geht es um Lebenshilfe, Lebensphasen, Religiöses – ich bin dabei, mir ihre gesamte Gute-Nacht-Bibliothek vorzunehmen, ein Buch nach dem anderen. Dabei verarbeite ich sehr viel, liege dann abends im Bett und lese, und so trauere ich. Immer noch und immer wieder. Da kommen mir dann auch manchmal die Tränen.

Auch ihre Sachen wegzuräumen empfinde ich sehr als Trauerbewältigung. Ich nehme dann alles wieder noch mal in die Hand, so wie kürzlich ein Kleidungsstück: Als ich den Pullover, den sie immer so gerne getragen hatte, in die Hand nahm, war das so intensiv, dass ich im Grunde genommen SIE in der Hand hatte ...

Eine andere Gelegenheit, wo ich sehr viel und sehr gut trauern kann, ist in der Gruppe, wenn wir uns austauschen. Wenn ich das Schicksal anderer höre und merke, aha, das kennst du doch auch. Da trauere ich, ohne ein Wort zu sagen, einfach nur, indem ich

> mich da hineinfühle, was der oder die Berichtende gerade sagt, und das geht mir dann wirklich sehr nahe.

Die männlichen und weiblichen Sichtweisen, das zum Teil geschlechtsspezifisch unterschiedliche Erleben und Empfinden erweitert noch zusätzlich die schon mehrfach beschriebene Vielfalt und Individualität jedes einzelnen Trauerprozesses. Es gibt Ähnlichkeiten in den Voraussetzungen, in den Geschehnissen selbst und auch typbedingt, aber auf zwei identische Trauerwege zu stoßen ist vermutlich so unwahrscheinlich, wie zwei Menschen mit gleichen Fingerabdrücken zu finden. Es ist daher notwendig, jedem Trauernden seinen eigenen Raum zuzugestehen, sein Handeln so weitgehend wie möglich zu tolerieren und ihm nicht ungefragt Ratschläge zu geben. Nur derjenige selbst kann und muss herausfinden, welches sein Weg ist.

Veränderung der Persönlichkeit

> *Manchmal lässt sich das Glück nur finden,*
> *wenn wir unsere Vorstellung von Glück aufgeben,*
> *eine Vorstellung, die uns oft peinigt und einengt.*
> *Vielleicht ist es ja schon das Glück,*
> *diese Vorstellung zu verlieren.*[16]

Der Tod meines Partners stellt einen Wendepunkt in meinem Leben dar. Alle Erlebnisse und Erfahrungen, die er mit sich bringt, hinterlassen sowohl emotional als auch rational bleibende Spuren, die nicht nur für mich wahrnehmbar sind, sondern auch für mein gesamtes Umfeld.

Das Erleben der tiefen und heftigen Gefühle, das oft er-

---

16 Ulrich Schaffer, In der Dichte des Lebens, Freiburg 2003

zwungene Überschreiten persönlicher Grenzen und das Wissen um die Abgründe, an deren Kante ich angstvoll und unsicher entlangbalanciert bin und vielleicht noch immer balanciere, nehmen Einfluss auf die Weiterentwicklung meiner Persönlichkeit. In der Regel beeinflusst jede Erfahrung, die ich von klein auf mache, mein Denken und Handeln »danach«. Jedoch sind die Erfahrungen rund um Tod und Trauer so vielschichtig und ausschlaggebend, dass die Veränderung der Persönlichkeit, die sie bewirken, bei den meisten spürbarer und offensichtlicher ist als alles zuvor. Auch wenn die Narbe nicht sichtbar ist, sie ist vorhanden und wird mein Leben lang zu mir gehören.

Fuß fassen

Kaum jemand, der mit dem Verlust des Partners konfrontiert wurde, wird irgendwann aus tiefstem Herzen sagen: »Jetzt ist es gut, ich habe mit diesem Kapitel meines Lebens abgeschlossen und schaue nur noch nach vorne.« Zum einen bleiben der verstorbene Partner und die Erinnerungen an ihn weiter Teil meines Lebens, und zum anderen nimmt das Erlebte zumindest unterschwellig Einfluss auf die Art und Weise, wie ich meinen weiteren Weg gehe, sowie auf die Entscheidungen, die ich unterwegs treffe. Darüber hinaus gibt es auch keine Ziellinie, die das Ende des Trauerprozesses und der aktiven Anstrengungen markiert.

Die allermeisten merken aber früher oder später, dass der Boden unter ihren Füßen wieder ein wenig fester und verlässlicher wird, dass sie langsam wieder Fuß fassen in *ihrem* Leben. Das fühlt sich selten überschwänglich an und macht sich zunächst auch eher an Kleinigkeiten fest. Das Bedienen der Waschmaschine und die Haushaltsarbeit gehen mir etwas selbstverständlicher von der Hand und ohne dabei jedes Mal daran zu denken, dass das vielleicht der Bereich meines Partners war, das Prüfen des Reifendrucks, das Einschlagen eines Bilderhakens, das Mähen des Rasens. Einige der Aufgaben sind mir, wenn auch nicht lieb, so doch vertrauter geworden, in einige wachse ich mehr und mehr hinein, und für andere habe ich vielleicht inzwischen Möglichkeiten gefunden, sie von jemand anderem lösen zu lassen. Es gibt zwar noch immer Dinge, die einfach erst mal liegenbleiben, Momente, in denen ich verunsichert bin und mir mein Partner fehlt, jedoch lösen solche Situationen und der Gedanke, dass ich ohne ihn auskommen muss, nicht zwangsläufig und nicht mehr jedes Mal die so bekannten und gefürchteten Trauerschübe aus. Ich gewöhne mich ganz langsam an die Veränderungen, arrangiere mich gewissermaßen mit den neuen Bedingungen, indem ich mich teils füge und teils anfange, sie auch zu akzeptieren.

Bisweilen begleitet mich eine latente Traurigkeit, dass sich derzeit noch keine echte Freude an Neuem in meinem Leben einstellt. Oft liegt das auch daran, dass ich das Jetzt weiterhin mit dem Vorher vergleiche. Mir fehlt über weite Strecken noch die Offenheit, Neues unbefangener zuzulassen und anzunehmen. Vieles, was sich neu entwickelt, wird weiter am Verlorenen gemessen und bekommt dadurch unfairerweise einen im Grunde nicht zu rechtfertigenden Dämpfer. In vielen Situationen stehe ich der Entwicklung überdies mit eigenen Zweifeln noch selbst im Weg: Darf ich denn überhaupt wieder unbeschwerte Freude empfinden? Verrate ich damit nicht meinen Partner und das, was wir zusammen hatten? Der innere Kampf mit meinem schlechten Gewissen ist kompliziert und zehrt, denn in der Zeit des Übergangs meldet es sich umgehend bei jedem Lachen, jeder Leichtigkeit und jedem freudig empfundenen Moment. Kommt dann noch eine Bemerkung aus dem Umfeld dazu, die in dieselbe Richtung zielt, fällt es besonders schwer, mir Freude nicht nur im Stillen zaghaft zuzugestehen, sondern uneingeschränkt und frei zu erlauben. Um mich nicht immer wieder unbestimmt schuldig zu fühlen, kann es notwendig sein, mich von der eventuell unterbewusst vorhandenen und blockierenden Annahme zu befreien, dass ich für das Geschehene und damit auch für die Auswirkungen auf irgendeine Weise verantwortlich bin. Manchmal ist es notwendig, sich mit dem Thema Schuld auseinanderzusetzen, um das Wesen von Schicksal, höherer Gewalt, Unglück und Zufall wirklich zu begreifen und sich damit abfinden zu können, dass es nicht für alles und jedes eine Erklärung gibt. Es gibt eben keine Antwort auf die Warum-Frage.

Allmählich stelle ich überrascht oder auch irritiert fest, dass ich wieder mehr und vielfältiger fühlen kann, der inneren Unsicherheit und meinem moralischen Zensor zum Trotz. Dabei hatte ich mich schon nahezu resigniert damit abgefunden, dass meine Trauer alle schönen, wohltuenden und motivierenden Gefühle für immer in Schach hält und nur noch gedämpft zulassen wird. Plötzlich empfinde ich Freude beim Anblick von etwas Schönem, beim Spielen mit meinen Kindern oder dem Zusammensein mit Freunden. Ich spüre deutlich Stolz, wenn ich schwierige, mir vorher fremde Aufgaben mit zunehmender Leichtigkeit bewältige. Da ist auf einmal auch Dankbarkeit, wenn ich an die gemeinsame Zeit mit meinem Partner denke, oder tatsächlich manchmal etwas wie Vorfreude auf eine Unternehmung. Solche Momente tun unendlich gut. Sie stimmen mich zuversichtlich, denn das eine oder andere verloren geglaubte Gefühl wieder in mir zu spüren eröffnet die Aussicht, das Leben erneut in allen Farben sehen und erleben zu können. Irgendwann werde ich vielleicht doch wieder über meine gesamte Gefühlspalette verfügen können. Darüber hinaus stelle ich vielleicht sogar fest, dass bereits neue, differenziertere Töne dazu gekommen sind – wider Erwarten nicht nur dunkle und gedämpfte, sondern teilweise sehr farbintensive und lebendige.

Wenn die Trauer immer wieder kommt[17]

Anfrage, zweieinhalb Jahre nachdem der Partner verstorben ist:
Ich bin neu hier und habe mal eine Frage an euch Mitbetroffene: Wie lange dauert es, bis man endgültig »frei« ist von Trauer – womit ich nicht »vergessen« meine!? Ist es normal, dass man auch nach längerer Zeit immer wieder Schübe hat, nachdem es einem schon wieder viel besser oder sogar gut ging? Ich zweifele gerade so an mir.

Erste Antwort:
Ich bin das, was man hier so alter Hase nennt. Zum Jahresende habe ich den 6. Jahrestag. Es ist völlig normal, dass diese Schübe noch kommen. Mein Leben wird nicht mehr bestimmt von der Trauer, wie das in der ersten Zeit war, aber es gibt Momente, wo sie wieder ganz da ist, oft im Zusammenhang mit meinen Kindern oder bestimmten erinnerungsbeladenen Situationen. Manche sagen, dass dies ein Leben lang anhalten wird, das kann ich mir gut vorstellen, schließlich hätten wir doch gerne mit diesem Menschen noch alles Mögliche erlebt. Deshalb finde ich es auch nicht bedrückend oder schrecklich. Es gehört einfach zu meinem Leben, wie auch Momente des Glücks und der Freude. Lass dich nicht entmutigen, diese Wellen sind auch ein Gesundungsprozess.

Zweite Antwort:
Mein Partner, d.h. mein Mann sowie mein Freund (von beiden habe ich Kinder), starben vor sieben und vor zwei Jahren; ich kann also mitreden … Ich kann mich dem, was die anderen schreiben, nur anschließen: Es ist wirklich normal, dass man auch nach längerer Zeit, wobei gut zwei Jahre ja auch noch nicht sooo lange sind, immer wieder Trauerschübe durchmachen muss.

Es ging und geht mir genauso, und zwar um *beide* verstorbenen Männer, und das, obwohl ich seit einem knappen halben

---

17 Eintrag und Antworten im Forum »Allgemein« von verwitwet.de, November 2011

Jahr wieder eine glückliche neue Beziehung habe. Mittlerweile habe ich gelernt, diese Gefühle anzunehmen. Sie sind ein Teil meines Lebens, und es bringt nichts, diese Gefühle mit Gewalt abzuwehren. Im Gegenteil, dann kommen sie woanders wieder – und sei es durch Krankheit oder andere Störungen. Erst vor einigen Tagen hatte ich einen ganz heftigen »flashback« in die Trauer, um meinen vor über 7 Jahren verstorbenen Mann. Frisch aus einem wunderbaren Urlaub zurück, erledigte ich am letzten Tag meines Urlaubs einige Gartenarbeit. Wir haben ein Riesengrundstück, es gab immens viel zu tun, und die Bäumchen, die mein Mann vor 16 Jahren gepflanzt hat, sind inzwischen riesige Bäume mit Unmengen Laub. Mein Mann war ein Gartenfreak, sehr auf Ökologie bedacht, alles war darauf angelegt, dass er sich in der Freizeit um den Garten kümmert, aber er starb und ich war mit allem alleine. Da war auf einmal Wut auf das, was mir aufgebürdet wurde – und zugleich wahnsinnige Traurigkeit, dass ER nicht neben mir steht und sich an unserem schönen Garten erfreut, dass er nicht diesen Teil der Arbeit übernehmen kann, so wie es geplant war, und da kamen Liebe und Sehnsucht auf.

Ähnlich geht es mir bei verschiedenen Anlässen, oder auch mal einfach so, bei meinem Freund: Auf einmal ist sie wieder da – zu Besuch –, die Trauer, klopft auf die Schulter, »Hallo, ich bin mal wieder bei dir angekommen ...« Diese Gefühle sind dann da und gehen leise wieder weiter, und ich bin wieder in meinem jetzigen Leben angekommen – und das ist gut so. Aber ganz ohne diese Traurigkeit werde ich wohl nicht leben können und will das irgendwie auch gar nicht. Denn es ist ja so, dass »meine Männer« für mich nach wie vor Teil meines Lebens sind und bleiben werden.

Neue Partnerschaft

Sowenig ich mir zu Beginn meiner Trauer vorstellen kann, irgendwann einmal wieder unbeschwert lachen zu können oder gar jemals in einem – meinem – neuen Leben anzukommen, so unvorstellbar und nahezu absurd ist für viele frisch Trauernde auch nur allein der Gedanke an einen neuen Partner.

Gerade jünger verwitwete Menschen werden indes häufig schon nach sehr kurzer Zeit mit Sätzen konfrontiert wie »Du bist doch noch jung – du findest schon wieder jemanden!«, »Denk dran – du brauchst wieder einen Vater / eine Mutter für deine Kinder« oder »Schau dich um und sei offen – ein neuer Partner wird dir guttun, und so kommst du auch leichter darüber hinweg«. Wohl auch aufgrund mangelnder Trostalternativen scheint das für einen Teil meines Umfelds *die* Lösung zu sein: Wenn wieder jemand an meiner Seite ist, ich wieder ein Paar bin, dann ist alles auch wieder gut. Insoweit als tröstlicher Ausweg aus meiner schlimmen Situation gemeint, trifft mich eine solche Aussage jedoch ganz besonders in der ersten Zeit hart und verletzt sehr. Sie macht viele Trauernde schlicht sprachlos, weil der Gedanke von ihren aktuellen Bedürfnissen so weit entfernt ist. Dass mein verstorbener Partner einfach zu ersetzen sein soll, hört und fühlt sich fürchterlich an. Darüber hinaus wertet es ihn als Persönlichkeit und damit auch unsere Verbindung auf unerträgliche Weise ab.

Natürlich weiß ich, dass ich mitten im Leben stehe, dass ich noch jung bin und somit auch nicht ins allgemeine Klischee »Witwe« oder »Witwer« passe; schon das Wort ist den meisten schrecklich und hat gefühlt absolut nichts mit ihnen zu tun. Ich hatte ja auch gar nicht vor, allein dazustehen, hatte nicht damit gerechnet, plötzlich ohne meinen Partner zu sein, wollte stattdessen mit ihm gemeinsam alt werden, mit ihm unsere Kinder großziehen. Genau das ist es, was meine Situation doppelt schwer und kompliziert macht: Ich sehe die altersbedingt unendlich lange Strecke, die noch vor mir liegt, habe Angst vor dem Alleinbleiben, der Einsamkeit, und kann mir gleichzeitig nicht vorstellen, dass jemand anderer als mein verstorbener Partner an meiner Seite ist, geschweige denn mit jemand anderem noch mal ganz von vorn anzufangen. Der grundsätzlich vorhandene Wunsch, die Sehnsucht nach Zweisamkeit widerspricht auf diese Weise den emotionalen Möglichkeiten der Trauernden.

Der Platz in meinem Leben, den ein neuer Partner braucht, ist zu Beginn meiner Trauer also auch deshalb nicht vorhanden, weil ich für jemanden, der anders ist als mein Partner, gar keinen Platz haben *will*. Das Einzige, was ich will, ist mein Partner. Diese Erkenntnis kann eine ungemein hartnäckige Problematik darstellen: Ich hatte genau das, was ich wollte (aber das ist jetzt weg), und ich will auch nur genau *das* zurück haben (was unmöglich ist).

In Gesprächen zwischen jung Verwitweten nimmt das Thema neue Partnerschaft dennoch oder gerade *deshalb* immer wieder Raum ein. Es wird von allen Seiten beleuchtet, die Möglichkeit wird theoretisch erwogen oder eben noch klar abgelehnt. Untereinander überwiegen Toleranz und Zuspruch denjenigen gegenüber, die real in die Situation kommen und das zu leben wagen. Das kann in seltenen Fällen schon nach wenigen Wochen passieren, während für andere mehrere Jahre vergehen können. Einen allgemeingültigen oder gar schicklichen Zeitpunkt gibt es definitiv nicht, auch wenn mein Umfeld mit Wertung und Kritik oft schnell zur Hand ist. Nur ich selbst kann beurteilen oder herausfinden, ob der Moment und der Partner richtig und passend für mich sind. Wann der Einzelne einen solchen Gedanken für sich zulassen kann und ein Gefühl der Offenheit dafür entwickelt, dass es tatsächlich wieder Platz für einen neuen Menschen in seinem Leben geben könnte, ist im Voraus nicht abzusehen. Manchmal wird das erst klar, wenn jemand ganz unverhofft auftaucht, zu dem ich mehr als nur Zuneigung empfinde. Wenn das verloren geglaubte Kribbeln des Verliebtseins plötzlich da ist und ich mich verwirrt frage, wie das überhaupt sein kann, wo ich doch ganz sicher war, dass mir das nie wieder passieren würde. Bei anderen ist es ein langer Prozess der Annäherung und des Zurückschreckens, in dessen Verlauf sich das Gefühl ganz langsam entwickelt und zunächst immer wieder ungläubig und skeptisch hinterfragt wird. Wieder andere sind schon eine Weile bereit, wünschen sich einen neuen Partner und müssen dann, genau wie Menschen ohne Trauererfahrung auch, feststellen, dass ein passender Partner gar nicht so einfach zu finden ist. Die Bereitschaft ist zwar eine gute Voraussetzung, bedeutet aber keineswegs schon die Erfüllung des Wunsches.

Besonders in Bezug auf Frauen ist der Familienstand »verwitwet« oder »verwitwet mit Kind« eher negativ besetzt, klingt für nicht wenige nach Opfer, Hilflosigkeit, unfreiwillig übriggeblieben und versorgungsbedürftig. Obendrein umgibt sie noch die Aura von Tod und Sterben, mit der keiner so recht umgehen mag; alles in allem zumindest für einen Teil der Männer wenig anziehend. Bei verwitweten Männern (auch mit Kindern) ist das Stigma nicht so deutlich zu spüren, sie lösen eher ein Gefühl wie Fürsorge aus. Für manche Frauen ist »Witwer« sogar eine Art Status, der auf Beziehungsfähigkeit hinweist. Aus genau diesem Grund wollten beispielsweise zwei Frauen, die auf Partnersuche waren und offensichtlich keine eigenen Erfahrungen mit Trauer gemacht hatten, unbedingt Kontakt zu trauernden Männern aufnehmen. Sie sagten sinngemäß, dass ein Witwer in ihren Augen quasi erprobt sei, jedoch ohne die Verletzungen, die viele andere Männer im Geschlechterkampf einer Scheidung davontragen und die sie danach so schwierig machen würden …

Im Unterschied zur Paartrennung durch Scheidung beendet der Tod eines Partners tatsächlich häufig funktionierende, vielfach zufrieden oder glücklich verlaufende Partnerschaften, die von beiden Seiten zusammengehalten und gewollt wurden. Dieser vorher so wunderbare Umstand kann sich beim Eingehen einer neuen Partnerschaft ganz unvermutet in mehrfacher Hinsicht als Hürde erweisen, weil er hohe Erwartungen mit sich bringt – die Messlatte liegt sehr weit oben. Das macht es nicht nur für den hinterbliebenen Partner schwer, mit Veränderungen möglichst unvoreingenommen und offen umzugehen, also nicht zu vergleichen, sondern kann ebenso für den neuen Partner eine große Belastung darstellen: »Bin ich nur zweite Wahl?« »Kann ich den Vergleich mit dem idealisierten Verstorbenen bestehen, überhaupt an ihn heranreichen?« Diese und ähnliche Fragen kommen unweigerlich auf, und es ist entscheidend, dass sie auch ausgesprochen werden. Erfahrungen vergangener Partnerschaften, die dem jeweils anderen unbekannt sind, fließen von beiden Seiten ein, und der meist nur einem von beiden vertraute Bereich rund um Tod und Trauer bietet zusätzlich sehr viel Gelegenheit für Verunsicherung und Missverständnisse.

Selbst wenn sich eine Verbindung ergibt, in der beide Partner verwitwet sind und ähnliche Erlebnisse hatten, bedeutet ehrlicher und selbst schmerzlicher Austausch miteinander ein großes Plus für die Beziehung. Solange sie nicht bekannt sind, lassen sich emotionale Fallen und Fettnäpfchen nur schwer oder auch gar nicht erspüren und umgehen, ohne nicht wenigstens einmal in sie hineinzutapsen. Deshalb sollten sich beide Partner so weit es geht davor schützen, klar auf empfindliche Stellen hinweisen und vielleicht sogar ihren Ursprung untereinander erläutern.

Umgang mit dem neuen Partner
Andreas, geb. 1961, Berater:[18]
Es war nicht so, dass ich in der neuen Beziehung diese weggepackte Trauer gar nicht angesprochen habe. Ich habe da durchaus auch mit der neuen Freundin drüber gesprochen. Aber letztendlich habe ich mit ihr sehr schnell so etwas wie einen Ersatz gesucht, um diese Lücke in irgendeiner Form zu schließen. Es gibt auch eine Menge Parallelen zwischen diesen beiden Frauen, insofern habe ich gedacht: Bloß schnell irgendwie alles so gut machen, wie es

---

18 Andrea, die Frau von Andreas, verstarb 2007 an den Folgen von Unterleibskrebs. Die beiden haben zwei gemeinsame Söhne, damals 3 und 4 Jahre alt.

halt geht, und dann wird's schon. Es ging ja auch eine ganze Zeitlang gut, es war eine gute Zeit für mich, auch für die Kinder, und ich würde nicht sagen, dass ich irgendwas falsch gemacht habe.

Aber für die neue Partnerin war das schwierig. Das ist auch ein Punkt, den ich in den Trauergruppen, insbesondere bei den Männern in der Witwergruppe, immer wieder gehört habe. Denn diese verstorbene Frau, die ist eigentlich immer irgendwie da, mit so einem Heiligenschein, »Meine Frau hat das so und so gemacht«, »Das ist noch von meiner Frau« usw. Es gibt eine ganze Reihe Dinge, die auch in einer neuen Beziehung immer noch da sind, die auch explizit von mir, dem verbliebenen Partner, so gewünscht werden, weil man daran hängt, und die natürlich für einen neuen Partner im Weg stehen und das Gefühl aufkommen lassen: Ich kann diesen Platz gar nicht richtig besetzen, der ist ja noch besetzt.

Und dann spricht man darüber. Ich hab auch verstanden, dass meine Freundin sich an bestimmten Dingen gestört hat. Ich hab versucht, zu erklären, warum ich etwas gerne beibehalten möchte, und ich hab von ihr dann verlangt, sich damit zu arrangieren.

Eine neue Partnerschaft kann sich entwickeln, während ich gleichzeitig noch um meinen verstorbenen Partner trauere – ein solcher Verlauf beinhaltet keinen Widerspruch in sich. Beide Partner sollten sich jedoch bewusst machen, dass der Trauerprozess damit nicht vorzeitig abgeschlossen ist, sondern begleitend weiter Raum braucht und fordert. Am Ende wird mein verstorbener Partner einen anderen Platz einnehmen als zuvor und auf diese Weise weiter in meiner Nähe sein. Der neue Partner braucht einen eigenen Platz, er muss und sollte niemanden verdrängen. Zugleich darf ich auch für meinen verstorbenen Partner weiter Liebe empfinden, ohne Angst zu haben, dass dann nicht genug davon für den neuen Partner übrig wäre, denn eine der Besonderheiten von Liebe ist, dass jeder so viel von ihr hat, wie er geben möchte.

Abgesehen von gegenseitiger Liebe sind Aufmerksamkeit,

Toleranz und auch die Fähigkeit, sich das jeweilige Anderssein zuzugestehen, gute Bausteine für jede Partnerschaft. Bei den Menschen, die einen Partner verloren haben, kommt das durch eigene Erfahrung gestärkte Bewusstsein hinzu, dass ein Mensch, dem ich mich auf diese besondere Weise verbunden fühle, ein echtes Geschenk ist.

Genauso wie in anderen Lebensbereichen bringt das Erleben und das Wissen, was es bedeutet, den eigenen Partner zu verlieren, auch rund um eine neue Partnerschaft in gewissem Maß Vorteile und Nachteile mit sich. Es fällt zunächst schwer, im Zusammenhang mit dem Tod eines nahestehenden Menschen von »Vorteilen« zu sprechen, aber als Trauernder stelle ich immer wieder fest, dass die Entwicklung, die ich durchlaufe, in vielerlei Hinsicht auf Dauer auch positive Auswirkungen hat. Ich entdecke Fähigkeiten in mir, von denen ich bisher nicht einmal wusste, dass ich sie habe. Ich schätze Alltägliches und das Hier und Jetzt sehr viel stärker und bewusster als vorher, sehe viele Dinge nicht mehr einfach als selbstverständlich an. Keine Frage: Gäbe es die Option, meinen Partner zurückzubekommen, würde ich all das Positive, alle »Vorteile«, die ich in meinem neuen Leben unfreiwillig dazugewonnen habe, sofort dagegen eintauschen; aber diese Option besteht nicht.

Die Wahrnehmung Trauernder wird nach außen und innen tiefer und sensibler. Nicht wenige äußern, dass sie vor kaum etwas noch wirklich Angst haben. »Was kann mir denn noch passieren, das schlimmer ist als das, was ich erlebt habe?« Schwerwiegende Situationen und Entscheidungen unter diesem Gesichtspunkt zu betrachten und zu treffen kann tatsächlich das Ausmaß einer Belastung relativieren und die Situation dadurch etwas entspannen. Auf einen neuen Partner bezogen bedeutet es allerdings gleichzeitig, dass mir viel bewusster ist, ihn auch wieder verlieren zu können. Niemand gibt die Garantie, dass mir so etwas nur einmal im Leben widerfährt. Der Horror dieses Albtraums ist in einigen Fällen Grund für eine nachhaltige Scheu, sich noch einmal so intensiv auf jemanden einzulassen und eine enge Verbindung einzugehen, deren Verlust mich alles aufs Neue erleben lassen würde.

Die Chance, die eine neue Partnerschaft eröffnet, das Wiedergewinnen von Zweisamkeit und Vertrauen, das Erleben von Liebe und Vertrautheit ist für die meisten jedoch Grund genug, auch die Risiken in Kauf zu nehmen, die jede Beziehung beinhaltet. Wenn ich den Versuch wage und es mir gelingt, erneut mit Neugier und Offenheit in meinem Leben unterwegs zu sein, kann ich Möglichkeiten entdecken, an die ich nie gedacht und auf die ich nicht gehofft hätte.

Neue Partnerschaft
Gudrun, geb. 1964, kaufmännische Angestellte:[19]

Ich weiß, dass mein Schwiegervater direkt nach Ollis Tod sagte, du findest wieder einen neuen Partner. Da konnte ich das natürlich gar nicht hören, aber es war schon so, dass mir ziemlich schnell klar war, dass ich nicht allein bleiben will. Dafür fühlte ich mich zu jung. Dann habe ich erst mal versucht, den Alltag auf die Reihe zu kriegen, und ich weiß gar nicht, wann ich das Gefühl hatte, also jetzt bin ich so weit.

Es war Zufall, dass ich diese Anzeige gelesen habe. Ich glaube, die Anzeige hat mich gefunden. Vielleicht weil ich das Gefühl hatte, jetzt wäre ich so weit, jetzt bin ich offen. Ich hatte immer gesagt: Ich muss erst mein Leben wieder lebenswert finden, um offen für etwas Neues zu sein. Und ich glaube, so war das auch. Sowohl für mich als auch für meine Kinder.

---

19 Olliver, der erste Mann von Gudrun, verstarb 2004 an einem Herzinfarkt. Die beiden haben gemeinsam eine Tochter und einen Sohn, damals 15 und 13 Jahre alt. 2011 haben Gudrun und Bernd geheiratet, beide zum zweiten Mal. Bernd ist seit 2005 ebenfalls verwitwet und hat eine Tochter und einen Sohn, bei der zweiten Heirat 18 und 21 Jahre alt.

Ich habe die Zeitung gelesen und bin bei dieser Anzeige hängengeblieben. Ich habe nie Kontaktanzeigen gelesen, aber an dem Tag ... Und diese Anzeige war's dann. Ja, und dann habe ich zwei Wochen lang überlegt, ob ich antworte, immer so hin und her, bis ich mir sagte, was hast du denn zu verlieren, du machst es einfach. Ich habe also den Brief geschrieben und bekam ziemlich schnell eine Antwort mit einer Telefonnummer, die ich angerufen habe. Wir haben ewig telefoniert, und dann haben wir uns getroffen.

Olli ist im Februar 2004 gestorben, und das war im Juli 2007. Gut drei Jahre später.

Ich wusste aus der Anzeige, dass Bernd selber auch verwitwet ist. Sonst hätte ich wohl nicht geantwortet. Das war's wahrscheinlich, dieses »verwitwet und zwei Kinder«. Die ähnlich alt waren wie meine. So ganz von vorne anfangen wollte ich auch nicht mehr, deswegen passte das so genau.

Natürlich haben wir besonders am Anfang über unseren Partnerverlust gesprochen, es war für mich eine ideale Vorstellung, jemanden zu haben, der das Gleiche erlebt hat. Was ich überhaupt nicht abkann, ist, wenn er grad mal schnell atmen muss, wie bei Erkältungen oder manchmal auch im Schlaf, weil ich dann denke, das wird ein Herzinfarkt. Genauso ist er geprägt vom Tod seiner Frau und kann es nicht ab, wenn ich plötzlich krank bin, weil er denkt, es ist etwas Unheilbares. Seine Frau ist an Krebs gestorben. Unser Austausch darüber findet immer noch statt. Man kann vermutlich besser über diese Gefühle und den Verlust sprechen, das ist ja keine Konkurrenz im eigentlichen Sinn. Also sind wir jetzt zwei Erwachsene mit je zwei Kindern, und dazu gehören noch zwei andere, die eine Art Besuchsrecht haben. Für uns gehören sie immer noch irgendwie dazu. Und wir können sie einfach erwähnen, ohne dass der andere denkt, oh, das ist jetzt der Ex. Das finde ich angenehm, dieses Gefühl.

Ilka, geb. 1968, Erzieherin:[20]
Erst mal konnte ich es mir gar nicht vorstellen, wieder jemand kennenzulernen. Aber natürlich kam auch relativ schnell eine gewisse Sehnsucht, auch rein körperlich. Ich hab immer offen darüber gesprochen und hab gesagt, ich bin schließlich auch nur 'ne Frau, ich hab ein ausgefülltes Eheleben gehabt, und ich vermisse das. Ich vermisse dieses Berührtwerden ganz doll. Als ich das erste Mal eine Shiatsu-Behandlung bekam, hab ich danach gesagt: Es hat mich jemand angefasst! Allein dieses Gefühl, dass einen jemand wieder berührt, und eben nicht nur einer meiner Söhne mir flüchtig ein Küsschen gibt oder eine Freundin mich mal drückt ...

Gleichzeitig hatte ich überhaupt keine Vorstellung, wie das gehen sollte, wieder einen Mann zu berühren. Doch dann hat sich das für mein Gefühl relativ schnell entwickelt, dass ich mich mit Sven getroffen habe, mehrmals, und plötzlich war diese körperliche Anziehung einfach da. Bei beiden. Er ist auch verwitwet, er ist bei uns aus der Gruppe, und wir haben da ganz offen und ehrlich drüber gesprochen. Wir haben uns unterhalten und haben uns gesagt: Vermisst du das auch? Ja total, und irgendwie war das wirklich so ein Abkommen – wir sind befreundet, warum nicht! So. Und für mich war immer das Gefühl, wenn du es mit dem machst, und es haut nicht hin, dann kann er es verstehen. So ist das entstanden. Wir haben uns bewusst und ganz gezielt getroffen, das klingt völlig bescheuert, ich weiß. Für uns beide war eigentlich klar, es bleibt auf dieser Ebene, weil wir uns beide nicht vorstellen konnten, dass wir überhaupt wieder eine Beziehung führen, auch weil die Umstände bei uns überhaupt nicht passen – er ist jünger, hat ein kleines Kind, ich habe große und lebe in der Stadt und er auf dem Land. Also es war klar, das passt alles überhaupt nicht, und es ist was rein Sexuelles. Das haben wir ziemlich lange versucht aufrechtzuerhalten. Auch aus

---

20 Tobias, der Mann von Ilka, verunglückte 2008 tödlich mit dem Motorrad. Ihre beiden gemeinsamen Söhne waren damals 12 und 14 Jahre alt.

einem Selbstschutz heraus. Bis heute ist es eigentlich so, dass wir rumeiern. Wir haben anfänglich immer gesagt, wir haben keine Beziehung, wir sind nur befreundet, und lange wusste das auch keiner von unseren Freunden.

Wir haben beide auch nach wie vor mit unserem schlechten Gewissen zu kämpfen. Das Gute ist eben, dass wir darüber reden können. Er weiß, wie es mir geht, und ich weiß, wie es ihm geht. Da ist keine Eifersucht und kein Gefühl von Angst, ich müsste jetzt meinen Mann in eine Art zweite Schublade packen, das muss ich bei Sven eben nicht. Ich kann auch immer wieder drüber reden. Selbst wenn wir mal vergleichen, was wohl automatisch jeder macht, selbst dann kann ich alles sagen, und er nimmt es mir nicht übel, weil er es ja auch tut. Das ist sehr hilfreich.

Schuldgefühle? Ja, ich hab das Gefühl, ich bin untreu, ich bin meinem Mann gegenüber untreu. Ich weiß, dass ich ganz am Anfang zu einer Freundin sagte, ich kann unmöglich einen anderen Mann lieben, weil Tobby war ja meine große Liebe. Und wenn man richtig dolle liebt, dann ist das wie bei Romeo und Julia, und dann kann man nicht leben ohne den andern. Da hat meine Freundin mich angeguckt und gesagt, das ist bekloppt. Und dann hat sie mich daran erinnert, wie mein Mann und ich über Verhütungsmethoden gesprochen hatten und ich gesagt hatte, wenn sich einer von uns sterilisieren lässt, dann ich. Ich hab zwei Kinder zur Welt gebracht, ich will definitiv keine Kinder mehr kriegen, aber bei einem Mann ist das anders, der kann auch mit 40, 50 Jahren noch ein Kind zeugen und noch mal Vater werden. Was ist mit dir, wenn mir mal was passiert oder wenn wir uns doch irgendwann mal scheiden lassen ... Guck mal, hat meine Freundin zu mir gesagt, das hast du damals gesagt und das hast du auch so gemeint. Und genauso würde er das jetzt umgekehrt hier auch sagen. Das hat mir schon sehr geholfen. Trotzdem habe ich immer so die Vorstellung, dass er da oben sitzt. Ich hab das, als das mit Sven anfing, ganz oft geträumt, dass er da ist und auftaucht, dass er dazu kommt und enttäuscht ist. Ganz furchtbar.

Mit Sven fing es etwa anderthalb Jahre nach Tobbys Tod an,

wir haben so rumgeplänkelt, und dann hat er irgendwann gesagt: Okay, wir treffen uns im Park, du nimmst eine Decke mit und ich eine Flasche Wein. Und da hab ich zu meiner Freundin gesagt, das ist ja ein Date! Plötzlich war das so anders, da hab ich richtig Schiss gekriegt und wollte es auch absagen. Plötzlich war klar, das ist was zwischen Mann und Frau, das ist nicht mehr »Wir kennen uns aus der Gruppe« ... Ja, und so war es dann ja auch. Überrascht hat es mich schon, weil ich nicht geglaubt hab, dass man noch mal so intensiv lieben kann. Das hab ich nicht gedacht, dass man überhaupt mit einem anderen Menschen dieses Gefühl so entwickeln kann. Einerseits weiß ich, keiner wird mich noch mal so kennen wie mein Mann. Aber Sven hat mich in der schlimmsten Zeit meines Lebens kennengelernt, das ist auch eine besondere Qualität. Auch wenn wir uns mal trennen sollten, wird er immer ein ganz wichtiger Mensch in meinem Leben sein, weil er einfach da war, als die schlimmste Zeit meines Lebens war. Aber dieses Gefühl, dass jemand so wichtig ist in meinem Leben und Tobby den nicht kennt, das ist ganz schräg für mich.

Gestärktes Selbstvertrauen

> *Trauer ist wie ein großer Felsbrocken.*
> *Wegrollen kann man ihn nicht.*
> *Zuerst versucht man,*
> *nicht darunter zu ersticken,*
> *dann hackt man ihn*
> *Stück für Stück kleiner*
> *und den letzten Stein*
> *steckt man in die Hosentasche*
> *und trägt ihn*
> *ein Leben lang bei sich.*

Auf dem unfreiwillig eingeschlagenen Weg in mein verändertes Leben werden mir viele Aufgaben gestellt, die mich zunächst völlig überfordern. Einige scheinen für mich unlösbar zu sein. Die Aussicht auf ein Danach, das Hoffnung machen könnte, ist lange Zeit nicht möglich. Vor mir erhebt sich ein riesengroßer Berg, der ohne sichtbaren Zugang steil nach oben führt. Um ihn bezwingen zu können und mich nicht dauernd von weiter entfernt liegenden schwierigen Streckenteilen entmutigen zu lassen, ist es sinnvoll, mich nur auf den anstehenden nächsten Schritt zu konzentrieren.

Mit jedem Schritt, jedem Teilstück, das ich manchmal unterbrochen von Pausen bewältige, kann ich etwas Selbstvertrauen gewinnen. Oft bekomme ich erst dabei den nötigen Mut, um weiterzumachen. Völlig unerwartet stoße ich auf tief in mir verborgene Kräfte und Energien, die mir bisher unbekannt waren, Notfallreserven, über die ich anscheinend nur in elementar bedrohlichen Situationen verfügen kann. Zu merken, dass es sie gibt und auch ich sie habe, kann mir Auftrieb geben und auch in Phasen der Schwäche und Erschöpfung zunehmend die Sicherheit, dass ich in der Lage bin, mehr zu schaffen, als ich mir vorstellen kann.

Während ich mich Stück für Stück weiter vorarbeite, finde ich langsam, aber immer besser Halt, sehe und nutze die kleinen Vorsprünge und mehr oder weniger trittsicheren Stellen, die ich von unten noch nicht sehen konnte. Es kann passieren, dass ich abrutsche, jedoch falle ich nicht mehr so tief wie am Anfang. Die Erfahrungen, die ich unterwegs mache, werden zu einer Art Sicherungsseil, das meinen Absturz bremst. Auch die Verletzungsgefahr wird etwas geringer. Oft wird mir erst beim Zurückblicken deutlich, wie weit ich schon gekommen bin, mit anderen Worten: wie viele Schwierigkeiten ich schon überwunden habe.

Der Weg nach oben ist weit, aber irgendwann klettere ich über eine Kante und stelle fest, dass ich auf einer Aussichtsplattform angekommen bin und der Blick nach vorn wieder offen und möglich ist. Meine Erschöpfung ist noch spürbar, aber Erleichterung und Freude melden sich ebenfalls. Und irgendwann verspüre ich auch Stolz auf meine Leistung, ich habe das Unmögliche geschafft. Diese Bergtour werde ich nie vergessen. Bei Bedarf kann ich mich daran erinnern, was ich überstanden habe und dass ich in der Lage bin, außergewöhnliche Kräfte zu entwickeln.

> *Kraft und Zuversicht*[21]
> Einen wunderschönen guten Morgen euch allen! Die Kinder fetzen sich, egal, die Sonne scheint wieder. Im CD-Player läuft Britney Spears, egal, die Sonne scheint wieder. Überall auf den Regalen und Schränken meldet sich der Staub der vergangenen Tage, egal, die Sonne scheint wieder. Der Stress und die dunklen Wolken, vorbei, die Sonne scheint wieder. Die Angst vor dem einsamen Weihnachtsfest ohne Dich, verdrängt, die Sonne scheint heute! Die Sorge, was das neue Jahr alles an Schmerzen wieder bereithält, verschwunden, die Sonne scheint wieder. In mir ist heute wieder die altbekannte Kraft und Zuversicht, woher auch immer, und im Moment bin ich nur dankbar dafür!

Wenn der letzte Stein meiner Trauer irgendwann tatsächlich in meine Hosentasche passt, kann ich ihn bei mir tragen, ohne dass er mich belastet. Er stört und behindert mich dann nicht mehr, eher im Gegenteil. Wenn vom Trauerfelsen nur er noch übrig geblieben ist, empfinden ihn viele als inzwischen vertrauten Begleiter, der ganz selbstverständlich zu ihnen gehört. Mit ihm trage ich auch die Erinnerung an einen sehr besonderen Menschen weiter bei mir, der mir wichtig war und bleibt.

Für viele bedeutet dieser Stein in Bezug auf ihre Lebenserfahrung gleichzeitig einen zwar mehr als ungewollten, jedoch im Ergebnis außergewöhnlichen und nicht selten auch stärkenden Zugewinn.

21 Eintrag im Forum »Allgemein« von verwitwet.de, Dezember 2001

Zweifel

Menschen, die schon immer mit besonderer Stärke, mutig und selbstbewusst durch ihr Leben gegangen sind, gehen in vielen Fällen auch ähnlich mit ihrer Trauer um. Ihre Eigenschaft, vorwiegend positiv, zumindest aber nach vorn orientiert zu denken und Notwendiges pragmatisch anzugehen, trägt häufig dazu bei, dass sie relativ schnell versuchen, wieder klare Strukturen in ihrem veränderten Leben zu verankern. Sie analysieren die Bedürfnisse und Zwänge, die sich für sie und ihre Kinder ergeben, und schaffen so, ohne anzuhalten, einen fließenden Übergang in den neuen Lebensrhythmus. Das kann bei einigen tatsächlich funktionieren, setzt aber voraus, dass sie dem emotionalen Bereich trotzdem genügend Raum geben und eigene Kräfte nicht auf Dauer überschätzen. Der Versuch, den äußeren Ablauf des vorherigen Lebens weitgehend zu erhalten, alle Aufgaben zu übernehmen, speziell die Wohn-, Arbeits- und Umgangsbedingungen für die Kinder nicht oder nur minimal zu verändern, bringt Anerkennung aus dem Umfeld. Objektiv gesehen kann es jedoch niemand leisten, durchgängig auf Hochtouren fahren zu müssen, ohne Schaden zu nehmen. Irgendwann sind die Energiedepots völlig entleert. Die tiefgehende Erschöpfung, die dadurch zwangsläufig eintritt, wird bei einigen erst nach Jahren, dann aber massiv spürbar.

Wenn ich zwei, drei oder vier Jahre anscheinend voll funktionstüchtig war, ist es für mich erst einmal unbegreiflich, warum ich das zwischenzeitlich regelmäßig geleistete Pensum plötzlich nicht mehr schaffen kann. Aber es ist so. Spätestens jetzt wird es dringend Zeit, genau hinzusehen und mich zu trauen, Entscheidungen zu meiner Entlastung zu treffen und Veränderungen vorzunehmen, die ich vielleicht verdrängt oder vor mir hergeschoben habe.

Es ist weder emotional noch rational möglich, nach dem Tod des Partners einfach weiterzumachen wie bisher: Mein Leben, das ich ohne den Partner gestalten muss und darf, ist jetzt ein anderes. Und ich sollte mir immer wieder ins Bewusstsein rufen, das es auch mein einziges ist.

Zwei Welten

»Leben und Tod gehören zusammen.« Auf eine sehr drastische Weise habe ich das real erfahren und habe lernen müssen, dass es nicht nur eine Binsenweisheit oder eine unreflektiert dahergesagte Floskel ist. Sterben, Tod und Trauer sind mir selbst begegnet und deshalb nicht mehr so fremd wie vorher. Wenn ich in den Nachrichten von Unfällen, Katastrophen oder Anschlägen höre, von einem Todesfall in meiner Umgebung, berührt mich das auf eine völlig andere Weise als vor meiner persönlichen Erfahrung. Ich weiß im Grunde sofort, was eine solche Nachricht bedeutet, dass es dabei nicht nur um die traurige Tatsache geht, dass das Leben von einem oder mehreren Menschen zu Ende ist, sondern meine Gedanken sind umgehend auch bei den Menschen, die mit den Toten verbunden sind. Ich kann gar nicht mehr distanziert und nur oberflächlich berührt zur Tagesordnung übergehen, weil mir das gesamte Ausmaß dieses Ereignisses bewusst und in vielen Teilen bekannt ist: Für die Hinterbliebenen ist mit dem Sterben nicht alles vorbei, sondern für sie fängt damit vieles, bei manchen alles Schwere erst an. Mit Tod und Trauer in Berührung zu kommen bewegt mich deshalb jedes Mal aufs Neue, ich fühle mit den Betroffenen mit. Je ähnlicher die Umstände, umso unmittelbarer ist mein Mitgefühl.

Es ist, als hätte ich aufgrund des Geschehenen den Zugang zu einer anderen Gefühls- und Erlebniswelt bekommen, deren Tür von nun an offen steht. Sie kann gar nicht wieder geschlossen werden. In der Zeit meines Trauerprozesses habe ich mich möglicherweise fast ausschließlich, zumindest aber immer wieder zeitweise in dieser Welt aufgehalten, sie zwangsläufig kennengelernt, inzwischen gehört sie zu mir. Auch wenn ich mich nun wieder in meiner scheinbar alten Gefühlswelt bewegen kann, Freude, Neugier, Leichtigkeit und auch Glück wieder spüren kann, hat sie sich doch verändert. Erfahrungen sind nicht rückgängig zu machen und nicht rational auszublenden – egal, ob ich oder jemand aus meinem Umfeld das möchte oder nicht. Meine Wahrnehmung hat sich in vielen Bereichen verändert, ich werde nie wieder genauso sein wie vorher. Trotzdem ist es möglich, mich wieder zufrieden und glücklich zu fühlen. Oder vielleicht auch gerade deswegen.

Ich werde wieder zum Menschen[22]

Als die Geschichte damals im September in Amerika passierte, da war ich innerlich selbst so tot, zwei Monate nach dem Tod meines Mannes, dass es mich zwar erschütterte, aber nicht wirklich berührte. Ich war erschrocken über meine Gefühllosigkeit! Aber es sterben – zumindest für eine Zeitlang – halt nun mal ALLE Gefühle. Damals sagten mir sogar Freunde: »Wie viele Kinder da jetzt zu Halbwaisen oder Waisen geworden sind« – es hat mich nicht wirklich interessiert, es zählte für mich nur, dass MEINE Kinder Halbwaisen sein müssen.

Als ich heute Morgen (noch vor dem Attentat) die Zeitung aufschlug, las ich von der Beerdigung der kleinen Vanessa und von 2 Polizisten in München, die sich am gleichen Tag, unabhängig voneinander, mit der Dienstwaffe erschossen haben. Sie hinterlassen auch jeweils eine Frau und zwei Kinder. Da musste ich plötzlich weinen. Mir taten die Frauen und Kinder der Männer so leid (weil man ja jetzt weiß, was sie durchmachen werden), mir taten die Eltern dieser kleinen Vanessa so unendlich leid (was sie durchmachen, kann ich nicht einmal erahnen).

Aber da wusste ich: ich lebe wieder. Sie sind wieder da, meine Gefühle. Ich werde wieder zum Menschen, bin kein Zombie mehr. Und genau wie die Gefühle kehren auch die anderen Dinge langsam wieder zurück. Oft habe ich nach dem Unfall gedacht, warum uns dieser Baum nicht alle hat erschlagen können,

22   Eintrag im Forum »Allgemein« von verwitwet.de, Februar 2002

dann wäre uns das Leid erspart geblieben. Das denke ich heute nicht mehr.

Das Leben meines Mannes ist vorbei – meines und das meiner Kinder nicht! Und ich habe die einzigartige Chance, mit meiner neuen Sichtweise jetzt ein intensiveres Leben zu führen. Mich nicht über Kleinigkeiten aufzuregen, Sachen einfach mal liegenzulassen, um mich mit den Kindern zu beschäftigen, und andere Menschen nicht mehr so leichtfertig einzuordnen, ihre Sichtweise zu akzeptieren, ihr Anderssein zu akzeptieren.

2. Kapitel **Familie und Freunde**

Persönliche Verbindung

Memento[23]

Vor meinem eignen Tod ist mir nicht bang,
nur vor dem Tode derer, die mir nah sind.
Wie soll ich leben, wenn sie nicht mehr da sind?

Allein im Nebel tast ich todentlang
Und laß mich willig in das Dunkel treiben.
Das Gehen schmerzt nicht halb so wie das Bleiben.

Der weiß es wohl, dem gleiches widerfuhr;
– Und die es trugen, mögen mir vergeben.
Bedenkt: den eignen Tod, den stirbt man nur,
Doch mit dem Tod der andern muss man leben.

Der Tod eines Familienmitglieds oder Freundes trifft die Hinterbliebenen auf unterschiedlich heftige Weise, und das Fehlen des Verstorbenen zieht für jeden eine Veränderung in der Familienstruktur beziehungsweise der Konstellation des Freundeskreises nach sich. Inwieweit die Situation auch jeden zur Auseinandersetzung mit den Themen Sterben, Tod und Trauer veranlasst oder zwingt, hängt zu einem großen

23   Mascha Kaléko, Verse für Zeitgenossen, Reinbek 1958

Teil von der eigenen Betroffenheit, also der emotionalen Nähe zur nun toten Person ab. Die Bereitschaft des Einzelnen, sich mit diesen Inhalten zu befassen, ist ebenfalls dafür ausschlaggebend, ob gemeinsames Trauern, gegenseitige Unterstützung und Begleitung möglich sind oder auch nicht. Der jeweilige Verlust betrifft unterschiedliche Verbindungen: Es gibt nicht nur den hinterbliebenen Partner, der trauert, sondern je nach Familiensituation auch trauernde Eltern(-teile), die Sohn oder Tochter verloren haben, Kinder, die um Mutter oder Vater trauern, Geschwister, die den Tod des Bruders oder der Schwester verkraften müssen, vielleicht Großeltern, Tanten, Onkel usw.

Die unterschiedliche Rolle, die der Verstorbene im Leben der betreffenden Familienmitglieder eingenommen hat, bedeutet jedoch keine Aufschlüsselung der Trauersituation in »schwerer« oder »leichter«. Die Schwere des Verlusts hängt vor allem von der Intensität der persönlichen Bindung ab, die nicht selten· ganz unabhängig vom Verwandtschaftsverhältnis ist und besonders von Außenstehenden manchmal nur schwer oder gar nicht zu beurteilen ist. Genau wie es im Freundeskreis beste, gute und lockere Freunde gibt, bis hin zu einfach nur netten Bekannten, finden sich in Familien unterschiedlich enge Bindungen: zur Großmutter, die über Jahre hinweg die Mutterrolle übernommen hat, zum Lieblingsbruder, der Lieblingstochter, der Tante oder Schwägerin, die immer für einen da war und mit der man wirklich alles besprechen konnte.

Die Vielschichtigkeit der Verbindungen und die ganz persönliche Art, schwierigen Lebenssituationen zu begegnen, tragen dazu bei, dass jeder Einzelne den Verlust unterschiedlich verarbeitet und die Trauer andersartig empfindet. Anzuerkennen, dass es kein Schema und keine allgemeingültigen Kriterien für »richtiges« oder »falsches« Trauern gibt, fällt nicht immer leicht. Das zu akzeptieren ist aber erforderlich, um die Andersartigkeit der Trauerwege in Familie und

Freundeskreis untereinander respektieren zu können. Dem anderen muss es nicht genauso gehen wie mir; dass er nicht meinen Erwartungen entsprechend reagiert und anders empfindet, fühlt sich für mich in dem Moment vielleicht völlig verkehrt an und kann auch hart sein, muss aber deshalb objektiv gesehen kein »falsches« Verhalten sein. Es ist nur anders, als ich selbst reagiere. Zweifellos ist aber auch nicht jede unpassende Bemerkung oder Reaktion einfach auf anders ausgedrückte Trauer zurückzuführen und damit zu entschuldigen; vieles passiert leider schlicht unbedacht, aus Mangel an Sensibilität oder unterschwelliger Furcht, sich mehr als oberflächlich mit dem Thema befassen zu müssen.

Krankheit

Die ernsthafte Erkrankung eines Familienmitglieds kann auch auf das Leben der anderen Familienmitglieder sowie das von Freunden stark Einfluss nehmen. Viele Paare und Familien leben heute weit entfernt von anderen Familienangehörigen, die Eltern, Großeltern oder Geschwister sind oft über große Distanzen verstreut, und selbst enge Freundschaften werden vielfach per Telefon, Internet- oder durch Briefkontakte gepflegt, und man sieht sich nur relativ selten.

Die räumliche Distanz erschwert einerseits, den Erkrankten auf seinem Weg zu begleiten, sein Befinden einschätzen zu können und über das Fortschreiten der Erkrankung informiert zu sein. Davon zu hören und es sich vorzustellen ist anders, als die Veränderung tatsächlich zu sehen und mitzuerleben.

Zugleich ermöglicht die räumliche Entfernung, sich emotional etwas distanzierter verhalten zu können, denn selbst wenn man sich Sorgen macht und häufig an den Erkrankten denkt, kann sich der eigene Tagesablauf davon weitgehend unberührt abspielen. Sicherlich, ein zusätzlich eingeplanter Besuch außer der Reihe zeigt Verbundenheit und dass der Wunsch nach Nähe und Anteilnahme da ist, aber auch das ist anders, als vor Ort zu wohnen und einfach spontan vorbeikommen zu können oder vielleicht im gleichen Haus zu leben. Manche Erkrankungen nehmen einen so schnellen Verlauf, dass jemand, der nicht regelmäßig in Kontakt ist, den Ernst der Lage vielleicht gar nicht wahrnimmt und von der Todesnachricht völlig überrascht wird. Die verpasste Möglichkeit, mit dem Verstorbenen vorher noch gesprochen oder ihn noch einmal besucht zu haben, belastet viele dann zusätzlich. Sie sind verunsichert, machen sich Vorwürfe und entwickeln ein schlechtes Gewissen, was den Umgang mit den Angehörigen erst recht belasten kann. In manchen Fällen reißt der Kontakt dadurch ganz ab, spätestens nach der Trauerfeier. Es kostet meist Überwindung, diese Gefühle anzusprechen, aber das kann den Einsatz wohl wert sein. Vielleicht lässt sich der Kontaktabbruch auf diese Weise verhindern.

Räumliche Nähe bedeutet jedoch nicht immer, dass Verwandte oder Freunde auch emotional größere Nähe entwickeln oder zulassen. Nicht selten ist das Gegenteil der Fall, weil es vielen Menschen schon bei ernsthafteren Erkrankungen aus Angst und Unsicherheit schwerfällt, mit der Situation umzugehen. Den Zustand des Kranken, sein Leiden und die Einschränkungen, die vielleicht damit verbunden sind, auszuhalten, scheint ihnen unmöglich, und sie gehen auf Distanz. Gleichwohl können die wenigsten das Wissen um die Erkrankung und das Denken an den Erkrankten tatsächlich ausblenden. Das Bewusstsein, aus Zeitmangel, vielleicht aber auch aufgrund eigener Schwäche untätig geblieben zu sein, hinterlässt Schuldgefühle. Nicht für den anderen da gewesen zu sein, kann auch im Nachhinein viel mehr belasten, als allen Mut zusammenzunehmen und sich zu überwinden, das Schwere mitzutragen.

Für den erwachsenen Sohn meines Mannes, der sich immer vor der Konfrontation mit Krankheit und Tod gescheut hatte, war die Erkrankung seines Vaters Anlass, sich diesmal der Situation offen und aktiv zu stellen. Bis dahin hatte er jedes sich bietende Schlupfloch genutzt, immer seiner Befangenheit, Angst und Verlegenheit nachgegeben, um sich solchen Situationen, die es ganz konkret gab, so weit wie irgend möglich zu entziehen. Als mich die 24-Stunden-Pflege an die Grenzen meiner physischen und psychischen Möglichkeiten brachte und ich dringend Hilfe benötigte, entschied er sich von einem Moment auf den anderen, aus dem 160 Kilometer entfernten Wohnort zu kommen und einige Zeit bei uns zu wohnen. Er besprach die Situation mit seinem Arbeitgeber, der wunderbarerweise sehr verständnisvoll reagierte, und kam während dieser Zeit seinen beruflichen Aufgaben mit Hilfe eines Laptops von unserer Wohnung aus nach. Darüber hinaus entlastete er mich sowohl tagsüber als auch nachts bei der Betreuung und Versorgung seines Vaters. Durch seine Anwesenheit ergaben sich Gespräche zwischen den beiden, die so sonst nie stattgefunden hätten. Eine Nähe und Vertrautheit entstand, die beiden unendlich guttat. Sich zu überwinden und die eigenen Belange und Bedenken zurückzustellen, an der Seite seines Vaters zu sein und über die emotionale Unterstützung hinaus ganz aktiv etwas für ihn zu tun wurde für den Sohn zu einer zwar anstrengenden, aber überaus befreienden und im Nachhinein unerwartet tröstlichen Erfahrung. Er konnte das Sterben, den Verlust und die Trauer um seinen Vater besser verstehen und bewusster annehmen. Diese Erfahrung hat ihn, obwohl er es dem Alter nach längst war, erwachsener werden lassen und hat seine Wahrnehmung, sein Verhalten in Bezug auf Krankheit und Tod nachhaltig verändert: Akzeptanz und größere Sicherheit anstelle von Ausweichen und Furcht. Er hat erfahren, dass es möglich und gut ist, auch diese Thematik im eigenen Leben zuzulassen.

Ich kann auf vielfältige Weise Verantwortung übernehmen und da sein. Wenn ich dazu bereit bin, stehen mir unbegrenzte Möglichkeiten offen. Wie flexibel jeder dabei sein kann, hängt nicht nur vom Wollen des Einzelnen, sondern natürlich auch von den eigenen Pflichten und Zwängen ab. Nur wenige haben unbegrenzt Zeit zur Verfügung, aber Anrufe in kürzeren Abständen, Besuche, auch Stippvisiten, kleine Besorgungen oder ab und zu die Nachfrage, ob und wobei vielleicht Hilfe gebraucht wird, drücken Verbundenheit aus und können ohne größeren Aufwand von jedem geleistet werden.

Auf die gleiche Weise wie bisher behandelt und ernst genommen zu werden, ist für schwer Erkrankte immens wichtig. Langsam, jedoch deutlich spürbar aus dem bisherigen gesellschaftlichen Leben ausgeschlossen und als Person gemieden zu werden, wird von vielen als »Tod auf Raten« empfunden. Und nicht nur von ihnen. Auch die Angehörigen, die den erkrankten Menschen begleiten, erleben die Ausgrenzung durch das Umfeld als ungemein schmerzhaft und enttäuschend. Sie fühlen sich verlassen und hilflos, wenn sie durch die diversen Rückzüge anderer mit allen Anforderungen allein gelassen werden. Hinzu kommt, dass sie während der Erkrankung ohnehin häufig übersehen werden. Die Aufmerksamkeit richtet sich nahezu ausschließlich auf die erkrankte Person und ihren Hilfsbedarf. Diejenigen, die versorgen, organisieren und pflegen, treten in den Hintergrund und stellen selbst die eigenen Bedürfnisse zurück. Die hohe Belastung, der sie seelisch und teilweise auch körperlich ausgesetzt sind, führt zu Erschöpfung und Überforderung, die nur durch Unterstützung von außen gemindert werden kann. Es ist eine wichtige Aufgabe von Familienangehörigen und Freunden, dies im Blick zu behalten und für sie da zu sein – auch über den Tod des Erkrankten hinaus.

Plötzlicher Tod

Ohne die geringste Vorwarnung vom Tod eines Familienmitglieds oder Freundes zu erfahren bedeutet einen abrupten Schock und macht viele sprachlos. Mitten im gewohnten Tagesablauf steht man plötzlich ungläubig und völlig entsetzt da, ohne die Bedeutung der Nachricht wirklich erfassen zu können. Jeder hat erst einmal mit sich zu tun, versucht, die eigenen Gefühle zu sortieren. Durch den Kopf schießen vielleicht Fragen zum Geschehen und erste Gedanken an die anderen Angehörigen: »Wie konnte das überhaupt passieren?« »Was kann ich denn jetzt tun?« »Wen sollte ich schnellstens informieren?« »Wie kann ich helfen?«

Es gibt keinen geregelten Ablauf. Oft wird viel telefoniert, die einen reagieren eher rational, andere wieder werden von ihren Gefühlen überrollt und sind nahezu handlungsunfähig. Einige müssen sich mitteilen, andere werden ganz still und schweigen. Irgendwann wissen es alle, die mehr oder weniger eng mit dem Verstorbenen verbunden sind. Vielfach kommt die engste Familie am Ort des Geschehens zusammen, im Krankenhaus oder zu Hause. Und dann?

Jeder geht auf seine Weise mit diesem Ausnahmezustand um. Welche Unterstützung möglich ist, ergibt sich oft aus der Situation heraus und mit Blick auf die Beteiligten sowie die jetzt anstehenden Aufgaben. In den ersten Tagen und Wochen herrscht oft ein großes Durcheinander von Besuchen, Terminen, Vorbereitungen für die Trauerfeier, Tränen, Gesprächen und unkontrollierbaren Gefühlen – es gibt keinen ruhigen Moment und keinen Raum für einen klaren Gedanken. Von den direkt Betroffenen kommt in dieser Zeit nur selten jemand über den Zustand des reinen Funktionierens hinaus. Füreinander da zu sein, indem man überlegt, was nötig sein und entlasten könnte, und das dann direkt anzubieten, kann hilfreicher sein, als die meist ohnehin überforderten engsten Angehörigen zu fragen, was man tun könne.

Von einem Moment auf den anderen damit leben zu müssen, dass der Vater oder die Mutter, Tochter oder Sohn, Bruder oder Schwester nicht mehr erreichbar ist, ist weder mit dem Kopf noch mit dem Herzen übergangslos zu begreifen. Zusätzlich zum eigenen Schmerz den Schmerz der anderen zu sehen und zu erleben, ist nur schwer auszuhalten und bringt viele an ihre Grenzen. Es ist ein ungeübter Balanceakt, einerseits für sich selbst ausreichend zu sorgen, die eigenen Kräfte gut einzuteilen, und gleichzeitig für andere da zu sein, weil man gebraucht wird und weil man es gerne möchte.

Erwartungen von anderen, aber auch die eigenen, können den Einzelnen überfordern und zu Konflikten führen. Das betrifft nicht nur die spontanen Äußerungen und Reaktionen in der ersten Zeit, sondern ebenso das spätere Verhalten untereinander im Verlauf des Trauerprozesses. Nicht jeder wunde Punkt ist deutlich sichtbar, ebenso wenig ist er bei jedem an der gleichen Stelle. Wie groß die Verletzlichkeit trotz einer nach außen kühl und gefasst wirkenden Fassade eventuell ist, zeigt sich in vielen Fällen erst, wenn diese aus scheinbar geringem Anlass in sich zusammenfällt oder jäh aufbricht. Respekt und Achtung vor dem jeweils anderen und seiner Art, mit dem Verlust umzugehen, kann Konflikte sicherlich nicht immer verhindern, aber vielleicht abmildern und dazu führen, dass sich ein stilles Miteinander entwickelt, anstatt einer dauerhaften Fehde. Niemand kann in dieser anstrengenden Zeit zusätzliche Belastungen und unnötige Nebenschauplätze brauchen, die Energie kosten und im schlimmsten Fall noch mehr Verletzungen und Verluste bedeuten. Manchmal kann ein ehrlich gemeintes »Es tut mir leid« mehr ausrichten und sinnvoller sein, als unbedingt klären zu wollen, wer recht hat oder warum das eine besser gewesen wäre als etwas anderes. Geduld und Ausdauer sind wichtige Zutaten, und »später« kann ein guter Zeitpunkt für ein Gespräch oder eine Klärung sein, anstatt »jetzt« darauf zu bestehen und damit noch mehr Druck auszuüben. Wenn es um Empfindungen und um persönliche Gefühle geht, ist erfahrungsgemäß nicht immer ausschlaggebend oder umsetzbar, was gerade vernünftig wäre.

Die Unmittelbarkeit des plötzlichen Todes konfrontiert die Beteiligten mit bis dahin ungekannten Aufgaben und Gefühlen. Sie stellt umgehend und für einen langen Zeitraum hohe

Anforderungen an die persönlichen Verbindungen innerhalb der Familie sowie im Freundeskreis und verändert diese manchmal unerwartet in die eine oder andere Richtung.

Trauerfeier und Bestattung

Wer an einer Trauerfeier teilnimmt, tut das nicht immer nur aufgrund der eigenen engen Verbindung mit dem Verstorbenen. Eine familiäre oder enge freundschaftliche Beziehung zu einem der nächsten Angehörigen kann ebenso Grund für die Anwesenheit sein wie der Wunsch (etwa von Arbeitgeber, Kollegen, Nachbarn oder anderen), sowohl dem Verstorbenen als auch seiner Familie gegenüber Achtung und Wertschätzung auszudrücken und Anteilnahme zu zeigen, ohne direkt persönlich Kontakt aufzunehmen. Diejenigen, die aufgrund zu großer Entfernung oder aus sonstigen Gründen nicht an der Trauerfeier teilnehmen können oder wollen, haben die Möglichkeit, ihrer Verbundenheit schriftlich Ausdruck zu geben und sich auf diesem Weg eventuell auch für ihre Abwesenheit zu entschuldigen. Insgesamt sollte dabei jedoch mehr die Trauer der Angehörigen im Vordergrund stehen als die eigene Befindlichkeit. Sich dafür ausreichend Zeit zu nehmen, um, wenn auch nur wenige, so doch aber eigene Worte zu finden, wird von Hinterbliebenen auf eine Art als tröstlich wahrgenommen, die ein vorgedruckter Standardtext, so stimmig er auch sein mag, nicht erreichen kann. Trauerbriefe werden oftmals auch später noch, manchmal nach Jahren, in die Hand genommen, und ehrlich empfundene Anteilnahme, selbst wenn sie vielleicht etwas unbeholfen formuliert ist, berührt immer wieder aufs Neue. Entscheidend ist der Inhalt, nicht die Form.

Einbindung

Die Ausgestaltung der Trauerfeier obliegt üblicherweise den nächsten Angehörigen, der Familie des Verstorbenen. Inwieweit dabei eigene Vorstellungen und individuelle Wünsche umgesetzt werden oder den noch relativ häufig eher standardisierten Vorschlägen des beauftragten Bestattungsunternehmens gefolgt wird, hängt überwiegend von der Einstellung der Hinterbliebenen sowie der offenen Beratung des Bestatters ab. Jedoch können in dieser Situation ebenso Anregungen von Verwandten und Freunden, die vielleicht eine passende Idee haben oder bei einer früheren Trauerfeier berührende Erfahrungen gemacht haben, dazu beitragen, den Anlass dem Verstorbenen entsprechend auszugestalten oder auch durch persönliche Empfehlung ein geeignetes Bestattungsunternehmen zu finden. Die Entscheidung liegt zwar immer bei den nächsten Angehörigen, aber um sicher entscheiden zu können, ist es für viele hilfreich, mehrere Möglichkeiten zur Wahl zu haben.

Wenn innerhalb der engsten Familie unterschiedliche Vorstellungen bestehen, kann es schwierig sein, jedem gerecht zu werden und sich zu einigen. Anstatt autoritär zu bestimmen und jemand Nahestehenden unberücksichtigt zu lassen, eröffnen Verständnis und gegenseitige Achtung eventuell die Chance, in Form eines veränderten Details oder eines eingefügten kleinen Rituals einen innigen Wunsch zu erfüllen. Der jeweilige Rahmen der Totenfeier bestimmt ohnehin maßgeblich, in welchem Umfang den Teilnehmern, sowohl der Familie, als auch den Freunden und allen anderen Anwesenden, Raum für den ganz persönlichen Abschied vom Verstorbenen gelassen wird. Je stärker Ablauf und Inhalte der Trauerfeier die Persönlichkeit des Verstorbenen für den Einzelnen widerspiegeln und erkennbar machen, desto eher kann ein tröstliches »gutes Gefühl« entstehen und so auch in Erinnerung bleiben.

Ein althergebrachter, klassisch-ritualisierter Ablauf kann

deshalb ebenso richtig und stimmig sein wie ein sehr individuell und eher unkonventionell gestalteter. Wenn ich nicht religiös bin, distanziere ich mich zwar vielleicht von den dementsprechenden Ritualen, kann sie aber mit dem Verstorbenen in Einklang bringen, weil der Glaube zu seinem Leben gehörte. War das nicht der Fall und die religiöse Ausrichtung der Feier entspringt – vielleicht sogar seiner Einstellung widersprechend – dem Willen eines oder mehrerer Angehöriger, fehlt mir die Verbindung; im schlechtesten Fall fühlt sich das so falsch an, dass ich einfach nur hoffe, es möge schnell vorbei sein.

Bei der Ausgestaltung einer Trauerfeier alle unterschiedlichen Beziehungen und Funktionen im Leben eines Menschen zu berücksichtigen, ist vermutlich kaum möglich. Das kann auch nicht die oberste Anforderung für die Angehörigen sein. Dennoch steht für die meisten Anwesenden ihr Bezug zum Verstorbenen im Mittelpunkt. Als ich selbst vor der Aufgabe stand, den Abschied von meinem Mann zu gestalten, brachte mich diese Überlegung in Verbindung mit dem Wissen um seine Persönlichkeit dazu, niemanden zu beauftragen oder darum zu bitten (und damit vielleicht ungewollt zu belasten), eigene Worte für diesen Anlass zu finden und vor Ort zu sprechen. Im Austausch mit den Kindern festigte sich das Gefühl, dass der Schwerpunkt mehr auf einem Raum für persönliche Gedankenbilder jedes Einzelnen liegen sollte. Dabei sollte in der Zeit des Zusammenseins nur Musik bei uns sein, die mein Mann mit Vorliebe gehört hatte. In einem nächtlichen stillen Zwiegespräch mit ihm entstand daraufhin der folgende Text, der für jeden Besucher der Trauerfeier zur Einstimmung am Eingang der Kapelle bereit lag:

Ein Bild von Dir.
Die, die Dich kennen,
haben ihr eigenes.

Jeder Versuch
es nachzuzeichnen,
bedeutet Verfremdung.
Der Gedanke an Dich
lässt Bilder entstehen,
nicht Worte.
Schwarzweiß oder farbig,
flüchtige Skizze
oder detaillierte Darstellung –
sie alle sind geprägt
von dem Dir so eigenen Strich.

Es lassen sich auch ganz andere Ansätze für die persönliche Ausgestaltung einer Trauerfeier entwickeln. Man kann beispielsweise jedem, der möchte, die Möglichkeit geben, den anderen Anwesenden von einem Erlebnis mit dem Verstorbenen zu erzählen oder aber in real gezeigten Bildern das nun beendete Leben zusammenzufassen und so den Menschen lebendig in Erinnerung zu rufen. Die Kinder mit einzubeziehen, wird häufig gar nicht in Erwägung gezogen, ist jedoch sehr wohl machbar und kann ihnen zugleich zeigen, dass auch sie mit ihrem Verlust und ihrer Trauer wahrgenommen und anerkannt werden. Anstehende Aufgaben wie das Fotografieren, die Kinderbetreuung, das Musikmachen oder beim vielleicht anschließenden Zusammenkommen mit anzufassen, können von Freunden übernommen werden und so bei allen das Wir-Gefühl stärken.

Es mag seltsam anmuten, den Vergleich mit einer Hochzeitsfeier anzustellen, die in der Regel von Familie und Freunden gemeinsam geplant und organisiert wird. Gerade die Beteiligung und das Engagement der Einzelnen tragen jedoch auch dort zum gemeinschaftlichen Erleben bei, zeigen Anteilnahme und ermöglichen gleichzeitig jedem, die eigene Verbundenheit und Freundschaft auszudrücken. Das entspricht ebenso dem Abschiednehmen bei einer Trauerfeier und kann im Zusammenspiel auch hier umgesetzt werden. Auch wenn der Anlass kein freudiger ist, sondern ein trauriger, so ist er doch vergleichbar emotional und nimmt Einfluss auf die Zukunft der Beteiligten.

Rituale und Jahrestage

In Kalendern und persönlichen Notizbüchern findet sich immer auch Platz für das Eintragen von Geburtsdaten, um an diese besonderen Jahrestage im Leben von Familienmitgliedern und Freunden rechtzeitig und regelmäßig zu denken. Auch das Eintragen von Hochzeitstagen und Jubiläen ist üblich. Obwohl der Todestag eines Menschen, das Datum seines Sterbens, für die nahen Angehörigen ebenfalls ein sehr besonderer Tag im Jahr wird, wird er nur selten genauso selbstverständlich markiert. Noch seltener wird er auch zum Anlass genommen, um über das eigene Gedenken hinaus Kontakt zu einem der Hinterbliebenen aufzunehmen. Gute Wünsche zu übermitteln, ein paar fröhlich-herzliche Worte an das Geburtstagskind zu richten und zu fragen, was in der letzten Zeit so war oder in nächster Zukunft vielleicht geplant ist, fällt verständlicherweise wesentlich leichter und ist sicherlich unbeschwerter, als sich erneut auf die Verlustsituation eines Menschen einzulassen, auf die Trauergefühle des Gesprächspartners. Es ist für die meisten bedrückend und schwer auszuhalten, eine vermutlich wenig erfreuliche Antwort auf die Frage nach der Befindlichkeit zu bekommen oder miteinander den Blick in eine emotional gedämpfte Zukunft zu wagen. Die Versuchung, sich vor dieser Konfrontation zu drücken, ist groß. Aber zu wissen, dass das Vergessen oder das stille Übergehen dieses Datums – aus welchem Grund auch immer – für Hinterbliebene zumeist viel schmerzlicher und deprimierender ist, als eine verpasste Gratulation zu ihrem Geburtstag, kann vielleicht doch zur Überwindung der inneren Abwehr und Hemmung führen.

Speziell in den ersten Jahren ist es für Hinterbliebene

eine tröstliche Stärkung, dass nicht nur sie selbst an den Verstorbenen denken und tiefe Traurigkeit verspüren, sondern andere Menschen in ihrem Umfeld den Verlust ebenfalls in Erinnerung haben. Es tut gut, dass auch andere noch Trauer empfinden, vielleicht ihr Mitgefühl erneut in Worte fassen und so dem Trauernden ihre Verbundenheit deutlich zeigen. Das gilt übrigens in gleicher Weise für den Geburtstag des Verstorbenen, der durch den Tod ja nicht plötzlich aus dem Kalender verschwunden ist. Er bleibt weiterhin ein besonderer Tag im Jahr der Angehörigen und hat für sie noch immer große Bedeutung.

Beide Tage sind konkrete Anlässe, sich schriftlich oder in einem Gespräch gemeinsam zu erinnern, und bieten darüber hinaus auch die Gelegenheit, sie miteinander, vielleicht sogar in größerem Kreis, zu begehen – was übrigens nicht nur für das erste Jahr gilt. Für die Anregung von außen, sich zu treffen und den Tag außergewöhnlich zu gestalten, sind nicht wenige Trauernde überraschend dankbar. Sei es, weil sie persönlich gar nicht auf eine solche Idee gekommen wären, oder aber, weil sie nicht den Mut haben, andere darum zu bitten, aus Angst, diese könnten das als Belastung oder gar Zumutung empfinden.

Ganz abgesehen von der Unterstützung für den hinterbliebenen Partner, kann aktives Handeln außerdem bedeuten, selbst etwas Wichtiges zu bekommen: Raum für die Auseinandersetzung mit dem eigenen Verlust und das Zulassen der eigenen Trauer um den Verstorbenen.

Die eigene Trauer

Das Sterben eines Menschen hat nicht nur nachhaltige Auswirkungen auf das Leben des hinterbliebenen Partners, sondern bedeutet für jeden, der mit diesem Menschen in Verbindung steht, einen ganz individuellen Verlust. Auf welche

Weise und in welchen Momenten dieser Verlust empfunden wird, entspricht der unterschiedlichen Rolle, die der Verstorbene im Leben des jeweils anderen eingenommen hat, rational *und* emotional. Themen und Intensität der Trauer können deshalb völlig verschiedenartig sein, ebenso aber auch ganz ähnlich.

Überall, wo der Verstorbene häufig, vielleicht täglich oder regelmäßig präsent war, wo er Aufgaben und bestimmte Funktionen erfüllte, ist sein Fehlen so offensichtlich und spürbar, dass es gar nicht unbemerkt bleiben kann. Im engsten Familienkreis mag das vielleicht der leere Stuhl am Tisch sein, das auf andere Weise geschmierte Pausenbrot, die *eine* fehlende Umarmung beim morgendlichen Abschied oder auch die plötzlich andere Person, von der die Kinder zur Kita oder Schule gebracht werden. Im Job kann es der leere Schreibtisch sein, der fehlende Name im Arbeitsplan, die Vertretung, die als Übergangslösung Lücken füllt, eine fremde Stimme am Empfangstelefon oder schlicht das immer freundliche oder brummige »Guten Morgen«, das nicht mehr hörbar in die Werkstatt gerufen wird.

Jeder bemerkt für sich, in wie vielen Momenten er den Verstorbenen – manchmal auch ganz unvermutet – vermisst, und dem Einzelnen wird erst nach und nach bewusst, wie sehr dieser Mensch ins eigene Leben eingebunden war. Wenn nicht nur ausnahmsweise, sondern auf Dauer der gewohnte telefonische Austausch ausbleibt, der dritte Mann beim Skat fehlt oder die Freundin nicht mehr mit zum Tanzen kommt, beginnt sich das »nie mehr« auch ins Bewusstsein von Freunden zu drängen, die keinen täglichen Kontakt hatten. Der Verlust wird einerseits bei solchen konkreten Anlässen deutlich, andererseits sind auch Erinnerungen an gemeinsam Erlebtes Auslöser für das Gefühl, denjenigen nachhaltig zu vermissen: mir fällt zufällig die Weihnachtskarte mit den so typisch ausgedrückten Wünschen vom letzten Jahr in die Hand, ich stolpere über die frech-liebevolle Widmung im mir geschenkten

Buch oder über das Urlaubsfoto, auf dem derjenige, der jetzt nicht mehr da ist, mit seinem mir so bekannten, strahlenden Lachen in die Kamera schaut ...

Ein nicht selten gewählter Weg, mit der aufkommenden Trauer umzugehen, ist, sie im gleichen Moment wieder zu verdrängen. Man lenkt sich möglichst schnell ab, übergeht das Thema durch ein leichthin gesprochenes »aber das Leben geht weiter«. Trauer lässt sich jedoch nicht so einfach verdrängen und ordnet sich den Vorgaben des Kopfes nicht unter. Sie ist hartnäckig und kommt irgendwann doch zum Vorschein. Deshalb ist dieser Weg fast immer eine Sackgasse.

Ein anderer Weg besteht darin, alle Trauergefühle mit sich selbst abzumachen und nicht mit Angehörigen oder Freunden darüber sprechen zu wollen. Literatur zum Thema lesen, Fotos ansehen, alte Briefe zur Hand nehmen oder aber eigene Gedanken aufschreiben und so der Traurigkeit Raum geben, bedeutet, dass ich meine Gefühle und meinen Verlust zulasse und wahrnehme. Gerade als Freund oder als nicht in erster Linie betroffenes Familienmitglied werde ich möglicherweise erst dadurch die Veränderung in meinem Leben auch rational begreifen und annehmen können. Den Weg zu gehen, ganz bei sich selbst zu bleiben und alles, was mit dem Tod und der daraus entstehenden Trauer zusammenhängt, allein mit sich auszumachen, kann von der Persönlichkeit abhängen, davon, dass ich ohnehin nicht gern über Gefühle rede oder sie anderen zeige. Wenn mir das entspricht und sich für mich gut und entlastend anfühlt, ist es *mein* Weg. Nach außen sichtbar, sozusagen öffentlich zu trauern, ist keine Voraussetzung dafür, die Situation bewältigen zu können.

Verhalte ich mich jedoch nur deshalb so, weil auch sonst niemand darüber spricht und ich Sorge habe, andere zu belästigen oder aus Angst vor deren Reaktionen, dann ist das für mich nicht der sinnvollste Weg, weil er meinen eigentlichen Bedarf nicht deckt.

Begegnungen

> *Lange saßen sie dort und hatten es schwer,*
> *doch sie hatten es gemeinsam schwer,*
> *und das war ein Trost.*
> *Leicht war es trotzdem nicht.*[24]

Sich zu zeigen und die jeweils eigene Trauer miteinander zu teilen, ist ein für viele ungewohnter und schwierig anmutender Weg, mit Trauergefühlen umzugehen. Während der Austausch von erfreulichen Nachrichten, aber auch von Alltagsproblemen oder unangenehmen Erlebnissen andauernd stattfindet, bleibt das Thema Trauer sehr oft ausgeschlossen.

Und es ist tatsächlich nicht unbedingt ein leichter Weg, die emotionalen Hürden zu überwinden und sich mitzuteilen und gleichzeitig offen auf die Empfindungen des Gegenübers einzulassen. Zunächst kann dieser Weg sogar anstrengender und unwägbarer erscheinen. Um sich jedoch nicht fremd zu werden, ist es entscheidend, sich auch bei diesem schwierigen Thema nahe zu bleiben und zu erleben, wie der andere mit seiner Trauer umgeht. Dabei geht es überhaupt nicht darum, andere von den eigenen Gefühlen zu überzeugen oder um lückenloses Verständnis.

Wenn ich an einer wichtigen Entwicklung im Leben eines mir nahestehenden Menschen nicht teilnehme oder den anderen an meiner Entwicklung nicht teilhaben lasse, trennt das. Es fehlt der Teil des gemeinsamen Erlebens, der mir das Verhalten des anderen verständlich macht, das auch zukünftig verändert sein kann.

Ob Freund oder Familienmitglied, das Miteinander und gegenseitige Begleiten muss nicht zwangsläufig in einem konkreten oder gar lösungsorientierten Gesprächsaustausch

---

24 Astrid Lindgren, Die Brüder Löwenherz

bestehen, sondern kann sich ganz schlicht auf Nähe beschränken und darauf, füreinander da zu sein und Zeit miteinander zu verbringen.

Gemeinsames Trauern und gegenseitige Unterstützung kann sich durch die der Gefühle und unterschiedliche Lebenssituationen als schwierig herausstellen, besonders innerhalb der Familie, aber auch mit Freunden. Gerade wenn jemand sehr stark von Trauer betroffen ist, fällt es schwer, Toleranz und Verständnis dafür aufzubringen. Manchmal ist es schon schwierig, einen zeitlich *und* emotional passenden Moment zu finden, in dem für beide Seiten ein Austausch möglich ist. Dazu kommt, dass kein Verlust vergleichbar ist und deshalb das dann subjektive Einordnen in »schlimmer« oder »weniger schlimm« nicht hilfreich ist. »So eng verbunden wart ihr aber doch gar nicht?!« Nur weil ich es überraschend finde, dass ein Freund oder entfernter Verwandter für mich unerwartet intensiv trauert, ist das kein Grund, seine Gefühle für übertrieben zu halten oder in Frage zu stellen, denn ich *kann* das gar nicht beurteilen.

Die Trauer einer Mutter oder eines Vaters, deren erwachsenes Kind verstorben ist, beinhaltet andere Verlustgefühle als die Trauer eines hinterbliebenen Lebenspartners oder halbverwaister Kinder, von Geschwistern oder auch besten Freunden.

Einen Verlust bedeutet es indes für jeden von ihnen. Darum ist es an sich sehr wohl möglich, sich im Austausch zu Traurigkeit, Sehnsucht und der Erinnerung an die verstorbene Person zu begegnen. Voraussetzung dafür ist, dass eine Wertung ausbleibt und gleichzeitig Anerkennung für den Verlust des anderen spürbar wird.

Gemeinsames Trauern mit den Eltern
Heike, geb. 1964, kaufmännische Angestellte:[25]
Mein Vater redet nicht viel, macht keine blöden Sprüche. Als das mit Jürgen passiert ist, bin ich immer rübergerannt zu meinen Eltern, aber eigentlich immer zu meinem Vater. Meine Mutter redet viel mehr und kommt dann eher in ihre eigene Geschichte. Wenn ich bei Papa bin, dann weiß ich, ja, es ist meine Geschichte, und er nimmt mich mit meiner Geschichte.

Ich bin immer ins Krankenhaus gefahren und dann nach Hause gekommen und hab erzählt, wie es Jürgen geht. Papa war immer da und hat gesagt »Ja, Heike« und – das ist heute immer noch sein Standardspruch – »is aber auch alles ein Scheiß …!« Ich fühl mich da so behütet. Er ist auch mit zu Jürgen gekommen. Die beiden mochten sich sehr, haben vorher auch am Haus zusammengearbeitet, sie konnten stundenlang zusammenarbeiten, ohne zu reden. Das sind so ruhige Menschen, und das liegt mir so. Papa leidet auch total darunter, dass Jürgen nicht mehr da ist, aber er ist so bei *mir* und gibt mir so unendlich viel Kraft, wenn er nur so dasitzt. Er trauert in Stille mit mir, wir können zusammen schweigen. Papa kommt rüber, fragt, wie's mir geht, dann sag ich »Mir geht's gut« oder ich sag auch mal »Wie soll's mir gehen …?« Oder er fragt: »Gibt es was Neues?« »Nein«, sag ich, »es gibt nichts Neues.« Und dann setzt er sich zu mir aufs Sofa. Ich liege dann da, und Papa sitzt neben mir, manchmal bin ich eingekuschelt in einer Decke, wenn's mir nicht so gut geht, und dann ist er einfach da. Er nimmt nur so seine Hand und legt sie auf meine Schulter oder nimmt meine Hand und sagt nichts. Wir können schweigen, ja, wir trauern schweigend, aber trotzdem ganz intensiv und ganz kraftvoll und ganz innig verbunden. Wir reden nicht viel so wie »Weißt du noch, damals, Jürgen …«,

---

25 Jürgen, der Mann von Heike, verstarb 2011 an den Folgen von Bauchspeicheldrüsenkrebs. Die beiden haben gemeinsam einen Sohn und eine Tochter, der Vater starb am 19. Geburtstag des Sohnes, die Tochter war damals 16 Jahre alt.

wir wissen, wir sind jetzt in Gedanken beim gleichen Thema und wir müssen da nicht drüber reden. Ich fühl mich dann so »abgeholt«. Ich fühl mich auch nicht genervt. Er ist einfach da, und wenn ich sage »Papa, ich mag jetzt nicht mehr, ich möchte jetzt meine Ruhe haben«, dann kann ich ihn rausschmeißen. Ich kann auch sagen »Papa – heute nicht.« »Alles gut, alles klar. Komm ich morgen wieder.« Und er kommt. Er kann es auch gut annehmen. Papa akzeptiert das. Das ist toll, ich kann das gar nicht anders beschreiben.

Angefangen hat das eigentlich schon, als Jürgen im Krankenhaus lag. Als es immer deutlicher wurde, dass das nicht mehr gut wird. Als Jürgen dann noch mal zu Hause war – Papa ist manchmal auch knallhart –, hat er gesagt »Ja, ist ja auch gut, dass Jürgen noch mal zu Hause ist, dann sieht er noch mal sein Zuhause.« Auf der einen Seite bringt er das so ganz pragmatisch auf den Punkt – es ist einfach so, wie's jetzt ist. Meine Mutter bricht in Tränen aus und Papa sagt: »Gut, dass Jürgen noch mal da ist – soll er das jetzt noch mal alles gucken.« Das hat ja auch was mit Akzeptanz zu tun.

Seitdem ich dann immer abends alleine war, ist er eigentlich jeden Abend gekommen, seit fast einem Jahr. Ich bin jetzt allerdings manchmal abends auch nicht zu Hause, aber immer wenn ich da bin, kommt er. Oder er holt sich auch nachmittags eine Tasse Kaffee ab. Dann kommt er in die Küche, dann koch ich ihm Kaffee und dann bügele ich, und er sitzt einfach so da. Dann fühl ich mich so gut, ich fühl mich nicht allein. Ich bin so froh, dass ich ihn hab.

Wenn sich jedoch herausstellt, dass der Austausch zur akuten Trauer mit einem nahen Angehörigen oder guten Freund nicht funktioniert oder mir nicht guttut, kann und sollte ich ihn nicht erzwingen, sondern eher vermeiden, auch wenn ich bisher vieles ganz selbstverständlich mit diesem Menschen geteilt habe. Es kommt nicht selten vor, dass beide Seiten trauern und trotz gegenseitigem Mitgefühl nicht in der Lage sind, dabei zusammenzufinden. Den Konflikt zu meiden und sich zu dem Thema in Ruhe zu lassen, solange es miteinander nicht passt, kostet in einem solchen Fall weniger Kraft und heißt nicht zwangsläufig, dass die Verbindung abreißen muss. Es bedeutet auch keine Infragestellung der grundsätzlich innig-herzlichen Verbindung.

Meine Mutter – es tut mir auch leid für sie. Heute Morgen kam sie und ich merkte, sie wollte ein bisschen reden. Ich konnte nicht. Dann kommt sie mit Geschichten und so unwichtigem Kram für mich, wo ich denke »Mama, ich kann das jetzt nicht, ich will das nicht«. Dann habe ich auch ein schlechtes Gewissen, weil ich sie im Moment ein bisschen vernachlässige. Das muss ich ganz klar so sagen. Mit Mama kann ich gemeinsam nicht trauern, das ist schwierig. Sie trauert auch unendlich. Sie hat vor kurzem noch ihre Schwester verloren. Also sie ist auch irgendwo alleine, das weiß ich. Es tut ihr unendlich leid um Jürgen und mich, um die Kinder ... Aber trotzdem kann sie das nicht so rüberbringen, und ich kann es nicht so nehmen.

Ich weiß, was ihr gutgetan hat. Das Hospiz hatte im November einen Gedenkgottesdienst veranstaltet. Da bin ich hingefahren, ich hab meine Schwiegereltern informiert, meine Eltern sind auch mitgekommen, und meine Schwester und ihr Mann waren auch da. Die Kinder, Timo und Linda, wollten nicht mit, ist auch okay. Und da saß ich zufällig neben Mama. Dieser Gottesdienst war toll. Die einzelnen Mitarbeiter haben jeweils eine Trauergeschichte erzählt und wie derjenige damit umgeht. In der Mitte des Gottesdienstes hatten sie vorne eine große Schale aufgestellt, und jeder sollte eine Kerze anzünden. Ich bin da nach vorne gegangen, hab diese Kerze angezündet und bin völlig zusammengebrochen. Und dann hab ich mich wieder hingesetzt und saß neben meiner Mutter. Sie hat mich da in den Arm genommen, und ich hab die ganze Zeit tierisch geweint. Hinterher hat sie mir erzählt, wie schön sie diesen Nachmittag fand. Und ich weiß genau, warum sie den schön fand: Weil sie in dem Moment Nähe zu mir hatte.

> Weil ich ihr mal nahe war und wir irgendwie eine Verbindung hatten, eine Basis.
>
> Ich nehme es mir manchmal auch vor, »Geh doch mal zu Mama rüber und trink mit ihr einen Kaffee ...« Ich kann's nicht im Moment ... Ich weiß, dass ihr das auch fehlt. Aber ich muss erst mal sehen, was ich brauche. Ich kann da jetzt auf andere – so hart das auch klingt – keine Rücksicht nehmen.

Fast jeder kennt das Gefühl, für jemanden Liebe zu empfinden, obwohl im direkten Austausch verschiedene Ansichten und Reaktionsweisen immer wieder zu Konflikten führen. Allerdings sollten beide verstanden haben, warum dieses Thema nicht mehr ausführlicher besprochen wird.

Eine andere Problematik kann sich daraus ergeben, dass der Verstorbene das emotionale Bindeglied oder vielleicht ein ausgleichender Puffer zwischen zwei um ihn trauernde Personen war. In dieser Situation kann die gemeinsame Trauer zwar tatsächlich auch verbinden und positive Auswirkungen auf die direkte Beziehung haben, relativ häufig führt die entstandene Lücke aber zu größerer Distanz, die sich nur gemeinsam überbrücken lässt. Manchmal brechen jedoch alte Konflikte wieder massiv auf und eine vorher aus Rücksicht auf den Verstorbenen unterdrückte Abneigung, Spannung oder gar Feindseligkeit kommt erneut hervor.

Trauernde, die sich gegenseitig mit Vorwürfen, Schuldzuweisungen und persönlicher Kritik belasten, lassen in solchen Auseinandersetzungen teilweise der geballten Wucht ihrer Trauergefühle freien Lauf und richten ihren Schmerz, ihre Bitterkeit und Wut auf die plötzlich zum Gegner gewordene Person. Das Ausmaß, das derartige Konflikte annehmen können, ist erschreckend und nur mit Blick auf die Unberechenbarkeit schwer verletzter Tiere zu begreifen. Verletzungen, die sich in einer solchen ohnehin sehr emotionalen Zeit zusätzlich zugefügt werden, hinterlassen meist auf Dauer Spuren. Der Tod eines Familienmitgliedes kann aus solchen

Gründen in manchen Fällen zum völligen Zerwürfnis innerhalb der Familie und auch zur Auflösung vorher fester Freundeskreise führen.

Ob das vermittelnde Eingreifen anderer Angehöriger oder Freunde daran etwas ändern kann, hängt ganz von der jeweiligen Situation ab. So gut wie immer gilt dabei aber: Es gibt viele Verlierer und keinen wirklichen Gewinner. Das betrifft ebenso Konflikte, die rund um das Thema Erbschaft entstehen können. In einem Zeitraum, der von sehr heftigen Gefühlen vieler bestimmt wird, macht etwas Geduld, Rücksicht und das Verschieben von einflussreichen Entscheidungen nicht selten den entscheidenden Unterschied. Entscheidungen, die die Zukunft mehrerer Menschen betreffen, mit etwas Abstand später erneut zu überdenken, kann unschätzbar viel im Hinblick auf das weitere Zusammenleben bedeuten. Es liegt nicht in unserer Macht zu verhindern, einen Menschen durch den Tod zu verlieren, die Verantwortung jedoch, zum Beispiel Enkelkindern erklären zu müssen, dass sie auf ganz andere Weise nun auch noch ihre Großeltern verlieren, liegt bei uns, den Erwachsenen. Auch eine langjährige Freundschaft ist es in den meisten Fällen wert, wenigstens den Versuch zu wagen, wieder aufeinander zuzugehen.

Trauerklischees

Den persönlichen Umgang mit Tod beziehungsweise der Trauer als Richtlinie zu nehmen funktioniert erfahrungsgemäß nur selten. Und ohne darüber zu sprechen eigentlich nie.

Menschen, die selbst noch keine Trauererfahrung gemacht haben, orientieren sich häufig an den gesellschaftlich verbreiteten Vorstellungen, wenn sie selbst mit Trauer konfrontiert werden. Auf diese Weise werden unzutreffende Klischees oder schlicht falsche Annahmen immer aufs Neue verbreitet.

Beurteilung der Trauer bei anderen
Ilka, geb. 1968, Erzieherin:[26]
Es gab Momente, wo ich wütend war auf meine Umwelt, ich war wütend auf alle, dass die dieses Glück hatten und ich halt nicht. Aber ich hab mich dann immer wieder zurückgenommen und hab gedacht, ihr könnt es ja nicht wissen.

Bei uns in der Straße war eine junge Frau, die hat ihren Mann verloren, die kannte ich nur flüchtig. Sie hat ziemlich kurz nach dem Tod ihres Mannes eine Tupperparty gegeben, bei der ich auch war. Da war ich so fassungslos und hab gedacht, wieso kann die eine Tupperparty geben, die hat gerade ihren Mann verloren. Und ich weiß, dass ich die auch wie so ein Alien betrachtet hab.

Daran hab ich mich später immer erinnert, denn ich hätte mit Sicherheit vorher nicht anders reagiert, weil ich es ja nicht besser wusste. Man macht es ja nicht böswillig.

Diese Frau hat dann relativ schnell einen neuen Partner gehabt, und ich weiß, dass ich sie auch innerlich verurteilt hab. Nicht öffentlich, aber für mich gedacht habe ich, na, so groß kann die Liebe ja nicht gewesen sein, wenn sie so schnell einen neuen hat … Dafür schäme ich mich heute, und denke, »du hast keine Ahnung gehabt«.

Es gab dann auch bei mir Leute, zu denen der Kontakt abgebrochen ist, aber bei meinen guten Freunden hab ich mich immer bemüht, etwas zu sagen, und mich bemüht, es zu erklären. Die haben oft gesagt, »ja aber wir können es nicht wissen und das kannst du von uns auch nicht verlangen« – und da hab ich gesagt, »aber ich will, dass ihr es wisst und ihr es euch vorstellen könnt, wie es ist«.

Gerade war ich mit einem befreundeten Pärchen unterwegs, und die Frau hat mir erzählt, dass sie wieder auf einer Beerdigung war. Sie sagte dann, dass ihr so viele Dinge von mir noch im Ohr

---

26 Tobias, der Mann von Ilka, verunglückte 2008 tödlich mit dem Motorrad.

sind. Und als sie sich dort überlegt hat, was sag ich denn, hat sie sich an vieles gut erinnert.

Jemand hat mal zu mir gesagt: »Oh, ich würde dir das so gern abnehmen«, und da hab ich geantwortet: »Das willst du nicht. Spinn nicht rum, keiner will das, das ist gelogen.« Und meiner Freundin ist dieser Spruch so in ihrem Kopf geblieben, dass sie bei der Beerdigung immer gedacht hat, sag das nur nicht. Du kannst alles sagen, aber das nicht.

Zeitliche Festlegungen wie »Die ersten Wochen sind die schlimmsten« oder »Trauer dauert ein Jahr« gehören hartnäckig ebenso zu den falschen Klischees wie stereotype Aussagen zu Inhalt und Ablauf von Trauer: »Trauer muss oder kann abgearbeitet werden, dann ist sie weg.« Eine solche Vorgabe verunsichert Trauernde, die ein Ende ihrer Trauer nicht feststellen können. Trauer endet nicht irgendwann, sondern die Gefühle, der Schmerz verändern sich, und man lernt mit der Zeit, besser damit zu leben. Trotzdem kann vergangene Trauer manchmal wieder hervorkommen, beispielsweise wenn ein erneuter Todesfall eintritt. Die Zeit heilt *nicht* alle Wunden.

»Du musst loslassen und mit dem Verstorbenen sowie der Vergangenheit abschließen – du musst nach vorn schauen.« Diese bis vor kurzem selbst von Fachleuten noch unterstützte Forderung schockiert Trauernde, weil von ihnen etwas verlangt wird, was sie weder wollen noch können. Zu Recht, denn es ist förderlich, tröstlich und ganz normal, langfristig die Bindung zu erhalten (wenn auch in gewandelter Form) und dem Verstorbenen einen neuen Platz im eigenen Leben zu geben, anstatt ihn auszuschließen. Diese aus den Erfahrungen Betroffener gewonnene Erkenntnis setzt sich inzwischen in der professionellen Arbeit mit Trauernden immer mehr durch.

Die aus wissenschaftlicher Sicht entwickelte These »Trauer verläuft in einer absehbaren Abfolge von Phasen« ist ebenfalls zu hinterfragen. Niemand trauert real in »Phasen«, und nicht jeder durchlebt dasselbe. Viele erleben ihre Trauer als ein Hin und Her, als einen Wechsel von Zuständen und Gefühlen, die sich in unregelmäßigen Abständen auch wiederholen können. Das auszuhalten, ist für alle Beteiligten an sich schon schwer – noch schwerer aber fällt es, wenn der Eindruck entsteht, dass die persönliche Trauer nicht dem offenbar allgemeingültigen Verlauf entspricht. Sich über die Inhalte von Trauerprozessen zu informieren, kann eine grundsätzliche Orientierungshilfe sein, ebenso die Beschreibung der Trauerphasen; jedoch sollten individuelle Reaktionen nicht an generalisierten Beschreibungen gemessen oder überprüft werden.

Der Wunsch, eine konkrete und einfach zu befolgende Anleitung für den Umgang und das Bewältigen von Trauer zu bekommen, am besten eine Handlungsanweisung, ist nur zu verständlich, kann aber von niemandem erfüllt werden. Eigenes Erleben, Ausprobieren, Spüren, Abwägen und Annehmen sind Teil des individuellen Trauerprozesses. In diesem Ringen um die Ausgewogenheit verschiedener Kräfte sieht beispielsweise der Psychologe Hans Goldbrunner ein ganz charakteristisches Merkmal von Trauer. Es geht darum, eine Balance zu finden zwischen Aushalten und Vermeiden von Schmerz, zwischen Gefühl und Verstand, Aktivität und Passivität sowie zwischen Ablösung und dem Erhalt der Bindung. Eine Balance, die jeder nur für sich persönlich ermitteln kann.

Freizeit und Urlaub

Gemeinsame Unternehmungen im Familien- oder Freundeskreis stehen über einen längeren Zeitraum unter dem Einfluss der Tatsache, dass der Verstorbene nicht mehr dabei ist – er fehlt. Ob ausgesprochen oder verdrängt, dieses Gefühl ist bei manchen durchgehend, bei anderen zumindest in bestimmten Momenten und Situationen vorhanden. Zufällig den traurig verlassenen Blick des hinterbliebenen Partners aufzufangen, wenn ich gerade meinen Mann umarme und möglicherweise geküsst habe, löst ungewohnte Empfindungen aus: Verlegenheit, vielleicht spontan empfundenes Mitgefühl und gleichzeitig auch so etwas wie ein schlechtes Gewissen, dass ich mich an etwas freuen kann, was dem anderen weggenommen wurde. Beide fühlen sich irgendwie unwohl, denn keiner will den anderen absichtlich traurig machen – und man tut es doch, einfach weil die Situation ist, wie sie ist. Solche Bewandtnisse wird es immer wieder geben, und beide Seiten müssen lernen, sich ganz langsam damit vertraut zu machen, sich den veränderten Umständen Stück für Stück anzupassen und auch hier eine neue, für alle lebbare Balance zu finden. Denn ein Verbot von Händchen haltenden oder sich küssenden Paaren ist für die Trauerzeit ebenso wenig zumutbar wie provokativ demonstrierte Zärtlichkeiten direkt vor der Nase des Trauernden.

Das Motto »Wir machen das einfach so wie immer« stellt sich in vielen Fällen als genauso schwierig heraus, wie etwas neu zu betrachten und bewusst anders anzugehen. Ein gewohnter Ablauf kann, auch wenn alle anderen Umstände gleich sind, ohne den Verstorbenen niemals »wie immer« sein, das ist eine Illusion. Weder ein gemeinsamer Ausflug noch ein Urlaub am selben Ort wird je wieder in gleicher Konstellation verbracht werden können. Veränderungen ergeben sich von selbst, sie können aber auch überlegt vorgenommen werden. Es gilt, anderes auszuprobieren und möglichst offen für Neues zu sein, und dies gilt für Inhalte, Orte und auch Menschen, die in eine vertraute Runde neu hinzukommen. Eventuell ist auch die Akzeptanz gefragt, den zeitweiligen Rückzug eines Trauernden ohne Vorwurf anzunehmen und abzuwarten, was sich entwickelt. Bei nicht wenigen Trauernden ergibt sich neben dem alten mit der Zeit ein ganz neuer Freundeskreis, und es ist nicht immer einfach, eine Verbindung zwischen beiden herzustellen.

Veränderungen, die sich aus dem grundsätzlich traurigen

Anlass ergeben, müssen jedoch nicht durchweg schlecht sein und Notlösungen bleiben. Im Gegenteil: Ungewohnte Ideen und neue Unternehmungen können für alle dazu beitragen, die eingefahrene Routine zu durchbrechen und neue Erfahrungen zu machen. Auf diesem Weg kann auch das eigene Leben mit anderen, vielleicht sogar wieder etwas wacheren und neugierigeren Augen betrachtet werden.

Neue Partnerschaft

Gerade bei jünger verwitweten Menschen kommt früher oder später der Gedanke an einen neuen Partner auf. Häufig spricht das Umfeld dieses Thema viel früher an, als der Trauernde selbst es zulassen kann, aber auch bei ihm stellt sich irgendwann zumindest der Wunsch ein, nicht allein bleiben zu wollen. Die Sehnsucht nach Zweisamkeit wird spürbarer. Wenn sich dann tatsächlich eine neue Partnerschaft ergibt, überwiegt im Freundeskreis meist die Freude darüber, dass eine positive Veränderung im Leben des Freundes stattfindet. Diejenigen, die mit dem verstorbenen Partner persönlich eng verbunden waren, verspüren vielleicht gleichzeitig einen Stich, weil ein anderer Mensch nun sichtbar an die Stelle tritt, die in Gedanken oft noch der Verstorbene ausfüllt. Sich klarzumachen, dass der neue Partner weder ein Ersatz ist noch sein soll, sondern dass da ein neuer Mensch dazukommt, ist wichtig, um sich für den anderen uneingeschränkt mitfreuen zu können. Der Platz, den der Verstorbene bei Freunden und Familienangehörigen innehatte, bleibt dadurch unangetastet. Dass jemand Neues in das Leben des verwitweten Freundes kommt, kann auch für das eigene eine Bereicherung sein. Diesem Menschen möglichst vorbehaltlos eine Chance zu geben, ist nur fair. Unsicherheit und eine gewisse Verletzlichkeit sind meist bei allen Beteiligten vorhanden, Vorurteile und Vergleiche dagegen sind wenig förderlich und können eine im Grunde erstrebenswerte Entwicklung unnötig verkomplizieren.

Der eigenen Familie und ganz besonders der Schwiegerfamilie einen neuen Partner vorzustellen, fällt hinterbliebenen Partnern oft noch schwerer als im Freundeskreis, weil viele Familienmitglieder von besonders tiefer Trauer um den Verstorbenen betroffen sind. Die schon beschriebenen Hinweise, die es nahen und noch selbst trauernden Freunden vielleicht erleichtern, den neuen Partner nicht nur zu tolerieren, sondern auch anzunehmen, können ebenso für Familienmitglieder sinnvoll sein. Der vielleicht noch vorhandene eigene Schmerz hat weiterhin Berechtigung und muss auch nicht weggedrückt werden, denn es ist möglich, gleichzeitig einer Veränderung Raum zu geben, die für den Partner des Verstorbenen einen Schritt nach vorn bedeutet. Gegenseitige Rücksicht und Behutsamkeit im Umgang helfen, jedem die Zeit zu lassen, die er braucht, um sich an die neue Situation zu gewöhnen. Traurigkeit und Freude stehen oft im Widerspruch, wenn der Schwiegervater, der seine Tochter verloren hat, eine andere Frau an der Seite des Schwiegersohnes sieht. Ebenso braucht der Schwager, der seinen Bruder verloren hat, vielleicht eine Weile, bevor er sich auf den neuen Partner an der Seite seiner Schwägerin einlassen kann. Rücksichtnahme auf den emotional Schwächeren kann bedeuten, dass hier die beiden neuen Partner etwas mehr gefordert sind, denn eine Partnerschaft gibt spürbar Auftrieb und Energie.

Die Familie kann die Chance auf ein verändertes und harmonisches Miteinander nutzen, indem sie den neuen Partner nicht am Verstorbenen misst, sie oder ihn im Prozess des Kennenlernens also nicht andauernd vergleicht, sondern offen für einen ganz neuen Menschen ist. Das neue Paar kann diese Chance vergrößern, indem es sich geduldig und einfühlsam verhält, denn durch ihre Zweisamkeit wird den anderen noch einmal deutlich, dass der Verstorbene wirklich nicht mehr da ist.

Reaktion auf die zweite Heirat
Gudrun, geb. 1964, kaufmännische Angestellte:[27]
Es gab ganz viele Reaktionen. Mein Sohn hat gesagt: Na endlich, ich hab gedacht, ihr heiratet gar nicht mehr. So ganz trocken. Also die Kinder haben sich alle gefreut, meine Freunde, die Eltern, die Familie und seine Eltern auch. Ich habe es meinem ersten Schwiegervater erzählt, und er hat sich auch ganz doll gefreut.

Ich wohne ja jetzt in dem Dorf, wo Bernd auch früher schon gewohnt hat. Ich bin in seine Wohnung eingezogen und kenne jetzt ganz viele von den Freunden und Bekannten seiner früheren Frau. Und es war total klasse, weil die sich auch alle gefreut haben.

Die schönste Reaktion war eigentlich die von der besten Freundin seiner Frau, die wir zur Hochzeit eingeladen haben. Sie kam und sagte dann irgendwann zu mir, dass sie das nicht geahnt hat, dass alle das nicht geahnt haben, und als die Einladung kam, dass sie da erst richtig erschrocken war, dann geschluckt hat, und sie sich dann aber auch gefreut hat. Durch die Hochzeit wurde es ihr richtig bewusst, dass ihre Freundin weg ist, dass die nicht wiederkommt. Das war ja schon sechs Jahre her, aber trotzdem, sie hat das so richtig bewusst artikuliert, und das fand ich ganz schön.

Patchwork

Die Chancen und Schwierigkeiten, die sich aufgrund einer neuen Partnerschaft in sogenannten Patchworkfamilien ergeben, sind heute vielen bekannt. Sind es Konstellationen mit verwitweten Partnern und halbverwaisten Kindern, so kommt dem Faktor Trauer besondere Bedeutung zu. Den Einfluss von Trauer zu beachten und bei der gegenseitigen Annäherung einzubeziehen, verlangt einen ebenso offenen

---

27 Olliver, der erste Mann von Gudrun, verstarb 2004 an einem Herzinfarkt. Die beiden haben gemeinsam eine Tochter und einen Sohn, damals 15 und 13 Jahre alt. 2011 haben Gudrun und Bernd geheiratet, beide zum zweiten Mal. Bernd ist seit 2005 ebenfalls verwitwet und hat eine Tochter und einen Sohn, bei der zweiten Heirat 18 und 21 Jahre alt.

Umgang mit Tod, Sterben und Trauer wie mit all den Themen, die nach Trennungen und beim Hinzukommen neuer Familienmitglieder relevant sind. Dies gilt ganz besonders in Hinblick auf die Kinder.

Die Erwartung seitens der Erwachsenen, dass der neu hinzu kommende Partner gleichzeitig auch als neuer Vater oder als neue Mutter akzeptiert wird, überfordert Kinder und Jugendliche in der Regel völlig. Sie sollte deshalb erst gar nicht als Anforderung im Raum stehen. Bei vielen von ihnen, selbst den noch kleinen, ist dieser Platz vom verstorbenen Elternteil ganz klar besetzt (genauso wie bei Kindern, deren Eltern sich getrennt haben), und sie können und wollen niemand anderen anstelle des Verstorbenen annehmen. Wenn sich, meist bei kleineren Kindern, die Verbindung so vertrauensvoll entwickelt, dass sie aus eigenem Antrieb irgendwann den neuen Partner mit »Papa« oder »Mama« ansprechen möchten, ist das sicherlich eine große Auszeichnung, für ein gelingendes Miteinander jedoch keine zwingende Voraussetzung. Das vielleicht sogar befriedigende Gefühl, quasi zwei Väter oder zwei Mütter zu haben, kann sich nur auf Zeit entwickeln und setzt sehr viel mehr als Sympathie voraus. Die Rolle, die sie dem neuen Partner in ihrem Leben zugestehen, können die Kinder nur selbst bestimmen und mit der Zeit verändern. Echte Zuneigung kann man nun mal nicht einfordern ...

Es ist wesentlich, den Kindern ihren Bezug und auch ihre Trauer um das verstorbene Elternteil zu lassen, ihnen Raum für die Auseinandersetzung damit zu geben und die auch gemeinsame Erinnerung weiter frei zuzulassen oder aktiv zu unterstützen. Das schafft eine gute Grundlage dafür, dass Kinder jemand Neuem positiv gegenüberstehen und diesen Menschen gewissermaßen als »Zugewinn« betrachten anstatt als Bedrohung. Geduld und das Akzeptieren von Zurückhaltung sowie eventueller Abwehr gehören ebenfalls zu diesem Prozess, genauso wie zeitlich und räumlich Rückzugsmöglichkeiten zu schaffen. Auch wenn das noch so schwerfällt und anstrengend ist.

> ### Zusammenwachsen
> *Gudrun, geb. 1964, kaufmännische Angestellte:* [28]
> Bei meinen Kindern ist ihr Vater eher präsent als bei Bernds Kindern ihre Mutter, die gehen anders damit um. Aber das gehört zu unserem Leben dazu, die haben alle ihren Platz. Ich glaube, das wäre sonst auch für die Kinder schlimm. Gerade wo wir jetzt geheiratet haben, jetzt sind wir ja wieder so eine Familie, Vater, Mutter, Kinder. Aber wir hatten nie Probleme. Seine Kinder lassen sich von mir was sagen, und meine Kinder akzeptieren Bernd auch, jetzt nicht als Vater, aber wie einen Ratgeber, wie einen Kumpel, so von Mann zu Mann. Sie akzeptieren ihn, weil sie ja auch wissen, dass es mir gutgeht. Meine Kinder wissen, dass ich ihren Vater nicht vergessen habe, sondern dass er dazugehört. Nicht nur ich musste bereit sein für eine neue Partnerschaft, auch meine Kinder. Auch sie brauchten einfach Zeit. Ich glaube, man sollte sich wirklich die Zeit lassen, die man braucht. Mit Krampf geht das nicht.

Nicht nur deshalb ist es empfehlenswert, sich auch als trauerunerfahrener Erwachsener dem Thema Trauer bei Kindern und Jugendlichen zu öffnen und sich darüber zu informieren. Das kann den Umgang mit unverständlich erscheinendem Verhalten erleichtern und größere Sicherheit geben. Gleichzeitig kann das erworbene Wissen eine große Unterstützung sein, wenn in der Patchwork-Konstellation Kinder zusammenwachsen sollen, deren Erfahrungen mit Tod und Trauer ganz unterschiedlich sind.

28 Olliver, der erste Mann von Gudrun, verstarb 2004 an einem Herzinfarkt. Die beiden haben gemeinsam eine Tochter und einen Sohn, damals 15 und 13 Jahre alt. 2011 haben Gudrun und Bernd geheiratet, beide zum zweiten Mal. Bernd ist seit 2005 ebenfalls verwitwet und hat eine Tochter und einen Sohn, bei der zweiten Heirat 18 und 21 Jahre alt.

Ein neuer Partner kann den verstorbenen nicht ersetzen, dennoch ist er in der Lage, die Rolle als Lebenspartner auf seine Weise auszufüllen. Die Rolle eines leiblichen Vaters oder einer leiblichen Mutter ist naturgemäß einmalig und kann von niemandem vollständig ausgefüllt werden. Das anzuerkennen bedeutet jedoch nicht, dass die emotionale Verbindung, die zwischen dem neuen Partner und den Kindern entsteht, nicht ebenfalls eine Ebene erreichen kann, die einer Mutter- oder Vaterbindung gleichkommt. Ebenso kann sich unter den neu miteinander verbundenen Kindern eine tiefempfundene Geschwisterbindung entwickeln. Beispiele dafür gibt es viele.

Von den Kindern oder Jugendlichen als guter und verlässlicher Freund oder Freundin angenommen zu werden, als Person, der sie vertrauen und die sie respektieren, ist nicht nur ausreichend, sondern ein großer Erfolg und ein gutes Ziel für das Zusammenleben in neuer familiärer Gemeinschaft.

3. Kapitel **Kinder und Jugendliche**

Ein Elternteil stirbt

Die eigene Familie ist ein geschützter sozialer Raum, in dem Kinder und Jugendliche, begleitet von der elterlichen Fürsorge, aufwachsen und sich entwickeln können. Wenn die Familie einigermaßen intakt ist, bietet sie Sicherheit und Geborgenheit, gibt Halt und Orientierung. Die meisten Eltern wollen ihren Kindern Vertrauen, Liebe, Respekt sowie Werte vermitteln, die im Leben wichtig sind. Im Unterschied zu einem Freundeskreis kann sich niemand die Mitglieder seiner Familie aussuchen, jeder muss sich mit den einzelnen Personen irgendwie arrangieren, dafür ist die familiäre Verbindung jedoch auch eine sehr besondere. Sie besteht lebenslang und lässt sich nicht durch Worte oder Handlungen beenden: Meine Mutter wird immer meine Mutter sein, mein Bruder immer mein Bruder. Trotz eventuell entwicklungsbedingt vorhandener Konflikte innerhalb einer Familie, nennen Kinder *und* Jugendliche bei der Frage, was ihnen wichtig ist, Familie an erster Stelle, noch vor Eigentum und Geld.

Die gerade in Krisenzeiten stabilisierende Basis, das sichere Gefüge, das die eigene Familie für Kinder und Jugendliche darstellt, wird durch den Tod von Vater oder Mutter auf unbegreifliche Weise dramatisch erschüttert. Wie weit auch immer das Verständnis für Sterblichkeit altersgemäß entwickelt ist, die Vorstellung, dass die eigene Mutter, der eigene Vater oder

Geschwister sterben können, wird auch von älteren Kindern überwiegend verdrängt.

Der Tod von Mutter oder Vater kann Kindern für lange Zeit eine Orientierung schwermachen. Der bisher verlässliche familiäre Kompass dreht sich plötzlich wild, und er zeigt nicht mehr wegweisend die Richtung an, in der es weitergehen wird.

Es gibt keine Möglichkeit, die Kinder davor zu schützen, den Verlust und die Trauer um das Elternteil emotional zu erleben und aushalten zu müssen. Mitunter können sie durch die Unerfahrenheit und Hilflosigkeit ihrer Umwelt jedoch sogar mehr belastet und überfordert sein als durch die grundsätzliche Konfrontation mit Tod und Sterben. Gerade jüngere Kinder sind oftmals in der Lage, sich überraschend offen, feinfühlig und unbefangen mit dem Thema auseinanderzusetzen, wenn sie dabei kindgerecht begleitet werden.

Eine Voraussetzung dafür ist, den Blick nicht ausschließlich auf die Trauer um Vater oder Mutter zu richten, sondern gleichzeitig auch die Folgen des Verlustes für das Kind mit einzubeziehen: Eine wichtige Bezugsperson ist nicht mehr da, und die anderen sind überwiegend angeschlagen und zum Teil für eine ganze Weile emotional nicht stabil und verlässlich. Das bekannte Beziehungsgeflecht innerhalb der Familie ist durch den Tod zerrissen, sichere Verbindungen fallen plötzlich weg und müssen mühsam und vorsichtig neu geknüpft werden. Das entstandene Loch unsichtbar zu stopfen, wird unmöglich sein, aber ein erster Schritt ist, es zunächst an den Kanten zu sichern, um dann neue, haltbare Fäden über die offene Stelle hinweg zu spinnen, damit niemand ohne Halt zu finden immer wieder ins Leere fällt.

Krankheit

Die längere Krankheitsphase eines Elternteils verändert das familiäre Leben in nahezu allen Bereichen und nimmt unterschiedlich Einfluss auf die täglichen Abläufe jedes einzelnen Familienmitglieds. Im Gegensatz zu Einzelkindern sind Geschwisterkinder zwar schon daran gewöhnt, Aufmerksamkeit und Zuneigung seitens der Eltern teilen zu müssen, aber plötzlich quasi in Konkurrenz zu einem der Elternteile zu stehen, ist auch für sie eine irritierende, unerwartete und hohe Anforderung. Selbst wenn die sichtbare Pflegebedürftigkeit rational eine Erklärung bietet, ist der Anspruch, hinter Vater oder Mutter zurückstehen zu müssen, für sie nicht »normal« und emotional schwer zu begreifen.

Schon während der Erkrankung steht das andere Elternteil deshalb unter immensem Druck, seine Kraft, Zeit und Aufmerksamkeit möglichst ausgleichend und gerecht zu verteilen, um, soweit es geht, zu vermeiden, dass bei den Kindern das Gefühl aufkommt, vernachlässigt und mit den eigenen Bedürfnissen nicht genug wahrgenommen zu werden. Das verantwortliche Elternteil steht so in vielen Fällen vor der im Grunde unlösbaren Aufgabe, neben der Belastung und den Sorgen um den kranken Partner immer darauf achten zu müssen, ob und wie die Kinder mit der Situation klarkommen, sowie im Bedarfsfall bei Schwierigkeiten rechtzeitig und richtig zu reagieren.

Aufbegehren, Trotz, offene oder unterschwellige Aggression und deutlich gezeigte Traurigkeit sind Verhaltensweisen, mit denen Kinder auf sich aufmerksam machen können und zeigen, dass sie zu kurz kommen. Wenn es auch anstrengend ist, so fällt es trotzdem manchmal leichter, mit diesen offensichtlichen Reaktionen umzugehen, als wenn Kinder sich schweigend zurückziehen, was ebenfalls häufig vorkommt. Schweigen ist unauffälliger und schwerer zu deuten. Oft wird das stille Leiden, mit dem Kinder ausdrücken, dass sie sich allein gelassen, überfordert, vielleicht sogar schuldig fühlen oder das Gefühl haben, nicht mehr geliebt zu werden, erst viel später bemerkt. Manchmal wünschen sich Kinder auch, selbst krank zu sein beziehungsweise krank zu werden, in der Annahme, zumindest dann so viel Aufmerksamkeit zu bekommen wie das kranke

Elternteil. Andererseits führt die bewusst oder auch unbewusst wahrgenommene Belastung des versorgenden Elternteils nicht selten dazu, dass Kinder – egal in welchem Alter – ihre eigenen Bedürfnisse unterdrücken oder verschweigen, um nicht noch zusätzlich eine Belastung zu sein. Ein Verhalten, das sie auf Dauer ebenfalls überfordert und von ihnen nicht geleistet werden kann, ohne Spuren zu hinterlassen. Ohnehin fordert der Zeitraum der Erkrankung von vielen schon eine größere Selbständigkeit, als im Normalfall von ihnen erwartet würde.

Da die ausschlaggebende Situation an sich nicht abzuändern ist, bleibt nur ein relativ geringer Spielraum, um die Kinder zu entlasten. Aufmerksames Beobachten, Gesprächsbereitschaft und Zuhören sowie möglichst ehrliche, aber behutsame Antworten auf Fragen können helfen, vertrauensvoll miteinander umzugehen und die Last, die so früh auf den Schultern der Kinder liegt, zu mindern. Sie sind – neben dem gesunden Elternteil – diejenigen, die vom Geschehen am stärksten betroffen sind. Das ernst zu nehmen und ihnen, wann immer es geht (und sie es auch möchten), Raum zu geben, ihre Empfindungen mitzuteilen, ist dem angemessen, was ihnen andererseits zwangsweise abverlangt wird: Sie müssen teilweise große Einschränkungen in Kauf nehmen, oft enorm zurückstecken, müssen mithelfen und Schweres aushalten. In der Situation wird von ihnen ein Maß an Verständnis erwartet, das weit über ihren entwicklungsbedingten Möglichkeiten liegt. Deshalb sollten sie auch erwarten können, über das normale Maß hinaus ernst genommen zu werden.

Begleitung von außen
Björn, geb. 1964, Fotograf:[29]
Unser Sohn wusste, dass seine Mutter sterben wird. Am Anfang war er sechs Jahre alt, ich glaube im Alter von etwa neun haben

---

29 Andrea, die Frau von Björn, erkrankte an ALS und verstarb 2003. Ihr gemeinsamer Sohn war damals 11 Jahre alt.

wir ihm erklärt, was los war. Wir haben es ein bisschen offengelassen, dass man nicht weiß, wann was passiert, aber wir haben schon auch versucht, ihm nahezubringen, dass das nicht für immer gehen wird. Wir haben eine Kinderpsychologin gesucht, die ihn einmal wöchentlich und später alle vierzehn Tage eingeladen hat zu Gesprächen, um einfach zu gucken, wie entwickelt er sich, wie geht es ihm. Belastet ihn das sehr, kann er damit umgehen, kann er sich trotzdem altersgerecht entwickeln. Das war ein ganz wichtiger Schritt für ihn, diese Unterstützung, er hat nie gern darüber geredet, aber er fand das immer gut, da hinzugehen. Es war unser Versuch, ihn vor einer Situation zu schützen, die wie bei einem Unfalltod oder einem Herzinfarkt plötzlich eintritt, wir wollten, dass er lernt, mit der Situation umzugehen.

Therapeutische Maßnahmen sowie auch Beratungs- oder Gruppenangebote für Kinder und Jugendliche, die mit Krankheit in der Familie konfrontiert sind, können sowohl die Kinder unterstützen, als auch den Eltern etwas mehr Sicherheit geben. Insgesamt geht es darum, die Kinder altersgerecht mit einzubinden, den Bedingungen entsprechend, aber auch gemäß ihren Möglichkeiten und eigenen Wünschen. Selbst kleinere Kinder können in die Versorgung des erkrankten Elternteils mit einbezogen werden. Sowohl in diesen Momenten als auch später im Rückblick macht sie das oft stolz und im Rahmen des Möglichen auch glücklich, weil sie etwas für ihren Vater oder ihre Mutter tun konnten.

Die Kinder einbeziehen
Andreas, geb. 1961, Berater:[30]
Ich bin relativ früh nach der Erkrankung zu »Phönikks« (Stiftung und Beratungsstelle für von Krebs betroffene Familien) gegangen,

---

30 Andrea, die Frau von Andreas, verstarb 2007 an den Folgen von Unterleibskrebs. Ihre beiden gemeinsamen Söhne waren damals 3 und 4 Jahre alt.

auch weil wir überhaupt nicht wussten, wie wir den Kindern diese Krankheit erklären können. Die haben mich sehr gut beraten, haben mir kindgerechte Literatur mitgegeben. Als ich dann im Krankenhaus die Diagnose bekam nach dem Motto, das ist jetzt definitiv nicht mehr zu heilen, haben wir zu zweit ein Gespräch mit unseren beiden Söhnen geführt, jedenfalls so weit es möglich war, der Kleine war ja erst drei. Wir haben uns aufs Ehebett gesetzt und alle ganz fürchterlich geheult und dann erklärt, dass Mama irgendwann sterben wird.

Die Kinder haben natürlich auch geweint, aber ich glaube, für sie war es nicht wirklich fassbar, weil sie nicht begreifen konnten, was es bedeutet. Eine Stunde später spielten sie schon wieder, es war ja auch nicht »schlimm« in dem Moment, weil es ja ganz normal weiterging. Es war sehr, sehr schmerzhaft, mit den Kindern darüber zu sprechen. Das war das schwierigste Gespräch meines Lebens.

Bei einer tödlichen Erkrankung oder wenn trotz vorheriger Hoffnung ein Wendepunkt eintritt und sich abzeichnet, dass der erkrankte Mensch sein Leiden nicht überleben wird, ist es eine unermesslich schwere Aufgabe, den Kindern zu sagen, dass ihre Mutter oder ihr Vater sterben wird. Wann, wie und an welchem Ort ein solches Gespräch geführt werden kann, hängt maßgeblich von den jeweiligen Umständen ab. Ob einer allein oder beide Elternteile gemeinsam mit dem Kind beziehungsweise den Kindern sprechen können, welches Alter die Kinder haben, wie viel oder wenig Zeit dem Erkrankten vermutlich noch bleibt – all das sind Einzelheiten, die Inhalt und Verlauf mitbestimmen. Es ist wohl eins der schwersten Gespräche, die Eltern mit ihren Kindern je führen müssen, aber es gibt keine Alternative, keine Möglichkeit, sich dem zu entziehen, wenn man die Kinder vor dem unmittelbaren Schock der plötzlichen Todesnachricht bewahren will.

Plötzlicher Tod

Wenn ein Elternteil völlig unerwartet verstirbt, gibt es keine Möglichkeit, Kinder vor diesem unmittelbaren Schock zu schützen. Ihnen genügend Aufmerksamkeit zu schenken und ihre Bedürftigkeit im unvermeidlichen Chaos des Geschehens und der Gefühle nicht zu übersehen, kann dann nicht allein die Aufgabe des verbliebenen, oft nahezu reaktionsunfähigen Elternteils sein. In einer solchen Situation sind zugleich andere Familienmitglieder und Freunde als Unterstützer und Ansprechpartner nötig und gefragt.

Ebenso wie bei Erwachsenen geht es darum, den Kindern Raum für alle ihre Gefühle und Reaktionen zu lassen und da zu sein, um ihnen Halt und Begleitung anzubieten. Es geht nicht um Trost, sondern zunächst nur darum, die Nachricht bei ihnen ankommen zu lassen und ihren Schmerz wahrzunehmen. Wenn die Kinder beim Sterben dabei waren, beispielsweise bei einem Unfall oder wenn sie den Verstorbenen tot aufgefunden haben – vielleicht sogar allein –, kann sich das traumatisierend auswirken und ein Erlebnis sein, das nur mit professioneller Hilfe zu verarbeiten und zu bewältigen ist.

Um zusätzliche Belastungen zu vermeiden, werden nicht selten gleich von Anfang an Entscheidungen über den Kopf der Kinder hinweg getroffen, die fürsorglich und in der Regel gutgemeint sind. Sie aus allem raushalten zu wollen, indem sie zu Freunden oder anderen Familienmitgliedern gegeben werden, oder sie wohlmeinend von Gesprächen auszuschließen, kann ihnen jedoch das Gefühl vermitteln, nicht richtig dazuzugehören. Es kann auch dazu führen, dass ihnen ein wichtiges Teilstück fehlt, um zu begreifen, was gerade passiert. Außerdem kann es schwer für sie sein, nicht wenigstens dem einen Elternteil nah sein zu können, wenn schon das andere unbegreiflicherweise nicht mehr da ist. Anstatt es ihnen leichter zu machen, können deshalb solche Entscheidungen den Kindern den Umgang mit ihrer Trauer unter Umständen erschweren. Es ist angebrachter, sie altersgemäß in die Entscheidungen einzubeziehen und sie zu fragen, was sie selbst möchten und brauchen. Die Antwort entspricht möglicherweise dem, was auch die Erwachsenen entschieden hätten, oder eben auch nicht. Wenn sie gefragt werden oder etwas angeboten bekommen, ist es vielfach überraschend, mit welcher Sicherheit selbst kleine Kinder ihr Empfinden zum Ausdruck bringen und sagen können, was sie möchten. Für ältere Kinder ist es genauso wichtig, in dieser Situation die familiären Bindungen zu spüren, auch wenn sie sich vielleicht still zurückziehen.

Wie beim Sterben nach Krankheit können die heftigen und schmerzlichen Gefühle ein gleichermaßen enges Miteinander bewirken. Das gegenseitige Zeigen von Schwäche und Verletztheit lässt oftmals eine noch tiefere Verbundenheit entstehen, auch wenn es für Kinder ganz gewiss schwer ist, Mutter oder Vater so leiden zu sehen. Eventuelles Weinen sowie Trauer und Verzweiflung zu zeigen ist jedoch der Schwere des Verlustes angemessen, nicht nur dem der Erwachsenen, sondern auch dem der Kinder.

Die Qual unserer Kinder[31]

2.12.: Mein Mann bricht bewusstlos im Auto zusammen, meine kleine Tochter ist bei ihm und erlebt mit 11 Jahren, wie der Notarzt durch die Nacht rast und ihr Papa reanimiert wird. Sie sitzt allein in seinem Auto, hat mich über Handy alarmiert. Als ich ankomme, sitzt sie mit starrem Gesicht im Wagen und starrt ins Nirgendwo. Der Notarzt bringt meinen Mann ins Krankenhaus, ich meine Große, 14, und meine Kleine nach Hause. Sage ihnen, er ist in guten Händen.

3.12.: Komme nach einer im Krankenhaus durchwachten Nacht nach Hause und versuche zu begreifen, was der Arzt mir gesagt hat: Mein Mann hat keine Chance, alle lebenswichtigen Funktionen sind außer Kraft gesetzt.

10 Uhr morgens: Ich gehe wie eine Marionette die Treppe hoch

---

31 Eintrag im Forum »Allgemein« von verwitwet.de, November 2003

ins Kinderzimmer. Große Augen sehen mich an, warten darauf, dass ich sage, alles wird gut. Doch ich muss ihnen sagen: »Die Ärzte haben gesagt, dass Papa sterben wird.« Augen, die mich ungläubig und entsetzt ansehen, lautes verzweifeltes Schreien: »Nein, nein, wir brauchen ihn doch noch!« Eine Flut von Tränen. Fluchtreaktion der Kleinen, sie will wegrennen. »Ich muss hier weg, ich muss hier weg!« Mit all meiner Kraft halte ich sie, halte sie fest, wiege sie wie ein Baby in meinem Arm, sitze zwischen meinen Mädchen im Bett und habe das Gefühl, dass mein Herz bricht.

4.12.: Mein Mann wird für hirntot erklärt ... aus.

Nächste Woche ist wieder der 2.12., dann der 4.12., und ich merke meinen Kindern an, dass sie mit ihren Gedanken in der Zeit vor drei Jahren sind. Ich habe meine Trauer gut verarbeitet, die schmerzliche Erinnerung ist der liebevollen und dankbaren gewichen, aber ich habe seit Tagen wieder die Szene im Kinderzimmer im Kopf, höre im Traum die Schreie und sehe ihre Augen.

Ich habe eine solche Wut auf das Schicksal, auf Gott, auf wen auch immer, dass er mir das zugemutet hat, als Mutter den Kindern den Tod des geliebten Papas zu sagen, dass er es den Kindern zugemutet hat, diesen Schmerz in so jungen Jahren zu durchleben.

Das ist es, was mich bis heute quält, was mich mein Leben lang quälen wird: Dass ich nichts wirklich tun kann, um den Kindern den Schmerz um diesen Verlust zu nehmen.

Trauerfeier und Bestattung

Ganz persönlich Abschied von ihrem toten Elternteil zu nehmen, kann auch für Kinder und Jugendliche ein wichtiger Schritt sein, um zu begreifen, dass ihr Vater oder ihre Mutter gestorben sind. Ihnen diese Möglichkeit ungefragt zu verweigern, vielleicht weil ich als Erwachsener selbst Probleme damit habe oder jemand anrät: »Tu das den Kindern lieber nicht an – sie sollen ihn / sie lebend in Erinnerung behalten«, ist deshalb ebenso wenig empfehlenswert, wie sie gegen ihren Willen dazu zu zwingen, weil vielleicht wieder jemand darauf hinweist, dass eine solche Konfrontation für den Trauerprozess wichtig sein könnte. Genau wie bei Erwachsenen sollte die Entscheidung, den Verstorbenen noch einmal sehen zu wollen, ihm oder ihr zum Abschied noch etwas in den Sarg zu legen, hier den Kindern überlassen werden. Falls der hinterbliebene Elternteil nicht dazu in der Lage ist oder selbst nicht auf diese Weise Abschied nehmen möchte, kann die Aufgabe, die Kinder auf Wunsch dabei zu begleiten, von jemandem übernommen werden, der ihnen nahesteht.

Selbst für den Fall, dass das verstorbene Elternteil entstellende Verletzungen erlitten hat, ist ein persönlicher Abschied durchaus möglich: die thanatopraktische Behandlung[32] von Verstorbenen, die ein speziell dafür ausgebildeter Bestatter vornehmen kann, ermöglicht eine – zumindest was den Anblick des Toten angeht – angstfreie Begegnung auch nach einem Unfalltod.

Einbindung

Während der Vorbereitung und im Ablauf der Trauerfeier bieten sich viele Gelegenheiten, Kinder und Jugendliche ihren Wünschen und Möglichkeiten entsprechend einzubinden. Sie brauchen dafür Angebote und Ermutigung, ihre Gefühle und Gedanken in geeigneter Weise einbringen zu können. So können sie beispielsweise die Kleidung für den Verstorbenen mit auswählen, oder sich in Form von gemalten Bildern,

---

32 Die Thanatopraxie umfasst alle Tätigkeiten für eine ästhetisch und hygienisch einwandfreie Aufbahrung eines Verstorbenen, beispielsweise die optische Wiederherstellung von Unfallopfern und das Einbalsamieren für eine Überführung. Wissenschaftliche Grundlage dafür ist die Thanatologie.

eigenen Texten oder dem gemeinsamen Bemalen und Gestalten des Sarges ausdrücken. Vielleicht möchten sie auch einfach nur einen Freund oder eine Freundin an diesem Tag an ihrer Seite haben. Vieles ist möglich und sollte nicht einfach verworfen werden, nur weil »man so etwas nicht macht« oder es nicht den Vorstellungen der Erwachsenen entspricht. Kinder haben ihre eigene Auffassung und Sichtweise, auch im Umgang mit Sterben und Tod, und nicht selten verhelfen sie damit gleichzeitig den Erwachsenen zu neuen Erkenntnissen und ermöglichen es ihnen, manche Dinge plötzlich mit ganz anderen Augen sehen zu können.

Rituale und Jahrestage

Was für die Ausgestaltung und Umsetzung rund um die Bestattung gilt, kann für Kinder und Jugendliche ebenso beim Begehen von Jahrestagen hilfreich und sinnvoll sein. Sich gemeinsam auf den Todes- oder Geburtstag des verstorbenen Elternteils vorzubereiten, aber auch andere Fest- und Geburtstage innerhalb der Familie sowie allgemeingültige Feiertage wie Weihnachten oder Ostern miteinander zu gestalten, stärkt das Gefühl der Zusammengehörigkeit. Gleichzeitig geben solche Anlässe Raum für gemeinsames Erinnern, das beispielsweise in Form von kleinen Ritualen in die Abläufe eingebaut werden kann. Rituale haben den Vorteil, dass sie in der Regel einen Anfang und ein Ende haben und sich so zeitlich begrenzen lassen. Zum Beispiel das Anzünden einer Kerze zu Beginn und das Löschen als Abschluss, um sich danach wieder anderen Dingen und Gedanken zuwenden zu können.

Es kann das Selbstbewusstsein von Kindern fördern, Aufgaben und Verantwortung neu zu verteilen, alte Rituale der veränderten Familienkonstellation anzupassen und neue Strukturen zusammen zu entwickeln. Es gibt ihnen größere Sicherheit beim Finden des eigenen Platzes und hilft dabei, dass der Familienkompass sich langsam einpendelt und wieder verlässlicher den Weg weist. Regelmäßigkeit und Stabilität ermöglichen den Kindern, sich im veränderten (Familien-) Leben zu orientieren und mit den neuen Bedingungen leben zu lernen.

Raum für individuelles Trauern

Da Kinder überwiegend noch keine persönliche Erfahrung mit Tod und Sterben haben, also außer vielleicht durch Märchen und Erzählungen in Büchern oder Filmen bisher kaum damit in Berührung gekommen sind, ist bei ihnen in der Regel eine etwas größere Unbefangenheit in Verbindung mit Trauer gegeben als bei Erwachsenen. Ihre Vorstellungen und Empfindungen sind altersbedingt unterschiedlich, ebenso wie die Formen ihrer Trauerbewältigung, die andere Probleme und Anforderungen mit sich bringen als der Trauerprozess von Erwachsenen. Viele von ihnen neigen darüber hinaus dazu, mehr im Verborgenen zu trauern.

Im Allgemeinen werden dem Todesverständnis Erwachsener meist drei Eigenschaften zugeordnet: erstens Universalität, weil alle Lebewesen sterben müssen, zweitens Funktionsunfähigkeit, weil der Körper nicht mehr funktioniert, und drittens Unumkehrbarkeit beziehungsweise Endgültigkeit, weil der Tod für immer ist. Ihrer Altersstufe entsprechend empfinden und reagieren Kinder häufig deshalb ganz anders als Erwachsene, weil sie sich mit der Entwicklung ihrer sozialen und intellektuellen Fähigkeiten dieses Verständnis erst Schritt für Schritt aneignen.

Dr. Klaus Wingenfeld (Universität Bielefeld) beschreibt das Todesverständnis von Kindern verschiedener Altersstufen folgendermaßen[33]:

---

33 Klaus Wingenfeld, Dimensionen der Trauerbewältigung bei Kindern. Die Hospiz-Zeitschrift 5, Nr. 1, S. 4–7 (2003)

Bei Kleinkindern im Alter bis zu zwei Jahren wird davon ausgegangen, dass sie das Sterben einer nahestehenden Bezugsperson, Mutter, Vater, Schwester, Bruder, nicht mit einer konkreten Todesvorstellung verbinden. Sie reagieren unmittelbar auf die Verlusterfahrung, zum Beispiel mit einer grundlegenden emotionalen Vorstellung.

Kinder im Vorschulalter verstehen den Tod oftmals als ein reversibles Ereignis oder als Übergang in eine andere Form von Leben. Bevor sie eine konkrete Erfahrung machen, verfügen sie häufig auch noch nicht über die Vorstellung, dass der Tod sie selbst, die Eltern oder Geschwister betreffen könnte.

Zwischen sechs und zehn Jahren bildet sich ein weitergehendes Verständnis heraus, in dem auch die Gewissheit der Unumkehrbarkeit mehr und mehr an Bedeutung gewinnt.

Kinder im Alter über zehn Jahren haben größtenteils bereits ein ausgeprägtes Verständnis von Sterblichkeit. Allerdings wird auch von ihnen oft verdrängt, dass nahestehende Bezugspersonen betroffen sein könnten.

Ob Baby, Klein- oder Schulkind, Jugendlicher oder Jungerwachsener, sie alle werden ihre Mutter oder ihren Vater nie mehr erreichen können, sich nicht weiter an diesem Elternteil orientieren oder ihn nach etwas fragen, um etwas bitten können. Die Kleineren werden ihn nie persönlich kennenlernen, kaum eigene Erinnerungen haben und nur durch Erzählungen, Bilder und Erinnerungsstücke erfahren können, wer und wie ihre Mutter, ihr Vater war. Darüber hinaus bewirken die Anforderungen des veränderten Lebens in der Regel auch ein früheres Großwerden, eine größere Selbständigkeit, als den Kindern vom Alter her entsprechen würde. Da ihre Unbeschwertheit und der Verlust des kindlichen Urvertrauens der Preis dafür sind, ist das wenig erstrebenswert.

Diese Tatsachen sind jedoch unabänderlich und machen

ganz besonders dem verbliebenen Elternteil immer wieder schwer zu schaffen. So hart es auch ist, das zu akzeptieren, so entlastend kann es sein, sich zu verdeutlichen, dass vieles von dem, was die Elternteile in Bezug auf ihre Kinder als Verlust empfinden, von den Kindern oft gar nicht auf diese Weise wahrgenommen und vermisst wird. Während die Elternteile eine relativ deutliche Vorstellung haben, was der Verstorbene den Kindern hätte geben können, welche Eigenschaften und Fähigkeiten er oder sie den Kindern vermittelt hätte, fehlt den jüngeren Kindern beziehungsweise denen, die zum Zeitpunkt des Sterbens noch klein waren, diese Vorstellung völlig, weil sie gar nicht wissen, wie ihr Leben mit beiden Elternteilen gewesen wäre beziehungsweise sein würde.

Innerhalb der Familie

Eigene Vorstellungen und Empfindungen wie Ängste, Sorgen und Verlustgefühle auf die Kinder zu übertragen oder auf gleiche Weise bei ihnen vorauszusetzen, führt nicht selten zu Missverstehen und Fehlinterpretation. Die Situation wie auch die Folgen davon, den Lebenspartner verloren zu haben, sind grundlegend andere als die, ohne Vater oder Mutter leben zu müssen. Genauso wenig, wie die Kinder in der Lage sind, die Verlustgefühle des Elternteils in Bezug auf den Partner tatsächlich nachzuempfinden, ist das Elternteil in der Lage nachzufühlen, was der Verlust von Mutter oder Vater für die Kinder bedeutet. Zweifellos verbindet die gemeinsame Trauer um diesen Menschen auf der einen Seite, denn alle Beteiligten müssen auch abhanden gekommene Stabilität und Sicherheit neu finden, andererseits braucht jeder für sich jedoch auch Raum für seine ganz eigenen Gefühle und die persönliche Trauer. Nur weil sich ein Kind mit seiner Trauer nicht dem verbliebenen Elternteil anvertraut, heißt das nicht, dass es nicht trauert, auch wenn das aus Sicht des verunsicherten Elternteils so zu sein scheint. Zu dieser Unsicherheit kommt noch die in vielen anderen Bereichen ebenfalls große

Belastung hinzu, und oft macht all das zusammen es schwer, in jeder Situation angemessen mit den Kindern umzugehen.

Speziell bei Jugendlichen rund um die Pubertät ist es eine erhebliche Herausforderung, Gefühle und Reaktionen, die mit ihrer Trauer zusammenhängen könnten, von denen zu trennen, die rein pubertätsbedingt ohnehin Chaos und Unruhe mit sich bringen. Diese Frage kann in ähnlicher Form auch bei anderen altersbedingt typischen Verhaltensweisen auftauchen, etwa im Verlauf der Trotzphase. Häufig ist es ein Balanceakt, den Kindern nicht zu wenig, aber auch nicht zu viel Aufmerksamkeit zu schenken, weder unachtsam noch überfürsorglich zu sein und sich gleichzeitig bewusst zu sein, dass man selbst mit der eigenen Trauer ebenfalls zum gesamten Gleichgewicht beiträgt oder es ins Wanken bringen kann.

Auf die Bedürfnisse der Kinder einzugehen, fällt in bestimmten Momenten auch deshalb schwer, weil diese meinem Gefühl just entgegenstehen. Dann ist es besonders anstrengend, beispielsweise die direkten und oft hartnäckig wiederholt gestellten Fragen der Kleinen zu beantworten, die für mich so schmerzhaft sind: »Wann kommt Papa wieder?« »Was macht Mama denn im Himmel?« »Warum bist du so traurig?« Schon die Frage zu hören, zerreißt das Herz, dass *mein* Kind das fragt, tut es erneut, und das Antwortenmüssen noch ein weiteres Mal ... Hilflos mit ansehen zu müssen, wie die Größeren wortlos still oder auch teils wütend, teils verletzt ihrer Trauer begegnen, ist ebenfalls nur schwer auszuhalten.

Um die Kinder in ihrer Trauer innerhalb der Familie zu begleiten, hilft neben liebevollem Umgang vorsichtiges Beobachten und signalisierte Offenheit und Gesprächsbereitschaft. Sich zu informieren und den Kindern Angebote zu machen, wo und wie sie bei Bedarf außerhalb der Familie Unterstützung rund um ihre Trauer bekommen können, bietet ihnen Ausweichmöglichkeiten über den familiären und Freundeskreis hinaus, die nicht selten irgendwann tatsächlich von ihnen in Erwägung gezogen und genutzt werden.

Bei Freunden

Im Freundeskreis oder auch nur mit Einzelnen, den besten Freunden über die veränderte Familiensituation zu sprechen, fällt Kindern oftmals leichter, als sich den meist spürbar belasteten Elternteilen anzuvertrauen. Ein wirklicher Austausch zu ihren Gefühlen ist zwar nur begrenzt möglich, weil den anderen Kindern in der Regel eigene Erfahrungen fehlen, jedoch entspricht die Gefühls- und Verständnisebene ihrer eigenen wesentlich mehr. Die Denkweise und Vorstellung von Gleichaltrigen, was der Verlust einer Mutter oder eines Vaters bedeutet, kommt dem tatsächlichen Empfinden sehr wahrscheinlich viel näher als Einschätzungen und Vermutungen der Erwachsenen. Das unliebsame Gefühl, anders zu sein als die anderen, bleibt ihnen allerdings auch hier nicht erspart, und in manchen Momenten fühlen sie sich daher selbst im vertrauten Umfeld als Außenseiter. Trotz dieser Einschränkung ist für die meisten Akzeptanz und Zugehörigkeit im Freundeskreis eine stabilisierende Hilfe, um mit den neuen Lebensumständen zurechtzukommen. Je älter die Kinder sind und je mehr sich ihr Leben außerhalb der Familie abspielt, umso ausschlaggebender und unverzichtbarer sind für sie die Meinungen von Freunden und ihre Verbindung mit ihnen. Für die Elternteile ist das häufig schwer hinzunehmen, da die Sorge, ob und wie ihre Kinder mit dem Fehlen des anderen Elternteils und ihrer Trauer klarkommen, nicht nur anfangs, sondern auch in den folgenden Jahren immer da ist. Die Auseinandersetzung damit, dass der Elternverlust zwar grundlegenden Einfluss auf das Leben der Kinder hat, jedoch nicht in jedem Fall die Ursache für Schwierigkeiten und ungewöhnliches Verhalten sein muss, kann dabei helfen, die eigene Familiensituation trotz ihrer Unterschiedlichkeit als gegeben und »normal« anzunehmen, anstatt sie auf Dauer als Makel und Schwachstelle zu betrachten. Nach der Zeit der unumgänglichen Schwankungen im Trauerprozess möglichst einen offenen und selbstverständlichen Umgang mit der Andersartigkeit zu entwickeln, schafft auch für die Kinder die Voraussetzung für ein wieder unbefangeneres und sicheres Auftreten.

In Kindergarten und Schule

Kindergarten, Schule, Sportverein, überall ist die veränderte Familiensituation früher oder später bekannt, und die Kinder müssen gerade in der Anfangszeit erst langsam lernen, mit den für sie manchmal ganz unvermittelt auftauchenden Reaktionen und Fragen umzugehen, während auch für sie selbst noch alles ungewohnt ist. Gespräche mit den Betreuern, den Lehrern oder auch Gruppenleitern können zumindest schon mal den Kontakt mit den Erwachsenen etwas enthemmen und bei ihnen gezielt Verständnis für ungewohntes oder auffälliges Benehmen schaffen. Insbesondere im Rahmen größerer Kinder- und Jugendgruppen fällt es nicht leicht, jeden Einzelnen im Blick zu haben. Und selbst wenn Antriebslosigkeit, Trotz oder ungewöhnlich aggressives Verhalten auffallen, ist das Bewusstsein, dass all dies Trauerreaktionen der Kinder sein können, ohne vorherigen Hinweis auf die Situation nicht bei jedem vorauszusetzen. Im Austausch mit dem Elternteil konkreter über die Auswirkungen auf die Kinder informiert zu sein, kann den betreuenden Verantwortlichen die Sicherheit geben, den Kindern vorbehaltlos zeitweiligen Rückzug zu erlauben, in Konfliktsituationen mit anderen Kindern vermittelnd – auch schützend – einzugreifen oder sich ihnen persönlich als Ansprechpartner anzubieten.

Ihren Stand neu zu finden und sich unter den veränderten Bedingungen wieder in die Gruppe zu integrieren, ist zwar größtenteils Aufgabe der Kinder, jedoch können die Elternteile und die zuständigen Betreuer sie dabei konstruktiv unterstützen, wenn sie im Dialog bleiben. Außergewöhnliche Ereignisse oder beobachtete Wesensveränderungen gegenseitig *und* zeitnah rückzumelden, ist dann für alle Seiten von Vorteil. Eine Bevormundung oder Vorwürfe dagegen sind keine Lösung und wenig hilfreich.

Austausch mit Gleichgesinnten

Eine Möglichkeit, den Kindern ganz gezielt Raum für die Auseinandersetzung mit den Veränderungen in ihrem Leben und die Bewältigung ihrer Trauer zu geben, besteht darin, ihnen den Besuch von Gruppen und Veranstaltungen zu ermöglichen, die speziell für trauernde Kinder und Jugendliche angeboten werden. Manche davon sind speziell für Halbwaisen, manche sind ebenso offen für Kinder, bei denen Geschwister verstorben sind. Der Umgang in gemischten Gruppen wird von den Kindern überwiegend als problemlos angesehen, auch wenn ihnen die Unterschiede sehr wohl bewusst sind. Der Kontakt mit ebenfalls von Verlust betroffenen Kindern eröffnet allen die Chance, mit ihren Gedanken und Gefühlen ganz anders umgehen zu können. In diesem Rahmen gibt es weder das Stocken noch die Verlegenheit, die ihnen ansonsten immer wieder begegnen und ihnen ihr Anderssein sofort vor Augen führen. Inhalte und Fragen innerhalb dieser Gruppen beschäftigen sich offen und vorbehaltlos mit dem, was die Kinder bewegt. »Ist eigentlich dein Vater gestorben oder deine Mutter?« Schon diese hier dann ganz unbefangen gestellte Frage macht deutlich, dass dieser Kreis ungewöhnlich ist: Da alle eine grundsätzlich vergleichbare Erfahrung haben, kann der Austausch dazu gleich schon *hinter* der normalerweise blockierenden Hemmschwelle beginnen. Erstaunen und Erleichterung sind da beim ersten Mal oft groß.

Auch die Überraschung bei Erwachsenen, die mit der Thematik nur wenig vertraut sind, kann sehr groß sein. Im Rahmen eines betreuten Kletterwochenendes für Halbwaisen zwischen 10 und 18 Jahren saßen neben den 20 Kindern und zwei ausgebildeten Trauerbegleitern auch die beiden Gruppenbetreuer des Klettergartens mit in der Runde. Erfahren im Umgang mit Kindern und Jugendlichen, regten sie eine Kennenlernrunde an, da die meisten Kinder sich untereinander bisher auch noch nicht kannten. Das schon häufiger von den beiden eingesetzte Spiel »Alle, die Turnschuhe anhaben, wechseln jetzt den Platz, alle, die blaue Augen haben ..., alle, die gerne malen ... usw.«, nahm dann einen für sie recht ungewohnten Verlauf, als ein Mädchen, das mit Fragen an der Reihe war, ganz selbstverständlich in den Raum rief: »Alle, die ihre Mutter verloren haben ...« Während die Kinder der Aufforderung ohne das geringste Zögern – eher mit einem neugierigen Blick in die Runde – nachkamen, war den beiden deutlich anzusehen, dass sie eine solche Frage weder erwartet, noch jemals vorher bei diesem Spiel gehört hatten.

Kindern sollte ermöglicht werden, das, was in ihnen ist, zu zeigen. Dazu kann beitragen, Anregungen und Wege gezeigt zu bekommen, um ihre Trauer, ihre Gedanken zu Mutter oder Vater beispielsweise in Form von malen, basteln, schreiben auszudrücken. Zu spüren, dass sie wahrgenommen werden, und zu merken, dass die Außenwelt tatsächlich Interesse daran hat zu wissen, was in ihnen vorgeht, ist eine gute und wichtige Erfahrung. Sinn solcher Gruppen ist nicht nur die emotionale Stützung der Kinder, sondern auch Hilfe bei Problemen, die eher indirekt mit dem Tod des Elternteils in Verbindung stehen. Den Kindern das, was geschehen ist, und auch das, was geschieht, zugänglich und begreifbar zu machen, schafft für sie die Grundlage, um selbst besser damit umgehen zu können. Phantasien und Ängste können durch tatsächliche Erfahrungen und den Austausch untereinander abgemildert oder auch aufgelöst werden. In diesem Zusammenhang kann ebenso eine Therapie hilfreich und angezeigt sein, in der die ganz persönliche Problematik und die individuellen Bedingungen des einzelnen Kindes im Vordergrund stehen und gezielter miteinander angegangen werden können. In der Regel steht ein möglicherweise parallel stattfindender Austausch in einer Kindergruppe dem nicht entgegen.

Verständnis im Umfeld – Theorie und Praxis.
Ella, geb. 1995, Schülerin:[34]
Ich habe viel Kontakt zu anderen in einer ähnlichen Situation. Wenn man dann mal jemanden zum Reden braucht, dann hat man jemanden, weil die einen sofort verstehen. Das ist eine ganz andere Art von Freundschaft, und es ist immer so, dass man reden kann, dass man nicht alleine ist. Und wenn man die dann reden hört, sieht man auch genau, wie das mit einem selbst war, und kann das noch mal nachvollziehen. Die helfen mit den eigenen Erfahrungen, und das fühlt sich gut an, genauso wenn man dann anderen auch helfen kann mit seinen eigenen Erfahrungen. Das sind endlich mal Leute, die kein Blatt vor den Mund nehmen, wenn das Thema aufkommt.

In der Schule war das Thema nur einmal im Philosophieunterricht, ich hab da fast nur »durchgelacht«. Ich fand's einfach schade und traurig, weil selbst die Lehrer, die das unterrichten, meistens keine Ahnung davon haben. Und dann sagt man zum Beispiel: »Das ist falsch – so ist es eigentlich nicht, jedenfalls ist es nicht bei allen so.« Dann fragen sie einen: »Ja, warum denn nicht?«, und dann sagt man das halt, und dann, selbst die Lehrer, die das Thema Trauer unterrichten, sind dann auf einmal still. Also, das ist total komisch, weil einen alle für ein Alien halten, obwohl man genau das Thema ja grad hat, und selbst dann ist es noch ein Tabu. Das Thema Trauer in der Schule wird quasi nur oberflächlich behandelt, und dann theoretisch und gar nicht praxisorientiert. Und ich glaube, die Theorie wurde auch nicht aus der Praxis heraus entwickelt, sondern nur vom Theoretischen her – so wie es halt meistens ist in der Schule.

Es sollte aber in der Schule auf jeden Fall Thema sein. Sexualkunde macht man drei-, viermal in der Schule und dann so ausführlich, obwohl man das meistens schon von den Eltern mitbekommt. Ich finde, da ist »Tod« sogar noch wichtiger, weil man das genau

---

34 Gunter, der Vater von Ella, verstarb 2001 an den Folgen von ALS. Sie war damals 6 Jahre alt.

nicht mitbekommt. Es ist wahrscheinlich schwerer zu behandeln, weil es nichts Greifbares ist für die meisten Leute, aber es hat auf jeden Fall seinen Stellenwert in der Gesellschaft und sollte auch so behandelt werden und nicht von vornherein als Tabuthema, indem man da immer drüber weggeht. Wenn man über Leben redet, sollte man auch über den Tod reden.

Leben ohne Mutter oder Vater

Der Verlust von Mutter oder Vater ist nicht nur ein einmaliges Ereignis, das stattfindet, verkraftet und als gegeben angenommen werden muss, sondern er gehört ab dem Moment des Sterbens für immer zum Leben des Kindes. Unabhängig von den heftigen Emotionen und meist umfangreichen Veränderungen während der ersten Monate und Jahre, wachsen die Kinder mit diesem Zustand auf, werden erwachsen und sehen sich auch im Erwachsenenalter immer wieder mit der Tatsache konfrontiert, dass der Vater oder die Mutter sehr früh gestorben ist. Wie ausgeprägt sie darunter leiden beziehungsweise es ihnen immer wieder bewusst wird, ist sicherlich bei jedem individuell verschieden, aber der Unterschied zu denjenigen in ihrem Umfeld, die noch beide Elternteile haben, bleibt im Erwachsenenalter weiterhin bestehen: kein Vater, der die Braut zum Altar führt, keine Mutter, die bei Schwangerschaft und Geburt der Kinder zur Seite steht … Und auch wenn immer mehr Freunde und Bekannte um sie herum im Lauf der Zeit ebenfalls in die Situation kommen, dass Vater, Mutter oder auch beide Eltern irgendwann versterben und diese Freunde dann einiges von dem selbst erfahren und fühlen, was sie bisher nur erahnt oder vermutet haben, macht es noch immer einen Unterschied, in welchem Lebensabschnitt der Verlust eintritt. Das bedeutet keineswegs, dass es ein lebenslanger Makel und unausgleichbarer Nachteil sein muss, sondern lediglich, dass ihre Entwicklung unter grundlegend anderen Bedingungen stattgefunden hat als bei den Kindern, die mit beiden Elternteilen aufwachsen konnten.

Die Kinder und Jugendlichen zu begleiten und sie dabei zu unterstützen, ihren eigenen Weg zu finden, den sie dann auch ganz selbständig gehen können, ist die Aufgabe aller Erwachsenen, die Verantwortung für sie tragen. Ganz allgemeine Aufmerksamkeit und Verständnis vom gesamten Umfeld sind darüber hinaus jedoch hilfreich und wünschenswert.

Leben ohne Mutter
Robin, geb. 1998, Schüler:[35]
Ich hab ganz, ganz wenig Erinnerung an die Zeit mit meiner Mutter, und da auch nur so noch die letzten Monate, sonst eigentlich kaum. Fotos habe ich und auch Bilder. Sie hat gemalt. Also auf jeden Fall wird mir erzählt, dass ich oft wie meine Mutter bin und dass ich ihr auch ähnlich sehe. Ich hab von ihr die Augen und auch was vom Verhalten.

Das Leben ohne Mutter ist auf jeden Fall anders als bei Kindern, bei denen beide Eltern am Leben sind. Wenn andere erzählen, also irgendwas wie »Es ist voll blöd mit meiner Mutter«, dann kann ich das nicht richtig nachvollziehen. Es ist einfach schwerer und macht auch mehr Arbeit für meinen Vater, also für den Elternteil, der noch lebt. Dass sie nicht da ist, merke ich zu Hause, morgens, abends, das ist halt so. Mir ist das schon immer noch bewusst, dass es so ist.

Gern dabei hätte ich sie eigentlich immer, aber vermissen tut man sie besonders, wenn man traurig ist oder wenn man wissen möchte, wer der Elternteil wirklich ist. Über meinen Vater oder über meine Großeltern komme ich da an Informationen, aber sonst eben nicht.

Andere sprechen das eher selten an, und dann nicht wirklich. Zum Beispiel in der Schule, wenn die anderen fragen: »Was sa-

---

35 Martina, die Mutter von Robin, verstarb 2003 an den Folgen eines Hirntumors. Er war damals 4 Jahre alt, seine Schwester war 9 Jahre.

gen deine Eltern dazu, was sagt deine Mutter dazu?« Dann kann man nur sagen, ja also, meine Mutter lebt nicht mehr. Dann sagen die andern immer »Oh, das tut mir leid ...«, und dann hört das Gespräch meistens auch auf und dann spricht überhaupt keiner mehr. Konkrete Nachfragen kommen vielleicht mal ganz selten von meinen besten Freunden, aber auch nicht richtig.

In den ersten Jahren war mir das selber nicht so richtig bewusst. Bewusst wird das eigentlich erst, wenn man älter wird, dann merkt man, dass der Elternteil immer mehr fehlt. Die andern sagen: »War toll mit meinen Eltern!«, und man kann das nicht nachvollziehen, wie das ist.

Meine Familiensituation ist schon irgendwie normal, aber dadurch, dass die Mutter fehlt, auch wieder weniger normal. Für mich ist es eben gewohnt, ohne Mutter, weil ich das ja jetzt auch schon länger habe, aber für meine Schwester ist das, glaub ich, weniger normal, denn sie hat ja noch vier Jahre mehr von meiner Mutter mitbekommen. Deswegen war das für sie, glaub ich, schwerer, und auch in Zukunft. Denn sie weiß es ja, wie es *mit* Mutter ist.

Über meine Mutter sprechen wir immer so in Situationen, wo der andere Elternteil helfen würde. Entweder fang ich dann davon an, oder mein Vater oder meine Schwester, immer abwechselnd irgendwie. Zum Beispiel wenn mein Vater kochen muss oder Wäsche machen muss, also mir fällt das dann schon auf ... Wenn wir sonst über meine Mutter sprechen, ist das allgemein darüber, wie sie war und wer sie war.

Mein Vater spielt eine wichtige Rolle in meinem Leben, auf jeden Fall, er spielt die Vater- *und* die Mutterrolle, so in allem. Er ist für mich mein Vater, aber er muss immer auch die Sachen machen, die eine Mutter machen würde.

Eigentlich ist alles daran blöd, nur einen Elternteil zu haben. Vielleicht kann man sagen, es ist gut, dass sich die Eltern nicht wirklich streiten, aber das ist ja kein wichtiger Punkt, finde ich. Eigentlich ist alles schlecht, weil eben kein richtig normales Familienleben zustande kommen kann. Vorteile gibt's echt nicht.

Meine Schwester zu haben ist mir wichtig, weil sie eben auch meiner Mutter ähnlich ist. Mein Vater sagt, dass meine Schwester so ist wie meine Mutter, und dann kann ich so halbwegs nachvollziehen, wie meine Mutter gewesen ist. Sprechen tu ich mit meiner Schwester weniger über meine Mutter, eher zusammen in Gruppe mit meinem Vater, also zu dritt.

Als es letztens meinem Vater ganz schlecht ging, war ich sehr auf mich selbst gestellt, weil er eben kaum noch Kraft hatte, und ich musste ihm mehr helfen und hab gemerkt, dass es für ihn auch ganz schwer war. Wenn er krank ist, dann bekommt man auch selber richtig Angst, weil man sich fragt, wie ist das dann als Waisenkind, das wäre ja noch eine Stufe schlimmer. In manchen Situationen hab ich da mit meiner Schwester darüber gesprochen, aber eher zu so unwichtigen Sachen. Konkret über das Kranksein haben wir nicht gesprochen. Sie hatte schon Angst um ihn, er lag auch im Krankenhaus und wir waren allein, aber er kam dann ja auch wieder raus.

Leben ohne Vater.
Ella, geb. 1995, Schülerin:[36]
Ich habe keine eigenen Erinnerungen an die Zeit mit meinem Vater, ich glaube, das kommt alles von Videos und Fotos und Erzählungen. Es gibt zwar bestimmte Situationen, die man erinnert, aber ich glaube, dass das irgendwie nicht meine eigenen Erinnerungen sind. *Meine* Erinnerungsstücke sind ein Kuschel-Stinktier und Fotos, die sind mir aber einfach nur wichtig, weil ich weiß, dass sie von ihm kommen.

Gespräche über meinen Vater gibt's gelegentlich, nicht oft, vor allem mit meiner Mutter, weil meine Geschwister zu weit weg sind. Das Thema kommt eher durch meine Mutter.

Ohne Vater aufzuwachsen bedeutet für mich, dass das einfach

---

36 Gunter, der Vater von Ella, verstarb 2001 an den Folgen von ALS. Sie war damals 6, ihre Halbschwester 36, ihre Halbbrüder waren 29 und 34 Jahre. 2002 veränderte sich die Familienkonstellation durch einen neuen Partner der Mutter, erneute Trennung 2010.

mein Leben ist und ich weiß nicht, wie es *mit* ist. Aber es ist immer unangenehm, wenn dann in der Schule Fragen kommen über Mutter und Vater, und man sagt halt nur was über die Mutter, und dann fragen sie nach dem Vater, und dann ist immer diese drückende Stille, wenn man sagt, dass er gestorben ist. Das Umfeld ist das einfach nicht gewöhnt, mit dem Thema umzugehen.

Dass er nicht mehr da ist, wird mir bewusst, wenn ich Fotos angucke oder wenn ich mit meiner Mutter mal Streit habe – dann ist keiner mehr da, zu dem man noch gehen kann. Aber mir wird das nicht so oft bewusst, weil ich es überhaupt nicht anders kenne und mich selber nicht daran erinnern kann und es mir dadurch auch nicht fehlt. Dass ich ihn mal vermisse, ich glaube, das wird noch kommen, so bei Gelegenheiten wie Abi-Ball, wenn jeder seine Familie mitbringt und jeder seine Mutter und seinen Vater neben sich hat. Mein Bruder ist zwar wunderbar, aber das ersetzt es halt nicht.

Auch kein Ersatzvater. Ich hasse es, wenn irgendjemand kommt und den Ersatzvater als Vater bezeichnet. Dann sage ich immer sofort: »Das ist nicht mein Vater.«, weil das auch nicht stimmt. Es ist ein Vater-*Ersatz*, und wenn er nach außen hin als *Vater* wirken würde, dann wäre er für die anderen der Vater – weil keiner das andere wissen will. Und das wäre halt für mich nicht richtig. Mein Vater kann nicht richtig ersetzt werden. Mein Vater ist jemand, der für sich selber steht, finde ich, und kann nicht ersetzt werden, durch gar keinen, und das soll auch keiner denken. Und wenn dann der Ersatzvater auch wieder fehlt, das ist erst mal ein Loch. Das ist wieder eine Situation, an die man nicht gewöhnt ist.

Unter Freunden macht es für mich keinen Unterschied, dass ich ohne Vater lebe. Für sie schon mal. Ich erinnere mich genau an Situationen, wenn ich mal drauf angesprochen wurde. Das war immer, nachdem sie es erfahren haben; sie haben es erst verarbeitet und dann haben sie Fragen gestellt. Aber auch nur wenige, also die, die halt stark genug waren, um damit umzugehen und sich davon nicht abschrecken zu lassen. Aber das war dann so eine einzige Frage und dann so ein »Okay«. Und dann ist es auch unangenehm. Ich hab das Gefühl, dass sie manchmal in solchen

Situationen schon vorsichtiger sind, wenn das Gespräch über Väter aufkommt, und dann vergessen sie es für einen Moment, und dann erinnern sie sich wieder dran und dann ist auf einmal alles still. Dann fühlt es sich nicht mehr an, als ob man mit allen befreundet ist und drüber reden kann, weil man sich ausgeschlossen fühlt. Aber das kommt sehr selten vor, und deswegen ist es für mich komplett egal, weil es bei Freunden nicht darum geht, wer einen geboren hat, sondern um einen selber.

Meine Familie find ich total unnormal (*lacht*). Das fängt damit an, wenn jemand fragt: »Hast du Geschwister?« »Ja, aber die sind so alt wie meine Mutter.« »Hmmm.« Dann leb ich ja mit meiner Mutter alleine, wie viele andere, aber die Leute, die normalerweise mit einer Mutter alleine leben, haben halt noch einen Vater, den sie besuchen. Das heißt, das ist bei mir immer noch was ganz anderes, was wenige Leute haben. Aber ich glaub, keiner lebt in so einer voll normalen Familiensituation, es gibt überall irgendwo was. Und da ich ja auch viele durch die Halbwaisentreffen kenne, die ein Elternteil verloren haben, wird es quasi normaler – aber natürlich ist es nicht normal, und soll ja auch nicht normal werden, dass ein Vater fehlt – das wünsche ich jedenfalls niemandem.

Nur ein Elternteil zu haben bedeutet, man kann sich nur mit einem Elternteil streiten – teilweise ist das gut, dann hat man nicht zwei Leute gegen sich und muss nur einen überzeugen. Es gibt dann nur eine Person, deren Entscheidung herangezogen wird, und nur eine Meinung, das heißt in der Erziehung ist kein Ausgleich mehr zwischen zwei verschiedenen Sichtweisen. Was aber nicht schlecht sein muss, weil es dadurch auf jeden Fall auf einer Schiene fährt. Kann sicherlich aber auch hilfreich sein, wenn man mal eine andere Seite dazu hat – sei's ein Geschwisterkind oder ein Vater. Ich stell mir vor, dass es auf jeden Fall anders wäre. Meine Geschwister haben irgendwie nicht die Rolle von Geschwistern, weil die so viel älter sind als ich – das sind normale Verwandte, mit denen ich mich aber viel mehr verbunden fühle. Sie sind eine weitere Verbindung zu meinem Vater.

4. Kapitel Arbeit und Finanzen

Auswirkung auf den Beruf

Krankheit oder der Umgang mit Tod, die plötzlich das Leben eines Menschen mitbestimmen, nehmen unweigerlich Einfluss auf seine Berufstätigkeit. Die Auswirkungen können sich sofort oder erst nach einer Weile bemerkbar machen, aber selbst wenn aus organisatorischen Gründen keine Veränderung der Arbeitszeiten notwendig ist, bedeutet der emotionale, seelische Druck eine zusätzliche Belastung für den normalen beruflichen Alltag. Vielfach sind die zeitlichen und inhaltlichen Anforderungen des Jobs ohnehin schon hoch, verlangen Konzentration und uneingeschränkten Einsatz, auch wenn die Aufgabe Freude macht und den eigenen Interessen entspricht.

Ob als Arbeitnehmer oder als Selbständiger, die meisten Tätigkeiten setzen einen freien, möglichst klaren Kopf voraus oder sind damit leichter und effektiver zu erledigen. Wenn es über den normalen Job hinaus darum geht, Karriere zu machen, steht das Privatleben noch mehr im Hintergrund. Den familiären Ausgleich, speziell wenn Kinder da sind, schafft dann oft der gut funktionierende Partner, der den Rücken freihält und unentbehrlicher Teil des Lebensteams ist – unabhängig davon, welche Rolle Mann oder Frau dabei innehaben. Der Anteil desjenigen, der finanziell gesehen weniger zum Lebensunterhalt beiträgt, wird nicht selten unterschätzt, obwohl die Abhängigkeit ganz deutlich gegenseitig ist. Fällt eine der beiden Funktionen aus, ist die andere ebenfalls massiv beeinträchtigt oder wird ganz in Frage gestellt. Sind beide Partner berufstätig, ist die finanzielle Verflechtung meist derart, dass bei Ausfall einer Person ebenfalls deutliche Veränderungen und Anpassungen nötig werden, um die Versorgung der übrigen Familienmitglieder sichern zu können.

Wenn Angst, Sorge oder die schon konkrete Trauer gedanklich immer wieder präsent sind, sich willentlich auch gar nicht verdrängen lassen, ist während dieser Zeit die bisherige Leistungsfähigkeit nicht in vollem Umfang abrufbar. Die gerade von Arbeitgebern gern gesehene Richtlinie, Privates und Berufliches auseinanderzuhalten, kann ab einem bestimmten Grad an Belastung nur noch von sehr wenigen Menschen und dann auch nur über einen begrenzten Zeitraum eingehalten werden. Unterstützung in Form von konkreten Gesprächs- und Hilfsangeboten sowie entgegengebrachtes Verständnis und Rücksichtnahme können vor allem den Betroffenen die Situation erleichtern. Solche Angebote tragen jedoch auch gleichzeitig zum kollegialen und sozialen Miteinander im Arbeitsumfeld bei.

Krankheit

Eine ernsthafte, vielleicht sogar lebensbedrohliche Erkrankung des Lebenspartners wird im Kollegen- und Mitarbeiterkreis in der Regel früher oder später bekannt. Sei es, dass der betroffene Kollege selbst darüber spricht, oder weil die Information über andere Kanäle durchsickert. Der offene Umgang damit kann spontanes Verständnis in verschiedenen Situationen bewirken. Er kann beispielsweise verhindern, dass derjenige in Erklärungsnot gerät, wenn er durch dringende Umstände gezwungen ist, den Arbeitsplatz kurzfristig zu verlassen, vielleicht weil der erkrankte Partner sofortige Hilfe braucht oder weil ein Notfall bei den Kindern vorliegt. Gespräche hinter dem Rücken des Kollegen, die generell als wenig freundlich empfunden werden, sind ebenso unangebracht wie eher aus Neugier gestellte Fragen; zurückhaltend Gesprächsbereitschaft zu signalisieren, ist ein wesentlich besserer Weg. Auch der Hinweis auf Ansprechpartner im Unternehmen, im Betriebsrat oder in der Personalabteilung kann eine gute Unterstützung in der jeweiligen Situation sein.

Eine familiäre Ausnahmesituation stößt im beruflichen Umfeld zwar nicht überall auf grundsätzliche Akzeptanz, ihr Bekanntsein ist dennoch zumindest eine schlüssige Erklärung für ungewohntes Verhalten des Betroffenen.

Eine länger anhaltende Ausnahmesituation, die sich über einen nicht absehbaren Zeitraum erstreckt, stellt in der Regel jedoch auch grundsätzlich vorhandene Toleranz und Kollegialität auf eine harte Probe. »So geht das aber nicht mehr.« »Ich kann nicht mehr jedes Mal einspringen.« Die eigenen Ansprüche der Kollegen drängen irgendwann wieder stärker in den Vordergrund, und mancher empfindet es auf die Dauer auch »nervig« und anstrengend, durch die persönlichen Probleme anderer Nachteile in Kauf nehmen zu müssen, auch wenn es nur Kleinigkeiten sind. In dem Maß, in dem das Verständnis rundum schwindet, wachsen die ohnehin schon vorhandene Sorge und das schlechte Gewissen des Betroffenen, andere zu belasten. Dies erzeugt bei ihm nur noch mehr Druck. Sich die Dauerbelastung des Betroffenen hin und wieder vor Augen zu führen, sich klarzumachen, wie viel Energie ihn dieser Zustand kostet und wie wichtig für ihn der Arbeitsplatz ist, relativiert vielleicht die Bedeutung der eigenen Unannehmlichkeiten wieder für eine Weile. Genauso wie die gewagte Vorstellung, was die gleiche Situation für einen selbst bedeuten würde …

Für Selbständige bringt eine solche Ausnahmesituation zumeist noch ganz andere Probleme mit sich. Sie können sich auch im Notfall nicht krankschreiben lassen – ein Ausfall aufgrund einer familiären Belastung ist in den seltensten Fällen abgesichert und zieht somit noch sehr viel schneller Konsequenzen nach sich als bei Arbeitnehmern. Wenn auf ein funktionierendes Team Verlass ist, hilft das zwar schon ungemein – die Verantwortung für einen möglichst reibungslosen Fortgang der Geschäfte liegt trotzdem weiter beim Betroffenen, sofern er die Chefposition innehat. Für allein arbeitende Selbständige geht es dagegen nicht selten binnen kurzem um die blanke Existenz. Geschäftszeiten oder Abgabetermine für Projekte sind einzuhalten, die Geduld und Nachsicht von Kunden hält sich in Grenzen, sobald sich eigene Nachteile daraus ergeben, Mitgefühl hin oder her.

Schon die Anforderungen der bisherigen Tätigkeit weiterhin einigermaßen zu erfüllen verlangt von demjenigen, dessen Partner schwer erkrankt ist, viel Kraft. Die nicht sichtbare seelische Belastung, die Angst um den Partner und das Ertragen seines Leidens bedeuten indes oft eine ungleich größere Strapaze.

Gleichzeitig stellt der Beruf für viele Betroffene auch einen dringend benötigten Ausgleich zur privaten Situation dar. Es ist eine Möglichkeit, sich mit etwas anderem zu beschäftigen, an etwas anderes zu denken und die täglichen Sorgen für eine Weile auszuklammern – eine Art Auszeit. Auch wenn es vielleicht überrascht: Nicht wenige erhalten sich auf diese Weise einen Teil der ansonsten verlorenen Normalität in ihrem Alltag, eine Normalität, die ihnen Bestätigung und Energie gibt.

Für alle Berufstätigen gerät schon während der Zeit der Erkrankung des Partners die vorher eingespielte Balance zwischen Beruflichem und Privatem ins Wanken. Mit dem Tod des Partners endet dann die Hoffnung, das gemeinsame Leben in seiner alten Form vielleicht doch wieder zurückbekommen zu können. Nahtlos beginnt ein ganz anderes Ringen um Balance. Es gilt, das eigene Leben in ein neues, zunächst völlig unvorstellbares Gleichgewicht zu bekommen. Der Tod des Partners beendet die berufliche Ausnahmesituation nicht, bedeutet keine Normalisierung und Rückkehr zum Status vor der Erkrankung, sondern er ist Übergang und

Auftakt für einen weiteren Ausnahmezustand: die Zeit der Trauer.

In Bezug auf die berufliche Situation weisen die Bedingungen und Folgen für Menschen, deren Partner nach Krankheit verstirbt, und denjenigen, die ihren Partner ganz plötzlich verlieren, wenige Unterschiede auf. Wenn der Trauerprozess beginnt, haben die einen schon viel Energien verbraucht, haben eine kräftezehrende und seelisch belastende Zeit hinter sich, während den anderen durch den unermesslichen Schock auf einen Schlag scheinbar alle Kraft genommen wird. Arbeitsbedingte Konsequenzen bringt es für beide mit sich.

Welche Auswirkungen die oft lange Zeit eingeschränkte Einsatzfähigkeit hat und welche Konsequenzen sich aus der vielleicht auch stattfindenden Veränderung der Persönlichkeit ergeben, zeigt sich meist erst nach einer Weile. Dabei kommt es sowohl auf die Reaktionen, die Geduld und Akzeptanz seitens des Arbeitgebers oder der Kunden an, als auch auf die durch das Erlebte nicht selten verschobenen Prioritäten der Betroffenen. Es gibt Jobwechsel aufgrund persönlich gezogener Konsequenzen, weil die bisherige Tätigkeit nicht mehr der neuen Lebensausrichtung entspricht, aber teils auch gezwungenermaßen, weil die wirtschaftliche Lage oder die Verantwortung für Kinder keine andere Wahl lässt. Und das ist häufig der Fall. Einen unbestreitbaren Vorteil haben diejenigen, die ohne finanziellen Druck Veränderungen vornehmen und Entscheidungen treffen können. Auch für sie bringt die jeweilige Umstellung noch genug Schweres mit sich, ohne Existenzängste haben zu müssen, kann sich der Betreffende im Rahmen seiner emotionalen Möglichkeiten jedoch entspannter und flexibler auf das neue Lebenskonzept einlassen.

Auswirkungen auf den Beruf
Andreas, geb. 1961, Berater:[37]

Ich war zum Zeitpunkt der Erkrankung meiner Frau und auch noch einige Zeit nach ihrem Tod in einer sehr hohen Managementposition bei einem amerikanischen IT-Konzern tätig. Für mich waren Job und Karriere immer wahnsinnig wichtig, und deswegen hatten wir auch eine sehr klare Aufgabenteilung zu Hause. Durch die Krankheit ist dann das Ganze erst mal ins Wanken geraten, ab da war der Job zwar immer noch wichtig, aber wichtiger war die Krankheit beziehungsweise das Ankämpfen gegen sie. Mit sehr viel Unterstützung von meinen Schwiegereltern lief dann alles fast normal weiter, bis meine Frau verstarb. Da wurde dann quasi zwangsweise diese familiäre Aufgabe zu meiner ersten Aufgabe. Als bald darauf das Firmenbüro insgesamt aufgelöst wurde und mir sozusagen unfreiwillig der Job gekündigt wurde, allerdings mit einer sehr guten Abfindung, hab ich beschlossen, jetzt kümmerst du dich um deine Kinder, und alles andere ist erst einmal völlig unwichtig. Ich hab mich nie wieder irgendwo beworben, bis ich ein, zwei Jahre später angesprochen worden bin, ob ich nicht als Berater in einem relativ überschaubaren Umfang etwas machen könnte. Ich hab das dann wieder angefangen, allerdings unter der Prämisse, dass meine Familie und meine Kinder absolute Priorität haben. Ich bekomme das alles gut hin und bin nicht gestresst, früher war ich manchmal völlig fertig. Das sind alles Dinge, die der Vergangenheit angehören. Es ist jetzt für mich einfach ein anderer Abschnitt.

Es war für mich nicht ganz einfach zu erklären, was ab jetzt mein »Beruf« war. Ich hab dann immer gesagt: Ich bin hauptberuflicher Papi. Das war mein neuer Beruf. Und was ganz erstaunlich war: Alle haben es immer nur bewundernd zur Kenntnis genommen. Es hat niemand gesagt »du Weichei« oder so, sondern alle

---

37 Andrea, die Frau von Andreas, verstarb 2007 an den Folgen von Unterleibskrebs. Die beiden haben zwei gemeinsame Söhne, damals 3 und 4 Jahre alt.

haben gesagt, Hut ab! Anerkennung also von allen Seiten, und ich muss sagen: Es ist schon ein gutes Gefühl, wenn man sich nicht nur über den Job definiert, weil man besonders viele Leute führt, sondern auch als Mensch wahrgenommen wird.

Was es für mich schwierig gemacht hat: Dieses ganze Umfeld ist natürlich zu 99 Prozent von Frauen besetzt, egal ob man jetzt zu einem Elternabend oder in die Kita oder in einen Sportverein kommt, da laufen nur Frauen herum und die haben ihre Frauennetzwerke. Ich bin sowieso nicht der große Networker und Kommunikator, ich hab zwar auch meine Nachbarin oder meine Frauen, zu denen ich Kontakte habe, aber es ist eine andere Ebene als bei den Frauen, die da unter sich vernetzt sind und ihre Kränzchen machen etc. Da ist man als Mann natürlich ein kompletter Außenseiter. Das ist nicht meine Welt, wird's auch nie sein, da ist man eben so ein kastriertes Alphatier. Das ist eine riesengroße Umstellung.

Aber es ist ganz erstaunlich, das hätte ich früher gar nicht gedacht: Es gibt wahnsinnig viele Parallelen zwischen Firma und Familie. Es gibt so viele Parallelen in den Verhaltensweisen von Kindern und Mitarbeitern, in den Hierarchien, ob man Familienoberhaupt ist oder in einer Firma Chef ist. Und es gibt natürlich auch in einer Familie Erfolge. Erfolge, die man selber mit herbeiführen kann, weil man bestimmte Dinge anleitet, weil bestimmte Dinge toll funktionieren, und es gibt natürlich auch Misserfolge. Das ist für mich nichts, was mir einfach zufällt – dieser ganze Computerkram ist mir zugefallen, es ging einfach so, diese Familiengeschichte ist mir nicht zugefallen, sondern sie ist schwer für mich, ich finde mich da schwer zurecht. Umso mehr freue ich mich, wenn ich in dem Bereich Erfolge habe.

Plötzlicher Tod

Die Nachricht vom plötzlichen Tod des Partners reißt den Hinterbliebenen von einem auf den anderen Moment aus dem Arbeitsprozess, teils sogar direkt vom Arbeitsplatz weg. Bei Arbeitnehmern folgt überwiegend eine kurze oder auch längere Zeit, in der sie arbeitsunfähig beziehungsweise krankgeschrieben sind. Selbständige sind in der Situation im Grunde ebenso arbeitsunfähig, stehen allerdings vielfach noch unter anderem Druck. Es gibt zwar ebenso die Möglichkeit einer Krankschreibung, die etwa bei Krankengeld- oder anderweitigen Ausfall-Versicherungen nötig ist, jedoch bietet sie keinen Schutz vor finanziellen Verlusten, falls es eine entsprechende Absicherung nicht gibt.

Völlig unvermittelt aus dem (Arbeits-)Alltag herausgerissen, setzt bei nahezu allen eine Phase ein, in der sie einfach nur funktionieren, ohne das Geschehen überhaupt zu realisieren, geschweige denn überblicken oder den weiteren Verlauf einschätzen zu können. Viele sind auch nicht ansatzweise in der Lage, etwas zu tun und schon gar nicht »normal« zu arbeiten, andere nehmen sehr bald ihre Arbeit wieder auf, um irgendeine Regelmäßigkeit, einen Halt im Chaos zu finden oder um sich abzulenken. Kaum jemand ist den bisherigen beruflichen Aufgaben allerdings durchgehend und auf Dauer gewachsen, ohne in der Folge körperliche und seelische Einbrüche zu erleiden. Diese können nach sehr unterschiedlichen Zeiträumen eintreten.

Diejenigen, die vorher keine berufliche Tätigkeit ausgeübt haben, weil sie beispielsweise die Kinder versorgt haben, stehen nach dem Tod des Partners gefühlt erst einmal vor dem Nichts. Existenzängste kommen bei vielen auf, weil die finanzielle Lage unklar und unsicher ist. Es muss erst einmal ermittelt werden, ob zukünftig Mittel wie beispielsweise Hinterbliebenenversorgung, Erbe oder Versicherungsleistungen eventuell zur Verfügung stehen; solches in Erfahrung zu bringen, dauert nicht selten quälend lange. Sofort stehen dagegen die bangen Fragen im Raum: »Wie soll ich das schaffen?« »Woher soll ich denn so schnell einen Job bekommen, mit dem ich mein Leben finanziell sichern kann?« Sie überlagern die Trauergefühle, machen Angst und erzeugen einen enormen Druck.

Berufliche Situation und finanzielle Sorgen
Larissa, geb. 1968, Krankenschwester:[38]
Ich war im fünften Monat schwanger, auf Elternurlaub, mein Mann hatte gerade einen Superjob bekommen mit einem sehr guten Gehalt. Wir wollten im März umziehen, nach der Geburt wollten wir ein großes Fest geben und dann endlich heiraten. Wir haben uns sehr gut gefühlt, hatten schöne Perspektiven und waren voller Pläne. Dann kam Ende Februar alles anders. Plötzlich war Thomas tot.

Eigentlich hatte ich wegen des Umzugs kündigen wollen in dem Krankenhaus, wo ich arbeitete, aber das habe ich dann natürlich nicht getan. Auf einmal hatten wir keinen Lebensunterhalt mehr, wir hatten überhaupt kein Geld, und ich musste Hartz IV beantragen. Zwei Kinder und eine schwangere Frau – wir waren nicht verheiratet gewesen. Ich habe nach dem Tod meines Mannes überhaupt keine Unterstützung bekommen, es gab keine Lebensversicherung, nichts, irgendwann später habe ich erfahren, dass Kindern eine Halbwaisenrente zusteht. Geld, Rente, Unterhalt, alles war unklar. Und ich wusste gar nicht, was los war, ob ich trauern sollte, ob ich mein Kind überhaupt austragen konnte, ob ich mich um die Finanzen kümmern muss. Ich hab einfach so gelebt. Ich habe dann bei der Bank einen Kredit über 5000 Euro aufgenommen, damit wir die Zeit überbrücken können. Ich hätte sonst nicht einmal zur Beerdigung einen Kranz kaufen können. Er hat 200 Euro gekostet …

Die Familie von Thomas hat sich total zurückgezogen, sie wollten sich weder zur Vorbereitung der Beerdigung mit mir treffen, noch danach. Sie haben nie gefragt, ob ich Hilfe brauche, ob ich genug Geld habe, um den Kindern etwas zu essen zu kaufen, oder ob ich mit den Kindern ein paar Tage wegfahren möchte, ein-

---

38 Thomas, der Mann von Larissa, verstarb 2008 an einem Herzinfarkt. Die beiden haben zwei gemeinsame Söhne, der ältere war damals 2 Jahre alt, der jüngere wurde vier Monate nach dem Tod des Vaters geboren. Die Tochter, die Larissa mit in die Partnerschaft brachte, war damals 12 Jahre.

fach gar nichts. Obwohl sie finanziell gut gestellt sind. Eigentlich war es schon bösartiges Verhalten. Während des Verfahrens zur Namensgebung von Luis hat Thomas' Mutter jede Unterstützung verweigert und behauptet, Luis sei nicht das Kind von Thomas. Sie wollte nicht, dass Luis den Namen von Thomas erhält. Sie ist dreimal nicht vor Gericht erschienen, hat behauptet, sie habe schon lange den Kontakt zu uns abgebrochen. Aber es gab Fotos mit ihr bei uns zu Hause, an Weihnachten oder an Geburtstagen, es war lächerlich. Das Gericht hat dann festgestellt, dass Luis der Sohn von Thomas ist, wir haben noch während der Geburt eine Blutentnahme gemacht, um die Vaterschaft zu bestimmen. Für mich war das wichtig, dass in der Geburtsurkunde nicht steht »Vater unbekannt«.

Nach der Geburt habe ich Erziehungsurlaub genommen und war auf Hartz IV. Das Geld hat natürlich vorn und hinten nicht gereicht. Ich konnte den gewohnten Lebensstandard nicht mehr führen, die Ernährung meiner Kinder ist mir aber sehr wichtig. Ich habe also bei Kleidung gespart, doch Kinder wachsen und brauchen immer wieder was. Wegen der Arbeit bin ich zum Arbeitsamt und habe gefragt, wie ich es machen sollte. Ich würde ja nie wieder voll als Krankenschwester mit Schicht- und Wochenenddienst arbeiten können, mit Thomas ging das, aber jetzt stand ich ganz alleine da, ohne Familie. Die Idee war dann, ob ich vielleicht eine Schulung machen sollte als Pflegedienstleitung. Dann würde ich geregelte Dienstzeiten haben.

Beim Arbeitsamt hatte ich eine sehr nette Beraterin, die mir geholfen und schließlich auch zugestimmt hat, dass ich diese Ausbildung noch mache, um nicht ewig auf Hartz IV hängenzubleiben. Ich arbeitete also ein paar Stunden bei dem Pflegedienst und habe parallel angefangen, die Schulung zu machen. Mein Kopf war voll, Kindergarten und Schule für die Kinder, dann selbst zur Schule gehen, ich brauchte viel Energie zum Lernen. Die Kinder waren in der Trotzphase beziehungsweise in der Pubertät, das war schwierig. Alles kostete viel Zeit, Ausdauer, Kraft. Meine Chefin hat mich schon immer schief angesehen, und in ein paar

Monaten würde ich wieder im Krankenhaus anfangen müssen zu arbeiten. Ich dachte, ich werde verrückt. Ich rutschte in eine depressive Phase und ging zu einer Psychologin, weil ich den Tod meines Partners ja noch gar nicht bewältigt hatte. Ich hatte noch gar nicht Abschied genommen.

Die Schule war nicht leicht. Neue Fächer, ich musste eine Projektarbeit schreiben, mein Deutsch ist nicht perfekt, aber für so eine Arbeit muss alles perfekt sein. Das war so ein Druck, ich wollte aufgeben. Ich gehe nicht mehr zu Schule, beschloss ich. Alle haben gesagt, Larissa, mach weiter, mach weiter. Nach der ersten Arbeit, die ich mit guten Noten geschafft habe, sagte ich: Okay, jetzt schmeiß ich hin. Aber alle haben gesagt, mach weiter. Ich hab dann beim Pflegedienst wieder angefangen und ein Praktikum gemacht, das war für die Schule Voraussetzung. Parallel war ich weiter in Hartz IV, wir hatten kein Geld. Ich klammerte mich an die Hoffnung, dass es uns eines Tages vielleicht nützen würde, wenn ich jetzt weitermache. Meine Elternzeit war dann zu Ende, ich musste wieder im Krankenhaus anfangen. Also Arbeit im Krankenhaus, parallel Vorbereitungen für die Abschlussprüfung, parallel Arbeit im Pflegedienst. Außerdem hatte ich noch den Bankkredit zurückzuzahlen. Die Bank hatte sehr hohe Zinsen verlangt und mir gleich auch noch Versicherungen verkauft, nutzlose, wie sich später herausstellte. Ich hatte monatlich fast 300 Euro zu zahlen, dazu kamen Überziehungszinsen, das nahm mir die Luft. Erst nach einem jahrelangen Streit entließ mich die Bank aus dem Kredit, dafür habe ich jetzt Schulden bei den Freunden, die mir das Geld liehen. Am Ende habe ich für den Kredit alles in allem gut das Doppelte bezahlt. Das war eine sehr harte Zeit.

Aber ich habe Thomas »versprochen«, dass ich alles schaffen werde und mich immer gut um die Kinder kümmere. Ich vermisse ihn sehr, und meine Liebe zu ihm gibt mir auch weiterhin die Kraft zu leben.

Ich arbeite jetzt 25 Prozent im Krankenhaus und 25 Stunden wöchentlich im Pflegedienst. Ich bin von Hartz IV inzwischen weg, weil mein Einkommen 50 Euro über dem Satz liegt, dafür muss ich viele Ausgaben jetzt selbst zahlen, Bus, Fernsehen usw., so dass ich unterm Strich weniger habe. Aber egal, es ist für mich wichtig und für meine Kinder, dass sie sehen, dass ich mich nicht hängenlasse. Dass ich weiterlebe und kämpfe, egal wie schwer es ist.

Kollegen und Vorgesetzte

»Nehmen Sie sich so viel Zeit wie Sie brauchen. Sie haben unser Mitgefühl und können sich auf unser volles Verständnis verlassen – wir werden gemeinsam einen Weg finden.« Ein solcher Satz ist für Betroffene unglaublich entlastend und hilfreich, wenn er tatsächlich so gemeint ist und sich nicht nur auf Tage oder die ersten Wochen nach dem Tod des Partners bezieht. Ein Todesfall im engsten Familienkreis bedeutet für den Arbeitnehmer einen harten Bruch in seinem Leben, von dessen Auswirkungen auch das Arbeitsumfeld nicht verschont bleiben kann. Dass der kurzfristig eintretende und in der Länge nicht immer abzusehende Ausfall eines Mitarbeiters für das Unternehmen eine Belastung ist und kleinere oder größere Schwierigkeiten mit sich bringt, ist nachvollziehbar und sollte jedem bewusst sein. Besonders in kleineren Betrieben macht das längere Fehlen eines Mitarbeiters oft Druck und ist ein echtes Problem. Dennoch: Sich vor Augen zu führen, dass dieser Arbeitnehmer weder schuldhaft noch mutwillig fehlt und selbst mit einem viel größeren »Problem« zu kämpfen hat, ist wesentlich sinnvoller, als den eigenen Druck weiterzugeben, wenn der Betreffende ohnehin gerade weder ein noch aus weiß. Es ist eine schwierige Situation für beide Seiten. Bei Bedarf zusammen nach Lösungen zu suchen, die für alle umsetzbar sind, erfordert Verständnis und die Kompromissbereitschaft, zumindest mittelfristig nicht optimale Bedingungen zu akzeptieren.

Sieben Monate krankgeschrieben[39]
Mein Lebensgefährte hat mich vor einem Jahr verlassen (Herzinfarkt, Koma, seitdem geistig schwerstbehindert, kennt mich nicht mehr, ist im Heim). In der ersten Zeit, als wir alle um sein Leben bangten, habe ich das Essen eingestellt, mich sogar beim Zähneputzen übergeben, massive Schlafstörungen und schlimmste Albträume gehabt, Herzrasen, über 10 Kilo abgenommen. Irgendwann brach ich in der Firma zusammen, kam mit Nerven- und mit Kreislauf-Zusammenbruch ins Krankenhaus, wo ich 4 Wochen blieb. Danach war ich weitere 7 Monate krankgeschrieben …

Ich habe das so ausführlich geschrieben, um zu zeigen, dass solche Reaktionen auf so einen Schicksalsschlag normal sein können. Jeder verarbeitet seine Trauer anders, und bei einigen geht es zuerst über die Körperfunktionen. Geholfen haben mir eine gute Therapeutin und ein Arzt, der mir ein Beruhigungsmittel verschrieb, so dass ich wieder schlafen konnte. Nach vier Monaten habe ich es abgesetzt, weil die Gesprächstherapie half. Therapien können hart sein, weil man auf sich selbst geworfen wird, aber für mich war es ein guter Ansatz zur ersten Trauerbewältigung.

Wenn das gemeinsame Ziel, wieder die volle Arbeitskraft zu erreichen, im Vordergrund steht, heißt das in vielen Fällen, dass der kürzeste Weg nicht unbedingt der effektivste ist. Trauer ist nicht kontrollier- oder planbar, sie ist nicht einfach so in den Griff zu kriegen. Die Forderung »Sie müssen sich jetzt aber endlich mal zusammenreißen« ist ungefähr genauso leicht zu erfüllen wie der nachdrückliche Wunsch von Freunden: »Nun lach doch endlich mal wieder *von Herzen*!« So geht es leider nicht. Der Trauernde hat nur sehr begrenzt Einfluss auf Ablauf und Dauer seines Trauerprozesses und kann deshalb selbst keine verlässlichen Angaben dazu machen, wann er wieder einigermaßen »normal« funktionieren wird.

[39] Eintrag im Forum »Allgemein« von verwitwet.de, November 2003

Nicht alle Arbeitnehmer haben die beruhigende Gewissheit, dass ihr Chef oder der Betrieb, in dem sie arbeiten, auf sie angewiesen ist oder sie zumindest nur sehr ungern verlieren möchte. Auch diese Mitarbeiter sind jedoch nicht nur eine einfach auszutauschende Personalnummer, sondern trauernde, reale Menschen. Für diese Menschen entscheiden die wohlwollende Unterstützung und der Erhalt des Arbeitsplatzes maßgeblich darüber, ob und wie schnell sie mit ihrem ungewollt neuen Leben klarkommen können. Gerade auch hier gilt es, soziale Verantwortung zu übernehmen und nicht ausschließlich den Kosten-Nutzen-Faktor zu berücksichtigen. Einmal, wenn auch nur ganz kurz, in die Rolle des Betroffenen zu schlüpfen und zu versuchen, sich ansatzweise vorzustellen, wie sich das Geschehen im eigenen Leben anfühlen würde, führt dann vielleicht dazu, demjenigen etwas mehr entgegenzukommen oder nach einem gemeinsamen Weg zu suchen.

Für berufliche Partnerschaften von Selbständigen gilt das in vergleichbarer Weise, denn in guten Zeiten füreinander da zu sein, sich im Ausbau der Geschäfte zu unterstützen sowie sich gemeinsam an finanziellen Erfolgen zu freuen, ist relativ leicht. Doch das deckt nur den einen Teil einer Partnerschaft ab. Für den Partner auch dann da zu sein, wenn er in Schwierigkeiten steckt, sich für ihn stark zu machen und so lange es irgend möglich ist Nachteile und eventuelle Mehrbelastung in Kauf zu nehmen, anstatt ihn loswerden zu wollen, ist eine Handlungsweise, der jeder vermutlich gerne selbst begegnen würde, wenn er darauf angewiesen ist. Entgegen der landläufigen Meinung muss Freundschaft beim Geld nicht unweigerlich aufhören.

Tabuthema

Wenn ein Mitarbeiter von einem Todesfall im nahen Familienkreis betroffen ist und die Trauer seine Arbeitsfähigkeit beeinflusst, sind Tod und Trauer meist auch Thema im Kollegenkreis. Vereinzelt werden verhaltene Gespräche geführt, Geschichten rund um eigene Verluste erzählt, und häufig kümmert sich auch jemand um eine Trauerkarte, die zum Unterschreiben herumgereicht wird. Wie für andere Trauerbekundungen gilt hier ebenso: Etwas ist besser als nichts, und darüber hinaus ist persönlich besser als Standard. Vielfach weiß niemand so recht, »was man da schreiben soll«; aber sich miteinander ein paar Gedanken zu machen und sich auszutauschen, ob jemandem in dem Zusammenhang etwas positiv in Erinnerung ist, kann für den Empfänger einen großen Unterschied bedeuten.

Die Karte, die mir selbst beim Tod meines Mannes aus meiner Firma zuging, erinnere ich noch heute, weil sie mich sehr berührt hat. Aus einem Arbeitsumfeld, in dem viele Worte gemacht werden und in dem es maßgeblich um Texte geht, bekam ich eine ganz schlichte, weiße Karte, auf der nur stand: »Ohne Worte«. Daneben alle Unterschriften. Für mich war das damals absolut passend, es entsprach dem, was ich fühlte. So gilt es, möglichst etwas Verbindendes zu finden, was den Betreffenden in der Situation auch erreichen kann.

Ein konkreter Anlass kann die Gelegenheit sein, innerhalb der Firma den Umgang mit Tod und Sterben sowie angemessenes Verhalten gegenüber Betroffenen zu thematisieren, um die Mitarbeiter dabei nicht sich selbst zu überlassen. Soziale Ansprechpartner für Krisensituationen, wie sie in größeren Unternehmen inzwischen häufiger eingesetzt werden, oder der Betriebsrat, ein Chef oder auch Teamleitungen können dazu beitragen, das gesellschaftlich geprägte Tabu zu lockern. Sie können der Belegschaft Informationen weitergeben, wo und wie unter solchen Umständen Hilfe und Unterstützung zu bekommen sind, innerhalb oder außerhalb des Betriebs. Vergleichbar mit anderen Themen, die im beruflichen Miteinander eine Rolle spielen – Kinderbetreuung, Gesundheitsvorsorge oder Alkohol am Arbeitsplatz –, kann der offene Umgang von offizieller Seite auch hier eine Vorbildfunktion erfüllen. Dafür eignen sich unter anderem Info-Broschüren, Rundmails mit weiterführenden Hinweisen auf regionale Kontaktadressen oder auch eine innerbetrieblich angesetzte Gesprächsstunde, die von jemandem mit fachlicher Kompetenz moderiert wird. Dabei können Fragen vor Ort beantwortet und es kann zu konkreten Beispielen unterstützend Stellung genommen werden. Um diese Inhalte trotz der persönlichen Hemmschwelle des Einzelnen möglichst vielen zu vermitteln, kann eine verpflichtende Teilnahme sinnvoll sein; erfahrungsgemäß nutzen sonst nur wenige Menschen derartige Angebote, die Scheu vor der Auseinandersetzung mit dem Thema ist zu groß.

Rückkehr an den Arbeitsplatz

Es ist wichtig, den Arbeitgeber über das aktuelle Befinden beziehungsweise den Stand der eigenen Arbeitsfähigkeit zu informieren. Es erleichtert ihm die Planung, wenn ihm so frühzeitig wie möglich mitgeteilt wird, falls die Krankschreibung verlängert werden muss oder vielleicht der Aufenthalt in einer psychosomatischen, auf Trauernde ausgerichteten Kurklinik ansteht. Ein offenes Verhalten schafft Vertrauen und zeigt gleichzeitig, dass der Betreffende selbst alles tut, um wieder voll einsatzfähig zu werden. Wenn jemand aus Verantwortungsbewusstsein oder aus Angst um den Arbeitsplatz zu früh in den Betrieb zurückkehrt, kann sich das für alle Beteiligten letztendlich als problematischer erweisen, als damit umzugehen, dass jemand noch eine Weile ausfällt; im stressigen Tagesgeschäft ist es nicht immer umsetzbar, aufeinander Rücksicht zu nehmen. Das betrifft besonders die Kollegen, die mit dem Trauernden Hand in Hand oder im Team gearbeitet haben und ein bestimmtes Pensum von ihm gewohnt sind. Da keine körperliche oder deutlich sichtbare

Beeinträchtigung vorliegt, kann das Verständnis für die besondere Situation schnell schwinden.

Eine im Einzelhandel langjährig tätige und von der Geschäftsleitung und Kollegen hinsichtlich ihrer fachlichen und menschlichen Kompetenz besonders geschätzte Mitarbeiterin verlor im Spätsommer ihren Mann durch eine Krebserkrankung. Schon die lange Zeit der Krankheit war durchweg belastend, und der Kampf, das Auf und Ab in den letzten Monaten, geradezu dramatisch, auch was die Finanzen betraf. Nach dem Tod des Partners nahm sie deshalb relativ schnell ihre Arbeit wieder auf, auch weil sie, ohne Kinder lebend, die Einsamkeit zu Hause nur schwer ertragen konnte. Zunächst waren Mitgefühl und Rücksichtnahme im Arbeitsumfeld für sie beeindruckend groß, man zeigte Verständnis dafür, dass es sie in dieser Situation enorm viel Kraft kostete, gefühlvoll auf Kunden einzugehen, die in vielen Fällen als Paar vor ihr standen oder ein Geschenk für den Partner suchten. Sie bekam daraufhin zwischenzeitlich die Möglichkeit, sich überwiegend den Aufgaben im Büro zu widmen. Während bei ihr die Trauer und das Realisieren des Verlusts in den nächsten Wochen immer weiter zunahmen und noch stärker wurden – wie bei den meisten Trauernden –, näherte sich die Vorweihnachtszeit und somit ein gerade im Einzelhandel enorm wichtiges Saisongeschäft, das allen Mitarbeitern maximalen Einsatz abverlangt. So auch hier: Die Schonzeit ging übergangslos zu Ende, zumal der Zeitpunkt des Verlusts für das Gefühl des Chefs und der anderen Kollegen ohnehin schon »so lange« zurücklag und es ihrer Vorstellung nach an der Zeit war, mit den Trauergefühlen abzuschließen – oder aber allein damit klarzukommen. Aus Rücksicht und Verantwortungsgefühl gegenüber ihren Kollegen ließ sich die Mitarbeiterin trotzdem nicht krankschreiben, sondern forderte und erwartete stattdessen von sich, zu funktionieren und die Belastung durchzustehen. Sie hatte in der Zeit mit unkontrollierbar laufenden Tränen in Kundengesprächen zu kämpfen, wenn der Kunde etwas Besonderes für seinen »Schatz« suchte; sie kam abends körperlich und seelisch völlig erschöpft nach Hause. Zudem musste sie auf die Unterstützung aus der alle zwei Wochen abends stattfindenden Trauergruppe, die sie sich gleich nach dem Tod ihres Mannes gesucht hatte, verzichten. Bis dahin waren immer Kollegen an diesen Tagen für sie eingesprungen, nun lehnten diese das jedoch ab, Begründung: »Das geht jetzt erst mal nicht mehr – in der Weihnachtszeit müssen wir schließlich alle auf unsere Freizeitvergnügen verzichten ...«

Gerade im beruflichen Umfeld, im Miteinander unter Kollegen spielt Privates häufig nur eine untergeordnete Rolle. Im Umgang mit trauernden Kollegen kommt für alle erschwerend hinzu, dass kaum jemand genügend Wissen oder Erfahrung rund um das Thema hat, um die Dauer und die in Wellen auftretenden Auswirkungen einschätzen und richtig zuordnen zu können.

Begegnungen

Trauerbedingte Arbeitsausfälle können sowohl direkt nach dem Geschehen, als auch verzögert, nach schon wieder aufgenommener Tätigkeit eintreten und nicht selten über mehrere Wochen oder auch Monate andauern. Entsprechend der Situation nach einer längeren Krankheit bedeutet die Rückkehr an den Arbeitsplatz für den Betreffenden wie für die Kollegen dann erst mal wieder eine Umstellung. Das Thema Trauer bringt zusätzlich eine mehr oder weniger große Unsicherheit mit sich, wie die Rückkehr wohl ablaufen wird: »Welche Fragen, welche Sätze werden mir begegnen?« »Was soll ich, was darf ich denn sagen?« »Wie soll ich mich dem Trauernden gegenüber verhalten?«

Diese verständliche Unsicherheit sollte nicht dazu führen, eine Begegnung so lange wie möglich hinauszuschieben oder zu vermeiden, dadurch entsteht nur noch größeres Unbehagen, und der Wiedereinsteiger bekommt den Eindruck, dass er gar nicht wahrgenommen oder eben tatsächlich gemieden wird. Ihn beispielsweise einfach nur mit einem »Schön, dass Sie wieder da sind« am Arbeitsplatz zu begrüßen und willkommen zu heißen, reicht manchmal schon aus und kann einen großen Teil der ersten Verlegenheit oder Berührungsangst nehmen. Bemerkungen, die aus dem selbst gemachten Druck, etwas sagen zu müssen, spontan und dann unüberlegt herausrutschen, sind für den Betroffenen oftmals verletzend und stehen auf Dauer zwischen diesen Personen.

Beispielhaft dafür ist das erste Gespräch mit meinem damaligen Chef, der sich – für mein Gefühl – zunächst drei Tage um eine Begegnung herumdrückte und mir dann plötzlich auf dem Gang gegenüberstand: »Hallo, da bist du ja wieder.... Weißt du, ich möchte dir sagen, so schlimm das natürlich für dich ist, ist es doch gut, dass dir das jetzt passiert ist – du bist noch in dem Alter, wo du leichter wieder jemanden finden wirst.... Wenn du sonst etwas brauchst, kannst du dich jederzeit an mich und die anderen wenden.« Antworten konnte ich darauf nicht, ich war erst mal völlig leer. Sicherlich, der Hinweis auf Ansprachebereitschaft war nett, und rein sachlich gesehen war der andere Punkt gar nicht von der Hand zu weisen – nur war es der völlig falsche Zeitpunkt, mir diese Überlegung quasi als Trost vermitteln zu wollen. Er wollte die aktuelle Situation für mich – und sich selbst – als etwas weniger schlimm darstellen, doch für mich blieb sie unverändert schlimm, und das Gefühl, dass jemand anderer auch nur einen Hauch Gutes darin entdecken konnte, empfand ich lange Zeit als ganz fürchterlich.

Dem Kollegen genug Zeit zu lassen, um erst mal wieder anzukommen und sich in den Ablauf einzugliedern, sowie es möglichst ihm zu überlassen, ob und wann er über das Geschehene und die Veränderungen in seinem Privatleben sprechen möchte, entspannt das Miteinander und den vorhandenen Erwartungsdruck, »doch etwas dazu sagen zu müssen«. Ein nach einem Urlaub übliches »Wie war's denn?« verbietet sich von selbst, und ein auf dem Flur im Vorbeigehen gefragtes »Na, wie geht's dir / Ihnen?« kann der Betreffende nicht mal eben so beantworten. Wenn überhaupt, geht das nur, wenn echtes Interesse hinter der Frage spürbar wird und gleichzeitig Zeit für mehr als zwei Sätze da ist.

Wie für alle anderen Lebensbereiche trifft für den beruflichen Bereich zu, dass der Mensch, der nun wieder da ist, nicht mehr so sein wird wie vorher. Sein Verhalten, seine Reaktionen im Miteinander können, kaum merklich oder aber deutlich, verändert sein. Auch die Bereitschaft und Freude, an firmeninternen Anlässen wie einer Weihnachtsfeier oder dem Feierabend-Bier im Kollegenkreis teilzunehmen, können über einen langen Zeitraum fehlen. Das zu akzeptieren und ohne drängende Kommentare wie »Komm, das schaffst du schon – das gehört doch dazu« oder gar »Das ist doch immer lustig und wird dich bestimmt aufmuntern, sei nicht so ein Trauerkloß« hinnehmen zu können, schafft die Grundlage für eine gute Zusammenarbeit. Zu warten, bis derjenige sich wieder in der Lage fühlt, an einem fröhlichen Anlass teilzunehmen, gibt allen die Möglichkeit, sich den neuen Bedingungen anzunähern, um zukünftig wieder unbelastet miteinander arbeiten und umgehen zu können.

Wiedereingliederung
Um nach längerem krankheitsbedingtem Ausfall, zu dem auch Arbeitsunfähigkeit aufgrund von Trauer zählt, nicht sofort unter voller Belastung tätig zu sein, sondern etwas langsamer wieder in den Arbeitsalltag zurückzufinden, ist das Entgegenkommen des Arbeitgebers wichtig. Durch individuelle Absprachen und gemeinsam ausgearbeitete Schritte kann die Wiedereingliederung als weniger abrupt und belastend empfunden werden. Die stufenweise Eingliederung mit Hilfe des sogenannten Hamburger Modells kann sogar schon begonnen werden, wenn der Arbeitnehmer noch krankgeschrieben

ist, allerdings nur mit Zustimmung des Arbeitgebers. Diese schrittweise Heranführung, die den Übergang zur vollen Berufstätigkeit erleichtern soll und während der der Mitarbeiter weiterhin offiziell als arbeitsunfähig angesehen wird, dauert in der Regel zwischen sechs Wochen und einem halben Jahr.

Ob die bisherigen Arbeitszeiten für den hinterbliebenen Partner rein organisatorisch wieder leistbar sind oder ob eine Verkürzung auf Teilzeit in Frage kommt, ist nur im Hinblick auf die jeweilige Familiensituation zu entscheiden. Das Ausschöpfen aller denkbaren Möglichkeiten, gerade von Seiten des Arbeitgebers, kann für den Arbeitnehmer eine unschätzbar wertvolle Unterstützung und Erleichterung bieten, selbst wenn es sich nur um eine Zwischenlösung handeln sollte; Übergänge zu schaffen und auch kleine Schritte angeboten zu bekommen, bedeutet für Betroffene, dass sie nicht ganz auf sich allein gestellt sind.

Bei Selbständigen sieht das anders aus: Sie *sind* im Allgemeinen auf sich allein gestellt, auch jetzt. Zwar sind sie nicht abhängig von einem Arbeitgeber und können eigenverantwortlich Entscheidungen treffen, sie verfügen aber nur in den seltensten Fällen über ein ausreichendes soziales und finanzielles Netz, das eine langsame Wiederaufnahme der Tätigkeit möglich machen kann. Entsprechend kann man auch hier nur selten von einer freien Entscheidungsmöglichkeit sprechen. Eine selbständige Anwältin, die kurz nach dem Tod ihres Mannes ihre siebenjährige Tochter zu einem frühmorgendlichen Besprechungstermin mitnahm, um sie danach in die Schule zu bringen, weil die Mitfahrgelegenheit kurzfristig ausgefallen war, bat vor Ort darum, dass das Mädchen während des halbstündigen Termins im Nebenraum warten durfte. Dieses vom Klienten wohl als unprofessionell eingestufte Verhalten kostete sie sehr wahrscheinlich das Mandat, das ihr ohne Angabe von Gründen kurz darauf entzogen wurde. Die Zusammenarbeit war bis zu dem Zeitpunkt durchweg vertrauensvoll und erfolgreich gewesen ... Vom rein geschäftlichen Standpunkt aus betrachtet mag das Prinzip, jede private Vermischung im Ansatz auszuschließen, verbreitet und begründbar sein. Die Verhältnismäßigkeit zu wahren und in jedem Fall neu abzuwägen, zeugt jedoch von einer sozialen Kompetenz, die jedem, gerade auch im Geschäftsleben, gut ansteht.

Trauerklischees

Gesellschaftlich fest verankerte Klischees komplizieren sehr häufig den Umgang mit unbekannten, ungewohnten Situationen, anstatt ihn zu vereinfachen. Der Glaube zu wissen, was ein bestimmtes Erleben für jemanden bedeutet und welches Verhalten dann angemessen, richtig oder falsch ist, beeinflusst die Erwartung Außenstehender. Und das meist umso stärker, je größer ihre Distanz zu der betreffenden Person ist, je weniger sie also von den individuellen Voraussetzungen und persönlichen Beweggründen Kenntnis haben.

In einem beruflichen Umfeld, in dem eine größere persönliche Distanz herrscht und eher höfliche Zurückhaltung und Förmlichkeit angesagt ist, können Klischees leichter greifen als in einem kollegial-freundschaftlichen oder rein freundschaftlichen Rahmen. Wenn ich kein eigenes Wissen dazu habe, was ein Trauerfall im engsten Familienkreis bedeutet, muss ich mich trotzdem nicht von Klischees oder Vorurteilen leiten lassen. Genauso gut kann ich versuchen, offen für persönliche Eindrücke zu sein und mir eine eigene Meinung zu bilden.

Die Sinnfrage

Aus der veränderten Lebenssituation heraus entwickelt sich eine Neuordnung des täglichen Lebens. Die davon abhängenden Anpassungen im beruflichen Bereich ergeben sich einerseits aus zeitlichen und finanziellen Zwängen des hinterbliebenen Partners, andererseits aus den sich bietenden oder eben nicht umsetzbaren Möglichkeiten im Arbeitsumfeld. Eine Umstellung, in einem anderen Umfang, vielleicht auch in einem anderen Aufgabenfeld tätig sein zu können, fordert Flexibilität und Kompromissbereitschaft von beiden Seiten.

Abgesehen davon, dass Betroffenen vielfach keine große Wahl bleibt, da sie andere Prioritäten setzen müssen, verändern die Erfahrungen und Gefühle im Verlauf des Trauerprozesses nicht selten die persönlichen Lebensprioritäten jedoch ganz von allein. Die Einsicht, dass es keine Sicherheit gibt, dass Pläne unter Umständen im Handumdrehen völlig sinnlos werden und Angestrebtes plötzlich keinen Wert mehr haben kann, kann sich auf die gesamte Lebenseinstellung auswirken. Ziele verändern sich, was vorher wichtig war, scheint plötzlich gar nicht mehr so erstrebenswert zu sein. Leben im Hier und Jetzt bekommt bei vielen einen sehr viel höheren Stellenwert, Zwischenmenschliches wird plötzlich viel mehr geschätzt als Materielles oder Statussymbole.

Dieses andere Empfinden kann ebenso die Einstellung zum Beruf durchdringen. Es führt zu größerer Gelassenheit im Umgang mit stressigen, problematischen Situationen oder zu weniger Aufgeregtheit, wenn etwas mal nicht so läuft wie erwartet. Die vielleicht ganz unterbewusst vorhandenen Gedanken »Was soll mir denn Schlimmeres passieren?« wirken bei vielen gewissermaßen entspannend und tragen speziell in Krisen zu gelassenerem Handeln bei. Manche Kollegen, die Tod und Trauer erfahren haben, werden überdies mit der Zeit zu vertrauenswürdigen, quasi inoffiziellen Ansprechpartnern für andere, die sich in persönlich schwierigen Situationen befinden.

Neuausrichtung
Aus den verschobenen Prioritäten kann sich allerdings auch eine Unvereinbarkeit mit den Inhalten, Aufgaben und Zie-

len der bisherigen Tätigkeit entwickeln. In Berufsbereichen etwa, deren Schwerpunkt auf Trends, materiellem Luxus und dem schönen Schein liegt oder die sich mit eher abstrakten, wenig lebensbezogenen Inhalten beschäftigen, kommt bei manchen ein vages Unbehagen auf; Ergebnisse, die bisher immer persönlichen Erfolg bedeuteten, befriedigen plötzlich nicht mehr in gleichem Maß. Früher oder später stellt sich den Menschen dann die Sinnfrage: »Was mache ich hier eigentlich?« »Wofür setze ich meine Energie und Kreativität ein?« Nicht jeder ist daraufhin in der Lage, einfach in andere Bereiche auszuweichen, die seinen veränderten Prioritäten mehr entsprechen. Finanzielle Abhängigkeiten, mangelnde Qualifikation oder auch Angst vor der eigenen Courage können Hindernisse darstellen, die nicht oder erst mit viel Geduld und Einsatz aus dem Weg geräumt werden können. Teilweise entwickelt sich ohnehin erst aus der aufkommenden Unzufriedenheit die Suche nach neuen (Arbeits-)Zielen. Wann und was das sein kann, muss jeder für sich herausfinden. Sich umzusehen und sich mit dem veränderten Blick neu zu orientieren, sich vielleicht zunächst nebenberuflich oder ehrenamtlich zu engagieren, kann ein Anfang sein, berufliches Neuland zu erkunden und später tatsächlich zu erobern. Wie überall gibt es auch hier keine Garantie, dass Mut mit Zufriedenheit belohnt wird; einen Versuch kann es trotzdem wert sein, weil auch für unser berufliches Leben gilt: Wir haben nur eins. Wir verfügen jedoch über wesentlich mehr Möglichkeiten, es auszufüllen, als die meisten von uns in Erwägung ziehen.

Finanzielle Notlage

Für viele, die ihren Partner früh verlieren, rückt die Möglichkeit, selbstbestimmt und nach Neigung berufliche Entscheidungen treffen zu können, jedoch in weite Ferne. Das betrifft vor allem diejenigen, die nun ganz allein die gemeinsamen noch minderjährigen Kinder versorgen müssen, aber auch hinterbliebene Partner ohne oder mit erwachsenen Kindern finden sich vielfach in einer Situation wieder, in der sie einem hohen finanziellen Druck ausgesetzt sind.

Dass sich aus dem Partnerverlust einschneidende finanzielle Konsequenzen ergeben können, ist dem Umfeld und nicht selten auch dem Hinterbliebenen meist erst einmal gar nicht präsent. Zu groß ist der Schreck über die Konfrontation mit Tod und Trauer, die Verlustgefühle stehen im Vordergrund. Spätestens auf den zweiten Blick liegt es – insbesondere bei Partnerverlust in jüngeren Jahren – in vielen Fällen jedoch klar auf der Hand, dass die veränderten finanziellen Bedingungen massiven Einfluss auf das zukünftige Leben nehmen. Die meisten haben über gegenseitige Absicherung im Todesfall zwar schon nachgedacht, aber erschreckend häufig ist dieser Punkt dennoch unerledigt, wenn der Tod unerwartet früh im Leben eintritt. Unverheiratete Partner, mit oder ohne Kinder, stehen dann teilweise vor dem Nichts. Die rechtlichen Folgen, nicht verheiratet zu sein, werden vielen in letzter Konsequenz erst klar, wenn es zu spät ist. Welche emotionalen, partnerschaftlichen Gründe gegen eine Heirat auch immer vorliegen, im Todesfall können die rechtlichen Auswirkungen für den hinterbliebenen Partner *und* die Kinder die Situation dramatisch verschlechtern. Ganz abgesehen von möglicherweise anstehenden Erbschaftsangelegenheiten, die in manchen Fällen dann noch unfassbarere Verläufe nehmen, finanziell wie menschlich. Aber auch wenn die Partner verheiratet waren, stehen viele vor unlösbar scheinenden Finanzierungsproblemen. Etwa wenn der Verstorbene der Alleinverdiener war oder wenn eine vorangehende Erkrankung die Rücklagen aufgebraucht hat. Wenn Kredite abzuzahlen und knapp kalkulierte Finanzierungen auf zwei Verdiener aufgebaut sind oder wenn die kinderbedingte Berufsunterbrechung einen schnellen Wiedereinstieg unmöglich macht.

Die Problematik, dass der Lebensunterhalt plötzlich in Frage gestellt ist und neue Wege zur Absicherung gesucht werden müssen, überlagert bei den Betroffenen oft den emotionalen Trauerprozess so stark, dass die Trauer um den Partner erst sehr viel später zum Tragen kommt. Wenn der Betroffene so gut wie übergangslos seine Tätigkeit weiter ausführt oder gar gezwungenermaßen aufstocken muss, wird die unterschwellige Belastung der Verlustgefühle häufig unterschätzt, alles scheint ja nach außen hin zu funktionieren.

Nicht wenige der hinterbliebenen Partner müssen Kraft, Durchhaltevermögen, Mut und auch Leidensfähigkeit in einem Maß aufbringen, das ohne weiteres mit der Belastung und den Anforderungen an eine höhere Managementposition vergleichbar ist. Ein Vergleich, der vielleicht ungewöhnlich wirkt, aber durchaus angemessenen ist. Er soll deutlich machen, dass diese Leistung Anerkennung verdient und vor allem auch jede Unterstützung aus dem Umfeld angebracht ist.

5. Kapitel Gesellschaft und Tod

Das Tabu

Schweigen, verlegenes, unwilliges, hilfloses und distanziertes Schweigen. Rumdrucksen, knappe, ablenkende Antworten, schneller Themenwechsel – all das weist darauf hin, dass ich möglicherweise ein Tabu berührt habe.

Wenn ich im Alltag den Austausch zu Sterben, Tod und Trauer suche, muss ich fast immer mit genau solchen ablehnenden Reaktionen rechnen, denn diese Themen gehören zu einem der ausgeprägtesten Tabus unserer Gesellschaft.

»Als Tabuthema wird ein Thema bezeichnet, das nicht oder nur eingeschränkt öffentlich thematisiert wird. Oft handelt es sich dabei um Gebiete, die wunde Punkte einer Gesellschaft berühren.« So steht es etwa im Online-Lexikon Wikipedia, und weiter: »Tabus sollen magischen Schutz bieten gegen jeglichen Einbruch in bestehende und lebenserhaltende Ordnung. Sterben und die Sterblichkeit zeigen existentielle Gefährdung auf, Tot-Sein ist das Tabu per excellence.«

In einer älteren Definition des Begriffs Tabu von Sigmund Freud in seinem Werk »Totem und Tabu« heißt es: »Die Tabuverbote entbehren jeder Begründung, sie sind unbekannter Herkunft; für uns unverständlich, erscheinen sie jenen selbstverständlich, die unter ihrer Herrschaft leben.«

Der Tod ist ein »wunder Punkt« unserer Gesellschaft, und sein Erscheinen beziehungsweise seine Thematisierung ist als Gefährdung unserer »lebenserhaltenden Ordnung« anzusehen. Wie kann das sein, wo doch so viele Menschen jeden Tag aufs Neue von Sterben, Tod und Trauer betroffen sind, Leben und Tod untrennbar zusammengehören? Freuds Hinweis, dass Tabuverbote jeder Begründung entbehren und unbekannter Herkunft sind, scheint für das Thema Tod besonders zuzutreffen.

Unsicherheit und Angst rund um alles, was mit Tod zu tun hat, sind in unserer heutigen Gesellschaft tief verwurzelt, ohne dass sich schlüssig begründen ließe, welchen Ursprung und welchen Sinn das hat.

Um die Wirkungsweise von Tabus in ihrer ganzen Tragweite deutlich zu machen, sei eine weitere Perspektive hinzugenommen: »Der Begriff Tabu ist aus soziologischer und sozialpsychologischer Sicht von besonderer Bedeutung. Tabus schützen ein Thema vor dem Diskurs in einer Gruppe, Gemeinschaft oder Gesellschaft (›Darüber spricht man nicht!‹). Dem Thema wird kein Platz, kein ›Ort‹ im öffentlichen ›Raum‹ des Bezugssystems gewährt.

Je mehr Mitglieder des Bezugssystems sich an dieser Form der Ausgrenzung eines Themas beteiligen, desto mehr ›Macht‹ hat das Tabu über den Einzelnen. Kollektive Verdrängungsmechanismen werden wirksam (›Das darfst du noch nicht einmal denken!‹). Diese starke emotionale Aufladung ist der Grund dafür, dass die direkte Erwähnung eines Tabus eine Spannung im Zuhörer erzeugt.

Gemeinsame Tabus stabilisieren die Bezugssysteme von Menschen, insbesondere aufgrund ihrer emotionalen Aufladung. Mitglieder, die einen Tabubruch wagen, sind daher in der Regel schweren Sanktionen bis hin zum Ausschluss aus der Gemeinschaft ausgesetzt. Wenn der Zusammenhalt des Bezugssystems aber aus anderen Gründen gefährdet ist, können wiederholte Tabubrüche den Niedergang des Bezugssystems beschleunigen.«[40]

40 http://www.fremdwort.de/suche.php?term=Tabu, 22.10.2011

Jährlich sterben rund 850 000 Menschen in Deutschland. Ihre Angehörigen mit dazugerechnet, sind folglich mehr als drei Millionen Menschen mitten in unserer Gesellschaft von Tod und Trauer betroffen. Jedes Jahr aufs Neue, jedes Jahr wieder.

Es ist erstaunlich und zeugt von der nahezu magischen Kraft eines Tabus, dass trotz dieser hohen Anzahl Betroffener eine Ausgrenzung des Einzelnen möglich ist und weiter stattfindet.

Wenn wir allerdings bedenken, wie geschwächt ein Trauernder der Umwelt entgegentritt, wie allein, verletzlich und fremd er sich in seinem vorher so vertrauten Leben fühlt, wird nachvollziehbar, wie es dazu kommt. Es kostet unglaublich viel Kraft, sich in einem angeschlagenen Zustand gegen die kollektive Ausgrenzung oder Verdrängung eines Themas zur Wehr zu setzen. Sich zurückzuziehen ist viel leichter. Ich brauche meine Energie, von der ohnehin nicht genug da ist, um zunächst die grundlegenden, täglichen Anforderungen meines neuen, aufgezwungenen Lebens zu bewältigen.

Das ist auch ein Grund dafür, dass diese vielen Betroffenen bisher keine einheitliche Interessengruppe darstellen, die gesellschaftliches Gewicht und Macht entwickeln könnte. Die Menge besteht aus vielen Einzelschicksalen, die im Themennetz der Gesellschaft keinen Anknüpfungspunkt haben, keinen Halt finden und somit auch kein Miteinander entwickeln und erleben können.

Die Zahl der Menschen, die regelmäßig mit solchen ablehnenden Reaktionen und gesellschaftlichem Unverständnis konfrontiert werden, beschränkt sich jedoch längst nicht nur auf direkt vom Tod Betroffene. Nicht nur Trauernde machen solche Erfahrungen und erleben Ausgrenzung, sondern auch Menschen, die beruflich mit Sterben und Tod zu tun haben.

Tabuthema Tod[41]

Wenn ich auf einer Party gefragt werde, was ich beruflich mache, antworte ich nicht gerne, ich versuche schnell das Thema zu wechseln oder gebe eine sehr knappe Antwort: »Bin Krankenschwester.« Meistens kommt dann schon die Reaktion, die mich zwar ärgert, an die ich mich aber mittlerweile gewöhnt habe: musternder Blick à la »in die Schublade hätte ich die jetzt nicht reingesteckt ...« und der Spruch: »Dass du das kannst ... also, absoluten Respekt, aber ich könnt' das nicht, anderen Leuten den Arsch abwischen ...«, gefolgt von einem etwas abwertenden Blick. Wenn dann auch noch nachgefragt wird: »Aha, und was machst du da genau?«, wünschte ich mir so manches Mal, ich hätte einfach behauptet, ich wäre Bürokauffrau: »Ich begleite sterbende Menschen.« Buff! Spätestens jetzt habe ich immer das Gefühl, mein Gegenüber wünschte sich, er hätte nie nachgefragt. Vielleicht kommt noch ein: »... und das macht dir wirklich Spaß? Du bist doch noch so jung ...«, und ganz schnell wird über die schlechten Cocktails und die gute Musik und dann über das viel zu enge Oberteil der Tussi an der Theke geredet.

Wie kommt es, dass Tod und Sterben so ein Tabuthema ist? Ich stelle mir in solchen Situationen immer wieder die Frage: »Kann man Tod und Sterben gesellschaftsfähig machen?« Dazu fällt mir Sexualität ein – ein Tabuthema, das keines mehr ist. Wie wurde Sexualkunde als Unterrichtseinheit eingeführt, wie stieg die Medienpräsenz und damit der selbstverständliche Umgang im Alltag? Wenn das Tabuthema Sex gesellschaftsfähig und somit zur Normalität gemacht werden konnte, kann dann auch Tod und Sterben als normal und offen in unserer Gesellschaft, sogar im Unterricht an den allgemeinbildenden Schulen als Lerneinheit etabliert werden?

Immer gibt es einen Anfang von etwas – und ein Ende: Geburt – Tod, Freud – Leid, Gewinn – Verlust. Wenn man das Ende von et-

---

41 Eintrag einer 21-jährigen im Palliativbereich tätigen Krankenschwester im Forum von jetzt.sueddeutsche.de, 27.5.2006

was als normal, gesellschaftlich anerkannt und akzeptiert ansehen könnte und nicht nur als zwingendes Übel, wenn Sterben als Teil des Lebens selbstverständlich wäre und man nach dem Tod eines geliebten Menschen trauern könnte, ganz offen und öffentlich, genauso normal wie man sich über die Geburt seines Kindes freuen würde. Wie würde sich das Verständnis der Menschen ändern, wenn Sterben und Tod präsent in unserem Alltag, in den Medien, in unserem Denken und Fühlen, eben ganz normal integriert in unserem Leben wäre? Wie wäre es, wenn unsere Gesellschaft – wir – uns über das Thema Tod und Sterben genauso unterhalten und auseinandersetzen würden wie mit unserer Sexualität?

Angst vor dem Thema Tod

Jeder Mensch kommt im Verlauf seines Lebens in irgendeiner Form mit dem Tod in Berührung – zu unterschiedlichen Zeitpunkten und mit unterschiedlicher Intensität. Das können Verluste der Großeltern, Eltern oder von Freunden sein, von Nachbarn oder Kollegen, der Tod des Lebenspartners oder eines Kindes, aber auch das Sterben von liebgewonnenen Haustieren gehört dazu.

Der Tod ist Bestandteil jedes einzelnen Lebens, und der eigene Tod ist unabänderliche Realität, auch wenn diese Tatsache in der Gesellschaft in der Regel ausgeblendet und ignoriert wird; wozu auch die Floskel »der Tod gehört zum Leben« zu zählen ist.

Der Mensch weiß als einziges Lebewesen um die Realität von Sterben und Tod, er besitzt ein Bewusstsein für Zeit und den Begriff Zukunft. Er hat die Möglichkeit, sich mit diesen Gegebenheiten auseinanderzusetzen, aber auch die Wahl, es nicht zu tun.

Während »Zukunft« überwiegend positiv besetzt ist und mit Chancen und Hoffnung verbunden wird, löst das Thema

Endlichkeit eher negative Empfindungen aus, Ängste und Zweifel. Es steht für Abschied, Trennung, Verlust.

Die grundlegende Veränderung, die der Verlust des Partners bedeutet, bringt das Leben aus dem Gleichgewicht und stellt alles Bisherige sowie die Zukunft in Frage. Folge davon ist eine tiefe Verunsicherung in vielen Bereichen des Alltags und die Verletzung des Selbstwertgefühls, häufig verbunden mit einer Schwächung der gesellschaftlichen Position. Verwitwete stehen gegen ihren Willen einzeln und allein da, werden unfreiwillig zu Singles. Sie sind plötzlich kein Paar mehr, keine Einheit und verlieren unvorbereitet die Sicherheit und Stärke des Miteinander, einschließlich ihrer bisherigen Rolle in der Gesellschaft.

Das Auftreten als Paar oder als Familie entspricht der gesellschaftlichen Ordnung und der traditionellen Erwartung, auch heute noch. Beides bedeutet auf den ersten Blick Ganzheit, Stabilität und Stärke. »Sind Sie verheiratet?«, »Haben Sie Kinder?«, gehört noch immer zu den Standardfragen beim ersten Kennenlernen, sei es in der Freizeit oder im Job. Ein Verneinen weist auf eine Abweichung von der Norm hin und scheint selbst einer Erklärung zu bedürfen: »Nein, ich habe aber einen Lebenspartner.« »Nein, bisher noch nicht. Im Moment sind wir beruflich sehr engagiert.«

Die Anerkennung, die uns unterschwellig entgegengebracht wird, wenn wir der Norm entsprechen, bestätigt und bestärkt, sie gibt uns das Gefühl, ein akzeptiertes Mitglied der Gemeinschaft zu sein. Wir gehören dazu, sind mittendrin.

Eine irgendwie abweichende, als außergewöhnlich empfundene Lebensweise führt nicht grundsätzlich zu Ablehnung und Ausgrenzung. Wenn meine Andersartigkeit als erstrebenswert gilt, was etwa bei finanziellem Erfolg, individueller Leistung, Eigenständigkeit oder Prominenz der Fall ist, wird sie anerkannt. Sie zeichnet mich in den Augen der anderen aus und macht mich in einem positiven Sinn »besonders«.

Im Gegensatz dazu ist die Besonderheit, die mich umgibt,

wenn Tod und Trauer plötzlich in mein Leben treten, weder erstrebenswert noch gesellschaftlich akzeptiert. Sie ist ein Makel und bedeutet Ausgrenzung und distanzierte bis ablehnende Reaktionen.

Gesellschaftlich geht es um Erfolg, Schnelligkeit und Funktion, um Perfektion, Jugend und Gesundheit. Tod findet im alltäglichen Leben nicht statt, wird ausgeblendet, als ob es ihn gar nicht geben würde. Umso größer ist der Schock und Widerwille, wenn er ungefragt und unerbittlich mitten unter uns auftaucht.

Gerade wenn jüngere Menschen sterben, dringt die erschreckende Erkenntnis ins eigene Bewusstsein durch, dass Sterben nicht unbedingt eine Frage des Alters ist, sondern es jederzeit auch mich treffen kann, meinen Partner, mein Kind.

Die Furcht, die schon allein der Gedanke daran mit sich bringt, ist so tief und allumfassend, dass viele fast instinktiv auf Distanz zu den Menschen gehen, die sich mit Tod und Trauer auseinandersetzen. Selbst wenn das bedeutet, dass auf diese Weise eine Freundschaft beendet wird – die Angst vor dem Thema ist sehr häufig stärker.

Umgang mit Betroffenen

Wenn Trauernde in ihrem vertrauten Umfeld Kontakt aufnehmen, wenn sie versuchen, die Gefühle und Bedürfnisse ihrer neuen Lebenssituation mit anderen zu teilen, beschreiben sie diese Begegnungen nicht selten fassungslos: »Ich werde behandelt, als wäre ich aussätzig.« »Ich habe das Gefühl, niemand will mit mir zu tun haben – jedenfalls nicht in Verbindung mit dem, was mir passiert ist.«

Und plötzlich ist alles anders[42]
Weihnachtsfeier in der ersten Klasse. Meine Tochter hat mit ihren Klassenkameraden ein kleines Stück einstudiert, spielt auch Flöte auf dieser Feier. Ich ahne schon, was mich erwartet ... Als ich ankomme, spüre ich die Betroffenheit der anderen. Oh Gott, was sage ich bloß? Letztes Jahr, freundliche Begrüßung: »Na, wie geht's euch?« Dieses Jahr, das höchste der Gefühle ist ein angestrengtes Lächeln, ein leises »Hallo!«. Und plötzlich ist alles anders.

Ich setze mich mit meiner großen Tochter an einen freien Tisch, fast alle sind noch leer. Die Tische füllen sich, alle setzen sich, nur zu uns setzt sich keiner ... Erst als alle anderen Tische voll sind, setzen sich Eltern zu uns, die ich nicht kenne, die mich nicht kennen, die nicht wissen, was passiert ist. Keiner von den mir bekannten Eltern hatte den Mut, sich zu mir zu setzen.

Janina spielt Flöte. Am Nachbartisch tuschelt eine Frau: »Das ist das Mädchen, deren Papa ...« Ich kämpfe mit den Tränen. Nach der Aufführung sagt die Lehrerin: »So, nun geht ihr alle zu euren Mamis und Papis!« Ich spüre den Stich mitten ins Herz. Ob die Kinder ihn auch spüren? Sie tun mir so leid. Ich nutze die erste Gelegenheit zum Aufbruch. Kaum jemand hat mit uns geredet. Früher waren wir immer bei den Letzten, die gegangen sind. Plötzlich ist alles ganz anders.

Gleichzeitig aber stehen Trauernde, besonders in kleineren Orten und ländlicher Umgebung, unter einer strengen Beobachtung. Hier herrscht eine klare Erwartungshaltung, wie sich ein Trauernder in der Öffentlichkeit zu verhalten hat, was akzeptiert wird und was nicht.

Die anderen bestimmen, wie lange jemand trauern muss, aber auch wie lange er trauern darf. Ihre Reaktion entscheidet, wann ein Lachen nicht mehr befremdlich wirkt, wie mit

---

42 Eintrag im Forum »Allgemein« von verwitwet.de, Dezember 2001

den Kindern umzugehen ist, wann der Zeitpunkt für die erste Teilnahme an einem Fest oder gar für das eventuelle Auftauchen eines neuen Partners gekommen ist ...

Kaum von Interesse ist es dabei, ob und wie der Trauernde es überhaupt schafft, diese Norm zu erfüllen, wichtig ist nur, dass er den Erwartungen im Verlauf seines Trauerprozesses entspricht. Das ihm vorgeschriebene Ziel lautet: Sein Anderssein möglichst schnell wieder abzulegen und so wie vorher zu funktionieren, auch damit er kein dauerhafter »Störfaktor« im Leben der anderen bleibt. Kann diese Anforderung nicht oder nicht in der vorgegebenen Zeit erfüllt werden, bleibt der Trauernde weiterhin Außenseiter mit der Auflage, sich still und unauffällig zu verhalten, solange ihm die Anpassung und Wiedereingliederung ins gesellschaftliche System nicht gelingt. Obwohl kein »schuldhaftes Verhalten« seitens des Trauernden vorliegt, wird er gewissermaßen für seine Situation verantwortlich gemacht und ist somit auch allein für ihre Bewältigung zuständig.

Trauernde finden sich so plötzlich in einem gesellschaftlichen Abseits wieder. In ihrem emotionalen Ausnahmezustand sind sie gar nicht in der Lage, sich gegen die Ausgrenzung zu wehren, die noch dazu überwiegend still und leise, gewissermaßen schleichend stattfindet. Entsteht sie doch mehr durch Unterlassung, durch das Fehlen von Ansprache und Kontakt als durch aktive Handlungen. Es scheint gar keinen Adressaten zu geben, an den der Protest gerichtet werden könnte.

Raum für individuelles Trauern

Wo und wie sollen Betroffene aber den dringend benötigten Raum finden, ihre Trauer zu leben, wenn kein Platz dafür zur Verfügung gestellt und keine Unterstützung angeboten wird? Der von der Gesellschaft vorgegebene schmale Pfad entspricht nicht den tatsächlichen und individuellen Bedürfnissen von Trauernden.

Schon seit langem gibt es in vielen Gemeinden betreute Gesprächskreise für Hinterbliebene, seit einigen Jahren werden auch vermehrt sogenannte Trauercafés ins Leben gerufen. Solche Angebote richten sich zumeist jedoch an ältere Menschen und werden überwiegend von Senioren besucht. So sinnvoll diese Gesprächsrunden ganz ohne Frage sind, so wenig geeignet sind sie, um Trauernden, die sich in einem ganz anderen Lebensabschnitt befinden, Hilfestellung zu geben. Ein 38-jähriger berufstätiger Vater mit kleinen Kindern wird nach dem Tod seiner Partnerin mit völlig anderen Themen und Anforderungen konfrontiert als ein 70-jähriger Mann, der nicht mehr im Berufsleben steht.

Auch innerhalb des gleichen Lebensabschnitts sind Trauernde nicht einfach in eine gemeinsame Schublade zu stecken. Auf dem Trauerweg macht es einen großen Unterschied, ob ich beispielsweise den Partner oder ein Kind verloren habe, ob ich mich mit plötzlichem Tod, dem Sterben nach Krankheit oder einem gewaltsamen Tod, einem Unfall, Verbrechen oder Suizid auseinandersetzen muss.

Um den Einzelnen in ihrer Situation gerecht werden zu können, sind wesentlich differenziertere, vor allem aber mehr und besser miteinander verknüpfte öffentliche Anlaufstellen und Hilfsangebote notwendig. Das über weite Strecken noch äußerst löcherige Netzwerk aus Initiativen, Beratungsstellen, gemeinnützigen Vereinen und Organisationen sowie vielfach ausgeprägtem ehrenamtlichen Engagement braucht Stärkung und Anerkennung. Es ist ein wichtiger Anfang, Trauernden einen Weg aus ihrer Isolation zu ermöglichen und sie nicht völlig allein zu lassen. Dieses Engagement ist sehr zu begrüßen und ein guter Beginn; es reicht aber bei weitem nicht aus.

Die mangelnden Angebote stehen darüber hinaus in einem krassen Gegensatz zur gesellschaftlichen Forderung, dass trauernde Menschen möglichst schnell wieder im System funktionieren sollen und müssen. Ganz abgesehen davon, dass ein individueller Trauerprozess nicht nach Belieben beeinflusst und verkürzt werden kann, sind sein Verlauf und seine Bewältigung ohne Unterstützung weitaus schwieriger und langwieriger.

Ersthelfer, Ärzte und Krankenhauspersonal

Nur noch selten tritt der Tod heute zu Hause, im Kreise der Familie ein, anders als noch vor zwei oder drei Generationen. Heute findet er überwiegend in Krankenhäusern statt, nach Krankheit oder auch nach einem Unfall, und der Leichnam wird umgehend vom Bestatter übernommen und weggebracht. Diese Art der distanzierten und schnellen Abwicklung festigt fatalerweise das Tabu Tod, so dass eine wünschenswerte Lockerung keineswegs in Sicht ist.

Ein sinnvoller Ansatzpunkt, um langsam eine andere Wahrnehmung des Themas und somit auch von Trauernden zu entwickeln, liegt bei den Menschen, die aufgrund ihres Berufes, zum Teil tagtäglich, mit Tod und Sterben in Berührung kommen: Ärzte, Krankenschwestern und -pfleger, Polizeibeamte und Feuerwehr- oder Katastropheneinsatzkräfte, um nur einige zu nennen. Sie sind vor Ort, wenn Sterben und Tod stattfinden oder gerade stattgefunden haben, überbringen vielfach auch die Todesnachricht und haben so die Möglichkeit, Vermittler eines offeneren und auch selbstverständlicheren Umgangs mit dem Thema zu sein.

Leider ist es überwiegend jedoch so, dass Angehörige – ebenso wie Sterbende – auch von Menschen aus diesen Berufsgruppen aus Unsicherheit häufig sich selbst überlassen werden. Das liegt sicherlich daran, dass sie dem gesellschaftlichen Tabu genauso unterliegen wie alle anderen, aber wohl auch daran, dass sie mit dieser Aufgabe ihrerseits allein gelassen werden.

Ärzte und Pflegekräfte werden weder im Studium oder der Ausbildung, noch bei ihrer Tätigkeit genügend angeleitet und darauf vorbereitet, dass es außer Heilung und Gesundung auch Situationen gibt, in denen sie einen Patienten nicht vor dem Tod bewahren können. Viele Ärzte empfinden einen sterbenden Patienten als persönliche Niederlage und können ihn deshalb auf dem letzten Teilstück seines Lebens nicht oder nur schwer begleiten. Ab dem Moment der Unheilbarkeit liegt die Last überwiegend auf dem Pflegepersonal, das von der Situation häufig genauso überfordert ist. In der modernen Medizin werden Tod und Sterben oft als Feind betrachtet. Anstelle von Offenheit, Mitgefühl und Begleitung bestimmen Zeitmangel, kühle Routine und fehlende Empathie den Umgang miteinander.

Erfreulich und Mut machend ist dagegen, dass es in Krankenhäusern zunehmend Initiativen gibt, um dem Thema Sterben den ihm gebührenden Raum zu öffnen. Die Wahrnehmung des Drucks, der sowohl auf Seiten der Angehörigen als auch beim Krankenhauspersonal vorhanden ist, wird deutlicher. Dafür sprechen unter anderem der Ausbau der hauseigenen Seelsorge sowie vermehrt eingerichtete angemessene Abschieds- und Andachtsräume, sogenannte Räume der Stille. Sie ermöglichen Patienten, Angehörigen oder Mitarbeitern ein Innehalten. Hier kann man sich dem hektischen Treiben entziehen, den Gedanken freien Lauf lassen oder Gespräche führen.

Positiv ist ebenfalls die Entwicklung im Hospiz- und Palliativbereich zu werten. Cicely Saunders (1918–2005), englische Ärztin, Sozialarbeiterin und Krankenschwester, gilt neben Elisabeth Kübler-Ross als Begründerin der modernen Hospizbewegung und Palliativmedizin. Ihr Satz »Es geht nicht darum, dem Leben mehr Tage zu geben, sondern den Tagen mehr Leben« ist Leitlinie für viele, die in diesem Bereich arbeiten und sich engagieren.

In der Palliativmedizin geht es darum, in der letzten Lebensphase die Lebensqualität von Patienten durch die Linderung ihrer Beschwerden zu verbessern. Palliativmedizin ist keine Sterbemedizin. Sie bejaht das Leben und ist gegen eine Verkürzung, gleichzeitig richtet sie sich aber auch gegen sinnlose Therapieversuche, die belasten und den Patienten daran hindern, seine verbleibende Lebenszeit optimal nutzen zu können. Die Erkenntnis nimmt zu, wie wichtig für Patienten, die nicht geheilt werden können, eine fachlich und menschlich kompetente Weiterversorgung und Begleitung ist. In immer mehr Krankenhäusern entstehen gut ausgestattete Palliativbereiche, deren Personal speziell für die Versorgung und den Umgang mit unheilbar kranken oder auch sterbenden Patienten *und* deren Angehörigen ausgebildet ist. Der Bedarf an solchen Einrichtungen wächst.

Es wäre ein großer Schritt, wenn Krankenhäuser nicht ausschließlich als Orte der Heilung und Gesundheit definiert würden. Sie sind naturgemäß ebenso Orte des Sterbens. Bei allem Schrecken, den diese Benennung spontan mit sich bringen mag, schenkt sie doch gleichzeitig jenen Menschen Beachtung, die mit dem Sterben konfrontiert sind und den Tod annehmen müssen. Die gesellschaftliche Verantwortung für den letzten Lebensabschnitt schon im Krankenhaus mit zu tragen, mildert auch den oft als hart empfundenen Bruch zu einem Aufenthalt im Hospiz. Es hieße dann nicht mehr hier Leben, dort Tod, sondern: Leben und Sterben gehören zusammen.

Gesellschaftlichen Einfluss auf die Art des Umgangs mit dem Thema nehmen auch Menschen aus den Berufsbereichen der Ersthelfer, Polizeibeamte, Feuerwehrleute und Rettungssanitäter, wenn sie vor Ort mit Opfern und Angehörigen in Kontakt kommen. Auch in diesen Berufsfeldern wird der Verlust eines Menschen von vielen als persönliche Niederlage empfunden. Speziell solche Situationen sind mental eine enorme zusätzliche Belastung zur ohnehin schon hohen Leistungsanforderung dieser Berufe. In diesen Momenten nicht oder nicht gut auf die Begegnung mit emotional heftig reagierenden Menschen vorbereitet zu sein, kann jedoch noch wesentlich anstrengender und belastender sein, als sich darauf einlassen und die Reaktionen aushalten und mittragen zu können. Wenn ich weiß, dass ich meinem Gegenüber trotz des dramatischen Ausgangs beistehen und helfen kann, ist das Wissen, wirklich alles getan zu haben, befriedigender, als wenn ich mich dem weiteren Geschehen entziehe. Um das leisten zu können, brauchen diese Menschen nicht nur psychologische Nachsorge (wie nach Katastropheneinsätzen), sondern schon im Vorfeld mehr Anleitung und Unterstützung in Form von Ausbildungseinheiten und Fortbildungsangeboten, die auch den emotionalen Zugang zu Sterben und Trauer thematisieren und ermöglichen.

Genauso wie im medizinischen Umfeld erhalten Kontakt und Umgang mit Angehörigen auch im Bereich der Ersthelfer zunehmend größere Aufmerksamkeit. Die Menschen, zu deren beruflichen Aufgaben es gehört, anderen Menschen die Nachricht vom Tod eines nahen Angehörigen zu überbringen, werden gezielt besser vorbereitet, bekommen Unterstützung und größere Sicherheit, um diese schwierige Aufgabe bewältigen zu können. Das entspricht dem Bedarf beider Seiten.

Wie wichtig es ist, diese Entwicklung weiter voranzutreiben, belegen Studien mit Trauernden zu den Auswirkungen der Art und Weise, wie eine Todesnachricht überbracht wird. Für Angehörige, die in dieser Situation einfühlsam und ihrem Bedarf entsprechend begleitet werden, ist es weniger schwer und belastend, sich daran zu erinnern und diesen Moment in ihren Trauerprozess zu integrieren. Diejenigen, die in dieser Situation nicht nur durch die Nachricht an sich, sondern durch Verhaltensweisen und Worte der Überbringer schockiert und verletzt wurden, haben es im Verlauf ihres Trauerprozesses oft schwerer, und sie brauchen in der Regel länger, um das Erlebte zu verarbeiten. Wenn sie in dieser Situation Zwängen ausgesetzt waren oder ihnen etwas verweigert wurde, hadern viele sehr lange immer wieder damit. Sie werfen sich dann vor, sich nicht durchgesetzt, nicht auf Erfüllung ihrer Wünsche bestanden oder nicht selbst an etwas Bestimmtes gedacht zu haben. Zu wissen, dass sie nicht verantwortlich waren und auch gar nicht in der Lage dazu, ändert nichts an den eigenen Vorwürfen und Schuldgefühlen, die daraus entstehen.

Selbst mit einer umfassenden Vorbereitung ist vermutlich nicht jeder Ersthelfer in der Lage oder aus seinem Berufsverständnis heraus bereit, diese persönliche Kontaktschwelle zu überschreiten und Anteil zu nehmen. Doch es ist schon ein guter Schritt zu wissen, welche Handlungsweisen unangebracht oder verletzend sind. Und zu wissen, wo gegebenenfalls weitere Unterstützung zu finden sein kann.

Kindergarten und Schule

Der Stellenwert eines Themas und überhaupt seine grundsätzliche Wahrnehmung kann maßgeblich beeinflusst werden, wenn der Umgang damit schon von klein auf offen und selbstverständlich ist. Für Kinder, die zu Hause, im Kindergarten und in der Schule an ein Thema herangeführt werden, wird es auch im Erwachsenenalter meist leichter zugänglich sein. Im besten Fall können sie dann an etwas Gelerntes anknüpfen und sogar darauf zurückgreifen.

Auch wenn sicherlich noch nicht alle Möglichkeiten ausgeschöpft sind, hat beispielsweise das Aufnehmen und Integrieren des Themas Sexualität in den Unterricht eine Menge bewirkt, auch im gesellschaftlichen Umgang damit. Inwieweit dabei inzwischen in der Öffentlichkeit auch Grenzen überschritten werden, sei dahingestellt, jedoch halte ich die Auseinandersetzung mit dem Thema, seine weitgehende Enttabuisierung für wesentlich sinnvoller und positiver, als es zu verschweigen. Das Gleiche gilt für die Themen Sterben, Tod und Trauer. Sie sind ebenfalls ein wichtiger, unausweichlicher Teil des Lebens, und altersgemäß behandelt sollten sie im Wahrnehmungs- und Lernprozess von Kindern eine angemessene Rolle spielen.

Schon im Kindergarten ist es möglich und sinnvoll, aus gegebenem Anlass oder aber auch spielerisch diese Thematik einfühlsam einzubinden. Der Tod ist Bestandteil vieler Märchen und Geschichten, er begegnet den Kindern also ohnehin immer wieder. Ihren Fragen und Ängsten auszuweichen oder sie mit der Bemerkung »das ist ja nur ein Märchen« beruhigen zu wollen, lässt die Chance ungenutzt, ihnen beim Verstehen weiterzuhelfen und einen offenen Umgang damit zu fördern. Sich sicher und fachlich kompetent auch diesem Thema zu nähern, fällt Erzieherinnen und Erziehern in der Regel nicht leicht und findet nur relativ selten statt. Eigene Hemmungen und Ängste sowie die Sorge, etwas falsch zu machen, stehen der kindlichen Unbefangenheit und Neugier entgegen und verhindern auf diese Weise den eigentlich naheliegenden und natürlichen Dialog. Um die Einbindung des Themas in die praktische Arbeit nicht nur vom jeweiligen Interesse und den Fähigkeiten der Einzelnen abhängig zu machen, ist es nötig, dem Thema mehr Bedeutung zuzugestehen. Es sollte deshalb schon in der Aus- und Weiterbildung von pädagogischen Fachkräften umfassender behandelt werden.

Menschen sterben, und wenn das im direkten Umfeld von Kindern passiert, ist es unmöglich, diese Tatsache mit all ihren Auswirkungen von ihnen fernzuhalten. Wir können nicht entscheiden, ob es unserer Meinung nach noch zu früh ist, sie mit Sterben und Tod in Berührung kommen zu lassen, denn der Tod von Freunden oder Verwandten findet unbeeinflussbar statt. Sich gemeinsam damit zu beschäftigen hilft sowohl unseren Kindern als auch uns selbst, diese Ereignisse in den Ablauf des eigenen Lebens integrieren zu lernen.

Ohne Unterstützung und Anleitung kann allerdings auch der gutgemeinte Wille, das Thema nicht auszuklammern, sondern es anzusprechen, zu Situationen führen, die das Gegenteil von dem bewirken, was angestrebt war. Beispielhaft dafür steht der Versuch einer Erzieherin im Kindergarten, die zwei Geschwistern, drei und fünf Jahre alt, deren Mutter gerade verstorben war, ganz bewusst die Möglichkeit geben wollte, über das Geschehene zu sprechen. Als die beiden nach einigen Tagen Abwesenheit den Kindergarten zum ersten Mal wieder besuchten, forderte sie die zwei im Rahmen des morgendlichen Stuhlkreises auf, ihr und den anderen Kindern vom Tod ihrer Mutter zu erzählen und zu berichten, wie es ihnen damit geht und was sie fühlen. Allerdings war das zuvor weder mit dem Vater oder den Kindern abgesprochen worden. Tränen und Überforderung waren bei allen Kindern die spontane Folge, und das ältere Geschwisterkind weigerte sich eine Zeitlang standhaft, den Kindergarten wieder zu besuchen. Bei der Erzieherin hinterließ diese Erfahrung neben großer Unsicherheit auch das Gefühl, versagt zu haben und das Thema in Zukunft besser zu meiden. Anstelle von Vorwürfen hätten ein Gespräch im Kollegenkreis und ein dabei gemeinsam entwickeltes Vorgehen in einer solchen Situation vermutlich jeden ein Stück weitergebracht.

Wie es anders gehen kann, zeigt die Erfahrung, die meine eigene Tochter direkt nach dem Tod ihres Vaters mit ihren beiden Lehrerinnen und ihrer Klassengemeinschaft in der Grundschule (zweite Klasse) machen durfte. Als Reaktion auf die Nachricht, dass Ellas Vater gestorben war und sie deshalb ein paar Tage nicht in der Schule sein würde, nahmen die Lehrerinnen das Thema mit in den Unterricht. Sie erzählten den Mitschülern, was passiert war, und baten die Kinder, etwas für Ella zu schreiben oder zu malen. Sie selbst schrieben ihr jede einen sehr persönlichen Brief. Alle diese an sie gerichteten Gedanken und Bilder brachte ihr eine Freundin dann nach Hause. Das zeigte ihr, dass an sie gedacht wurde und ihre Situation auch von anderen wahrgenommen und mitgefühlt wurde. Als sie wieder zur Schule ging, wurde sie zwar auch darauf angesprochen, aber sie selbst und die anderen Kinder waren besser vorbereitet. Darüber hinaus war vorher besprochen worden, dass sie allein entscheiden durfte, ob und wann sie etwas erzählen wollte.

Das Gespräch mit den Lehrern oder Erziehern zu suchen kann eine hilfreiche Basis schaffen, um Verhaltensauffälligkeiten, Leistungseinbrüche und Persönlichkeitsveränderungen, die mit dem Trauerprozess zusammenhängen können, möglichst frühzeitig zu erkennen. Genauso wie bei trauernden Erwachsenen geht es bei Kindern ebenfalls nicht nur um den Zeitraum der ersten Wochen. Selbst nach einem oder mehr Jahren können auftretende Leistungsabfälle oder starke Stimmungsschwankungen eine verzögerte Reaktion auf den Mutter- oder Vaterverlust sein sowie auf Trauer hinweisen, die erst jetzt zum Tragen kommt. Das Gefühl, sich aufgrund der persönlichen Familiensituation in einer Außenseiterrolle zu befinden, ungewollt anders zu sein als die anderen, ist für viele Kinder belastend. Speziell Jugendliche, die pubertätsbedingt wenig Nähe zu den bisher vertrauten Erwachsenen zulassen und sich zurückziehen oder aber nur im Freundeskreis austauschen, können mit der Bewältigung ihrer Trauer überfordert sein. Sie fühlen sich unverstanden und verweigern sich dem Thema manchmal komplett, auch weil es meist niemanden in ihrem Umfeld gibt, an dem sie sich orientieren können. In ihren Klassen und Cliquen gibt es nur in den seltensten Fällen jemanden, der schon ähnliche Erfahrungen gemacht hat. Seitens der Lehrer wird schon aus Zeitdruck überwiegend erwartet, dass sie ihre Situation selbst in den Griff kriegen und funktionieren. Ihrem veränderten Verhalten wird nur wenig Beachtung geschenkt, und es wird nicht mit ihrer neuen Familienkonstellation in Zusammenhang gebracht.

Trauer im Unterricht.
Robin, geb. 1998, Schüler:[43]
Wir hatten in der Schule in der 8. Klasse eine oder zwei Stunden in Philosophie zum Thema Tod, also wir haben das Thema Leben behandelt und da hatten wir auch Tod, aber nicht wirklich lang und

---

43 Martina, die Mutter von Robin, verstarb 2003 an den Folgen eines Hirntumors. Er war damals 4 Jahre alt, seine Schwester war 9 Jahre.

> auch nicht richtig irgendwie. Inhaltlich war das Quatsch, aber ich hab nichts dazu gesagt. Ich weiß auch nicht, ob mein Lehrer überhaupt wusste, dass meine Mutter gestorben ist, jedenfalls hat er nicht gefragt. Das zeigt auf jeden Fall, dass er unwissend ist und dass ihn die Lage in der Klasse auch kaum interessiert. Das Thema sollte schon in die Schule, die anderen sollten wissen, wie es wirklich ist, aber es muss jemand machen, der Ahnung hat, das würde dann auf jeden Fall gehen, der würde die Leute auch eher aufklären.

Das Thema erst aus einem gegebenen Anlass in den Unterricht zu bringen, kann sich schwierig gestalten, weil die betroffenen Kinder keinen öffentlichen Sonderstatus haben wollen und – gerade mit diesem Thema – schon gar nicht im Mittelpunkt stehen möchten. Es ist ihnen unangenehm, wenn ihr Anderssein öffentlich zur Schau gestellt wird, da es nichts ist, auf das sie stolz sind. Viele empfinden es zumindest so lange mehr oder weniger als eine Art Makel, bis sie selbst etwas sicherer im Umgang damit geworden sind und sich die neuen Strukturen in der Familie vielleicht gefestigt haben. Wesentlich vorteilhafter und für alle Beteiligten hilfreich wäre stattdessen, wenn ohne konkrete Betroffenheit eines Schülers oder auch Lehrers das Thema im Rahmen fester Unterrichtseinheiten im Lehrplan einen größeren und ganz selbstverständlichen Platz bekäme: Sachkunde, Werte und Normen, Philosophie, Ethik, Religion – alle Fächer mit gesellschaftlichem Anteil bieten sich hierfür an. Die an vielen Schulen eingeführten Projektwochen könnten ebenfalls weit häufiger zur Auseinandersetzung mit derartigen Inhalten herangezogen werden. Schon jetzt finden im Rahmen dieser Themenwochen Besuche und Besichtigungen von Betrieben, sozialen Projekten und kulturellen Angeboten statt. Rund um ein Projektthema »Sterben, Tod und Trauer« könnte die praktische Umsetzung etwa den Besuch eines Krematoriums, eines Bestattungsunternehmens, eines (Kinder-)Hospizes oder einer Organisation, die trauernde Erwachsene und Kinder unterstützt, beinhalten. Es gibt viele interessante und auch inhaltlich spannende Möglichkeiten, die Schüler ihrem Entwicklungsstand entsprechend an das Thema heranzuführen. In Betracht zu ziehen ist dabei auch, erfahrene und fachlich ausgebildete Personen in Unterrichtseinheiten einzubeziehen, um die Lehrkräfte zu unterstützen. Lehrern fiele es sicherlich leichter, solche Möglichkeiten mutiger wahrzunehmen, wenn die Inhalte ganz offiziell zum Lernstoff gehörten und somit als Bestandteil von Bildung und Allgemeinwissen anerkannt würden.

Behörden und Ämter

Vielen hinterbliebenen Partnern fällt es schwer, auf einmal mit den Bezeichnungen Witwe oder Witwer konfrontiert zu werden. Beim Ausfüllen von Formularen müssen sie das Kreuzchen in der Rubrik Familienstand plötzlich nicht mehr bei »verheiratet«, sondern bei »verwitwet« machen. Auch noch nach Jahren lässt sie das einen Moment zögern.

Der Ämtermarathon, der ihnen unmittelbar nach dem Tod des Partners abverlangt wird, beinhaltet neben dem teilweise komplizierten Zusammentragen der erforderlichen Informationen auch immer wieder emotionale Schwellen, die nicht leicht zu nehmen sind. Den ausgestellten Totenschein in den Händen zu halten, schnörkellos, mit der ganz offiziellen Angabe von Ort und Zeitpunkt des Todes sowie der Todesursache, ist für viele schockierend real, zugleich aber auch unwirklich. Rein sachlich wird dieses Dokument zur Vorlage beim zuständigen Standesamt benötigt, um die Sterbeurkunde des Partners zu erhalten, die ihrerseits Voraussetzung für die Abwicklung vieler Folgeschritte ist, zum Beispiel das Beantragen des Erbscheins, der Witwen/Witwer- und (Halb-)Waisen-Versorgung oder der Auszahlung und Kündigung von Versicherungen. Die Zusammenstellung und möglichst auch zeitlich gestaffelte Auflistung aller im persönlichen Fall anstehenden Aufgaben und Formalitäten erleichtert deren Erledigung und das Einhalten von Fristen. Um zu verhindern, dass etwas Wichtiges vergessen wird, kann ich die für mich relevanten Punkte aus den umfangreichen Checklisten herausfiltern. Solche Listen sind unter anderem im Internet zu finden oder werden von Bestattern zur Verfügung gestellt. Schon allein die formale Abwicklung aller notwendigen Aufgaben ist zeitaufwendig, belastend und zäh. Persönlich erscheinen zu müssen, um sich auszuweisen oder vor Ort Unterschriften zu leisten, bedeutet zudem, in einem emotionalen Ausnahmezustand mit fremden Menschen über die veränderte private Situation sprechen zu müssen. Für meinen Gesprächspartner geht es um sachliche Informationen, Zahlen, Angaben, einen Vorgang, eine Akte – für mich geht es zwar ebenfalls um die Sache, aber unumgängliche Fragen zum Verstorbenen oder den Umständen zu beantworten, kann unerwartet emotional werden. Die Art und Weise, wie mein Gegenüber mit mir umgeht, trägt entscheidend dazu bei, wie gut oder schlecht es mir dabei und danach geht. Denn selbst wenn ich keine sichtbaren Reaktionen zeige, ist etwas Feingefühl, Nachsicht und Geduld eine gute Basis für eine angemessene Kommunikation in dieser Situation.

Einem gerade verwitweten Vater von drei Kindern vier Wochen nach dem Tod seiner Frau als einzige Lösung anzubieten, die Kinder *dauerhaft* in *getrennten* Pflegefamilien unterzubringen, anstatt gemeinsam nach umsetzbaren Hilfen zu suchen, die die Familie nicht noch weiter zerreißen, ist sicherlich nicht Standard und eher ein Einzelfall – für den betroffenen Vater und die Kinder bedeutet ein solcher Vorschlag jedoch eine zusätzliche Katastrophe. Ebenso wenig ist es passend, eine frisch verwitwete Mutter mit zwei minderjährigen Kindern darauf hinzuweisen, dass von jetzt an immerhin ja auch eine Person weniger in der Familie zu versorgen sei – es ging in dem Gespräch um mögliche finanzielle Hilfen, weil der verstorbene Mann der Alleinverdiener in dieser Familie war.

Derartige Erfahrungen machen den Weg durch die verschiedenen Institutionen unnötig schwer, während andererseits selbst kleine freundliche Gesten vorhandene Ängste abbauen und so den Austausch erleichtern können. Trauernde bedürfen menschlicher Fürsorge und Anteilnahme. Deshalb erinnern sich Betroffene, wenn sie von Begegnungen und Erlebnissen berichten, auch dementsprechend dankbar an Menschen, die ihnen auf diese Weise begegnen. Auch wenn Sachbearbeiter in Behörden, Versicherungen oder Banken sicherlich in erster Linie aufgrund fachlicher Kompetenzen kontaktiert werden, sollte im Kundengespräch ein gewisses Maß an Offenheit, Anteilnahme und Einfühlungsvermögen in diesen Berufsbereichen vorhanden sein. Zum verständnisvollen Miteinander können jedoch ebenfalls die Trauernden beitragen, indem sie sich immer wieder bewusst machen, dass eine unpassende Reaktion ihres Gegenübers nicht grundsätzlich auf Gleichgültigkeit oder mangelnde Sensibilität hinweist, sondern vielleicht lediglich auf Unsicherheit im Umgang mit dem Thema. Das macht eine solche Bemerkung oder Handlung zwar weder besser noch passender, relativiert sie aber vielleicht doch etwas. Falls ein Umgang mit Menschen in Trauersituationen für jemanden in seinem Arbeitsbereich gewohnt ist, sollte er sich seinerseits ins Bewusstsein rufen, dass vor ihm jemand sitzt, für den die Situation neu, sehr persönlich und schmerzlich ist.

Erwartungen und die Abhängigkeit von wichtigen Entscheidungen, die mit Behördengängen verknüpft sind, können die Atmosphäre bei einem Termin massiv beeinflussen. Sie sind oft Auslöser für Distanziertheit, Abgrenzung und Misstrauen auf beiden Seiten. Gefühlsbetonte Lebensthemen werden in behördlichen und politischen Abläufen weitgehend versachlicht, so dass Emotionalität und Individualität in diesen Bereichen nur sehr begrenzt Platz haben. Für den persönlich Betroffenen ist das vielfach schwer zu akzeptieren.

Selbst für organisierte Interessengemeinschaften bedeutet es eine enorme Herausforderung, auf Themen Einfluss zu nehmen, die im gesellschaftlichen Zusammenleben wenig präsent sind und in der Öffentlichkeit nur ungern diskutiert werden. Ohne eine entsprechende Lobby im Rücken stehen die Chancen, etwas bewegen zu können, schlecht. Junge Witwen und Witwer mitsamt ihren Kindern sind auch quantitativ eine gesellschaftlich relevante Interessengruppe, haben aber weder eine Lobby, noch sind sie bisher in der Lage, sich im erforderlichen Maß zu organisieren. Im Zeitraum des aktiven Trauerprozesses, in dem sie dringend Unterstützung benötigen würden, bleibt weder Zeit noch Energie für gesellschaftliches und politisches Engagement. Danach sind nur wenige bereit, sich weiter mit der Problematik und dem Status »verwitwet« zu beschäftigen, viele möchten aufgrund der Ausgrenzung schlicht nicht mehr damit in Verbindung gebracht werden. Fazit: Die jeweils neu Betroffenen müssen sich immer wieder allein durchschlagen, und es kommt zu keiner Verbesserung der Bedingungen rund um ihre Situation. Gegenwärtig interessiert sich nicht wirklich jemand mit Einfluss in Politik und Gesellschaft für die Belange jung Verwitweter, und so stehen sie als Einzelne recht hilf- und machtlos da. Sie sehen sich beispielsweise plötzlich mit der Tatsache konfrontiert, steuerlich gesehen zur Klasse der Singles und Ledigen zu gehören oder aber zur Gruppe der Alleinerziehenden gezählt zu werden. Unberücksichtigt bleiben dabei die teilweise erheblichen Unterschiede, die sich daraus ergeben, ob ein Partner beziehungsweise ein Elternteil verstorben ist oder aber – auch finanziell – sehr wohl zur Verfügung stehen und Verantwortung übernehmen kann.

Als einmalige Unterstützung sieht der Gesetzgeber in diesem Zusammenhang das sogenannte »Gnadenjahr« vor, auch »Gnadensplitting« genannt. Rein rechtlich bedeutet beides, dass Verwitwete über das Sterbejahr des Partners hinaus noch ein weiteres Jahr in der Steuerklasse für Verheiratete bleiben dürfen. Ohne die zeitlich begrenzte finanzielle Rücksichtnahme schmälern zu wollen: Viele Betroffene empfinden diese Art der Amtssprache als unsensibel, verletzend oder geradezu demütigend, denn die gedankliche und begriffliche Nähe zu Worten wie »Gnadengesuch« oder dem Ausdruck »Gnade vor Recht ergehen lassen« ist mehr als unangenehm. Nicht selten bringt die ungläubige Nachfrage »Gnadenjahr? Was bitte ist das denn?« seitens eines Verwitweten die Sachbearbeiter selbst in Verlegenheit.

Eine veränderte und repräsentativere Wahrnehmung von jüngeren Verwitweten in der Öffentlichkeit, in Politik und Gesellschaft, ist nicht nur wünschenswert, sondern eine Vorraussetzung, um gezielt Hilfen und Unterstützung entwickeln und anbieten zu können. »Wahrnehmung« ist ohnehin ein Schlüsselwort für jung Verwitwete, denn die Problematik ihrer Lebenssituation ist im Bewusstsein der Gesellschaft im Grunde gar nicht vorhanden. Während die emotionalen und sachlichen Schwierigkeiten sowie der Hilfsbedarf vieler gesellschaftlicher Randgruppen relativ bekannt ist, sorgt hier unter anderem das Tabu rund um Tod und Trauer dafür, dass Betroffene anderen Menschen erst einmal erklären müssen, warum ihre Situation überhaupt schwierig ist und wobei sie denn Hilfe und Unterstützung brauchen. Wenn die Zeit der Krankheit, des Sterbens, der Bestattung samt Formalitäten vorbei ist, fehlt den meisten Außenstehenden die spontane Vorstellung, in wie vielen Bereichen und in welchem Ausmaß sich der Tod auf das Leben des hinterbliebenen Partners tatsächlich auswirken kann. Dass in der nachfolgenden Zeit besonderes Verständnis und auch finanzielle Hilfe von außen nötig sein könnten, ist ebenfalls nur wenigen sofort klar.

»Witwenrente ist nicht mehr zeitgemäß.« Der schon mehrfach gemachte politische Vorstoß, vor allem die Versorgung jüngerer Witwen in Frage zu stellen, war bisher zwar nicht durchgängig erfolgreich, zog aber doch teilweise Veränderungen in Form von Kürzungen und verschobenen Altersgrenzen nach sich. Angesichts leerer Kassen und staatlicher Sparzwänge mag die Kontrolle und Überprüfung aller Bereiche nachvollziehbar sein. Eine nur oberflächliche Einschätzung und der allgemeine Überblick reichen allerdings nicht aus, um den realen finanziellen Bedarf unter erschwerten Bedingungen zu ermitteln. Nur der differenzierte Blick auf die tatsächlichen Umstände verhindert, dass gerade die stärker Belasteten mit wenig Handlungsspielraum durchs Netz fallen.

Der große Anteil berufstätiger und gut ausgebildeter Frauen in der heutigen Gesellschaft, die sich, zum Teil mit Kindern, aus eigener Kraft versorgen können, zeigt lediglich, dass die Lebenskonzepte von Frauen sehr viel differenzierter geworden sind. Daneben gibt es jedoch weiterhin Paare und Familien mit klassischer Rollenverteilung. Einer Vollzeit-Mutter, die aufgrund von zwei oder drei kleinen Kindern nicht mehr berufstätig ist, hilft deshalb der Hinweis auf mehr Möglichkeiten und bessere Arbeitsbedingungen nicht weiter, wenn ihr allein verdienender Mann verstirbt. Zudem ist auch nicht jede junge Familie schon frühzeitig beziehungsweise rechtzeitig in der Lage, sich gegen den Todesfall des Hauptverdieners genügend abzusichern, auch wenn das objektiv gesehen natürlich sinnvoll wäre. Wie in so vielen Situationen sind zu späte Überlegungen in Kombination mit dann ohnehin nutzlosen Vorwürfen bei einem konkret eingetretenen Fall genauso wenig hilfreich, wie der Schuldfrage auf den Grund zu gehen. Gefragt sind Lösungsansätze und Hilfe unter den jetzt vorhandenen Bedingungen.

»Botschafter«, Paten, Schirmherren und -frauen

Soziale Projekte, Hilfsorganisationen und gemeinnützige Vereine sind auf gesellschaftliche Akzeptanz und Unterstützung angewiesen. Ihr Erfolg hängt vom freiwilligen, oft ehrenamtlichen Engagement vieler Einzelner ab, und die Finanzierung der inhaltlichen Arbeit wird zu großen Teilen durch Spenden oder auch mit Hilfe von Sponsoren ermöglicht. Finanzielle Mittel zu akquirieren ist aufwendig und auch aufgrund der Vielzahl konkurrierender Projekte nicht leicht, doch je emotionaler die Thematik besetzt ist, je offensichtlicher der Hilfsbedarf, desto spontaner und reichlicher ist die Zuwendung. Beim Sponsoring ist darüber hinaus oft noch der Aspekt der gesellschaftlichen Verbreitung und positiven Wahrnehmung eines Themas entscheidend.

Unter diesen Kriterien wird in der Regel auch die Übernahme von Paten- oder Schirmherrschaften oder die Funktion, Botschafter für ein bestimmtes Projekt zu werden, betrachtet. Es gibt persönlich motiviertes Engagement, daneben ist für viele Menschen, die in der Öffentlichkeit stehen und bereit sind, ihre Prominenz für einen guten Zweck einzusetzen, ausschlaggebend, mit welchem Thema sie in Verbindung gebracht werden möchten. Sich für die Schwächsten und Hilflosesten einzusetzen, sich für die Lebensbedingungen von benachteiligten Kindern und Tieren oder für allgemeine Anliegen wie den Umweltschutz zu engagieren, ist anerkannt und selten erklärungsbedürftig. Erwachsene Menschen zu unterstützen, von denen eher davon ausgegangen wird, dass sie für ihre jeweilige Situation überwiegend selbst verantwortlich sind, gehört nicht zu den populärsten karitativen Bereichen. Für eine Unterstützung jung verwitweter Menschen – selbst mit Kindern –, bedeutet das gleich zwei Hemmschwellen: Es geht um Erwachsene, deren Bedürftigkeit nicht auf den ersten Blick deutlich ist, und es geht um Tod, der schon stattgefunden hat, also nicht mehr zu verhindern ist. Selbst die persönlich gemachte Erfahrung, den Lebenspartner verloren zu haben, bringt Personen des öffentlichen Lebens in den seltensten Fällen dazu, sich rund um diese Problematik zu engagieren. Das ist im Hinblick auf ihre Privatsphäre nachzuvollziehen, andererseits bedauerlich, da sie aufgrund ihrer eigenen Erfahrung besonders glaubwürdige und kompetente Botschafter sein könnten.

Denn erst bei genauerem Hinsehen wird deutlich, dass es beim Thema »jung verwitwet« viel mehr um *Leben* als um Tod geht, und im gleichen Maße vielfach um die Unterstützung von Kindern, deren unbelastete Entwicklung nur durch funktionierende und lebenstüchtige Elternteile möglich wird. Sich dafür einzusetzen erfordert Mut und Offenheit gegenüber einem Thema, dessen tatsächliche Inhalte der Öffentlichkeit überhaupt erst einmal vermittelt werden müssen.

Medien

Die alltägliche Berichterstattung rund um Sterben und Tod beschränkt sich häufig auf die Mitteilung und Betrachtung einzelner Schicksale. Beschrieben werden die Umstände und die Art des Sterbens, wobei der Schwerpunkt überwiegend auf der Vermittlung von Schrecken und Leid liegt. Das Entsetzen, das ein Geschehen beinhaltet, wird dargestellt. Auf diese Weise wird bei Lesern und Zuschauern eine noch größere Furcht erzeugt, als ohnehin schon latent vorhanden ist. Auf den Gänsehauteffekt folgt die Erleichterung, nicht selbst betroffen zu sein, gepaart mit dem dringenden Wunsch, sich zu distanzieren und mit dem Thema möglichst schnell nichts mehr zu tun haben zu wollen. Die Chance, sich ohne persönliche Betroffenheit mit der Thematik befassen zu können, bleibt auch deshalb ungenutzt, weil derartige Schilderungen keinen Ansatz bieten, eine Brücke zwischen dem Erleben der Betroffenen und dem der Außenstehenden zu schlagen. Nur sehr selten werden der Aspekt der Trauer sowie die längerfristigen Auswirkungen des Todes auf das Leben der Hinterbliebenen in der Berichterstattung berücksichtigt und Möglichkeiten aufgezeigt, wie ein solch einschneidendes Ereignis von Trauernden bewältigt und »überlebt« werden kann. Meist bleibt es bei der spektakulär aufgemachten Meldung und dem Interesse am Außergewöhnlichen, am Andersartigen, am Aufsehenerregenden.

Medien haben die Möglichkeit, Themen öffentlich zu machen. Eine ihrer Aufgaben ist es, der Allgemeinheit Inhalte zu vermitteln und nahezubringen. Sie tragen zur Meinungsbildung bei, haben die Möglichkeit, Missstände aufzudecken und Gegebenheiten immer wieder kritisch zu hinterfragen. Speziell Massenmedien haben in unserer Gesellschaft eine beeindruckende und verantwortungsvolle Machtposition: Sie können beispielsweise Themen ignorieren, vorhandene Klischees weiterverbreiten, oder aber ebenso wirkungsvoll die Rolle als Tabubrecher übernehmen.

Im tagesaktuellen Mediengeschäft geht es neben Schnelligkeit vor allem um das Besondere, die Sensation, die Leser und Zuschauer bringt. Das beschreibt auch die Arbeitsbedingungen der Journalisten und Redakteure, die unter teilweise immensem Zeitdruck Artikel schreiben oder Filmbeiträge produzieren müssen – eine denkbar schlechte Basis, um Hintergrundinformationen zu berücksichtigen oder sich über die Nachricht hinaus emotional auf die Lebenssituation der Menschen einzulassen, über die berichtet wird. Hinzu kommt, dass jeder, der im Medienbereich arbeitet, ganz persönlich mit den gleichen Berührungsängsten zu kämpfen hat wie alle anderen auch. Trotz des geringen Handlungsspielraumes, den das Tagesgeschäft zulässt, kann der hinzugefügte Hinweis auf ein Hilfsangebot, der weiterführende Link zu themenbezogenen Informationen über die pure Nachricht hinaus, einen oft unschätzbaren Wert für andere Menschen in ähnlicher Lebenssituation haben. Das zu beherzigen und im kommerziell ausgerichteten Mediengeschäft nicht völlig zu verdrängen, dass es immer auch um die Gefühle und die Unterstützung Einzelner geht, ist ebenfalls Teil des professionellen Informationsauftrags. Er beinhaltet eine moralische Sorgfaltspflicht denjenigen gegenüber, deren Geschichte öffentlich gemacht wird.

Wenn nicht die pure Sensation des Todes im Vordergrund steht, bietet sich die Möglichkeit, den emotionalen Graben zwischen Betroffenen und Nicht-Betroffenen zu verringern und die Schwellenangst zu überwinden. Bei längeren Dokumentationen und ausführlich recherchierten Berichten, die sich einfühlsam und intensiver mit dem Thema beschäftigen, ist für Betroffene deutlich spürbar, ob sich die Autoren auch auf die persönliche Auseinandersetzung einlassen konnten. Klischees außen vor zu lassen, sich nicht auf gesellschaftlich ausgetretenen oder ausschließlich wissenschaftlich abgesicherten Pfaden zu bewegen, ermöglicht nicht nur später dem Leser oder Zuschauer, eine eigene Nähe zum Thema herzustellen. Diese Herangehensweise zeigt auch, dass die Verfasser offen und unvoreingenommen vorgegangen sind und es geschafft haben, zunächst einmal selbst die Kluft zu überbrücken.

Um eine veränderte Wahrnehmung zu erreichen, ist es eine Voraussetzung, in der Gesellschaft ein Bewusstsein dafür zu schaffen, dass der reale Tod nicht einfach nur eine neutrale Nachricht ist. Es gilt vielmehr, möglichst für jeden verständlich zu machen, dass die Tatsache, im eigenen Leben mit Sterben, Tod und Trauer konfrontiert zu werden, nicht damit vergleichbar ist, eine traurige Geschichte im Kino zu sehen oder einen Krimi im Fernsehen.

Es ist verblüffend zu beobachten, in welchem Ausmaß Tod und Sterben in den Unterhaltungsmedien präsent sind und in diesem Rahmen vom Publikum keinesfalls als störend oder gar verunsichernd empfunden werden. Auf der Leinwand gehört der Tod plötzlich ganz selbstverständlich zum Leben! Hier begegnet er uns rund um die Uhr und findet in vielfältiger Weise statt, mal gruselig und brutal, mal fast humoristisch oder skurril – er wird geradezu verschwenderisch eingesetzt.

Das oft massenhafte Sterben von Komparsen und Nebendarstellern vor allem in Action- oder Horrorfilmen enthält eine Anonymität, die es dem Zuschauer leichtmacht, auf Distanz zu bleiben und sich nur von der Spannung, dem Verlauf der Geschichte gefangen nehmen zu lassen. Der Tod wird als zwangsläufige Gegebenheit, als Sinn machendes Bindeglied und nötiges Puzzleteil für die Handlung angesehen – und ist damit sozusagen nicht persönlich gemeint.

Sobald Tod und Sterben vereinzelter auftreten, in Dramen, Thrillern oder Abenteuerfilmen, in denen Personen betroffen sind, die dem Publikum vorher schon nähergebracht worden sind, mit denen es sich vielleicht sogar identifizieren kann, wird Tod persönlicher und oft emotionaler. Er ist dann nicht mehr so einfach zu übergehen, und Szenen rund um das Sterben lösen bei nicht wenigen Zuschauern unbestimmte Unruhe oder Ungeduld aus, um dann – wie emotionale Szenen in Liebesfilmen – mit dem Kommentar »Herz-Schmerz-Kram« oder »zu viel Tränendrüse« abgehakt und wieder auf Distanz gebracht zu werden. Schon in diesen Filmgenres ist Männern *und* Frauen der Raum, der tiefen (und oft bewusst übertriebenen) Gefühlen gegeben wird, nicht selten unangenehm und zu viel. Sie sind nicht bereit, sich über das dem jeweiligen Filminhalt entsprechende Maß hinaus von diesen Gefühlen berühren zu lassen oder sich gar damit zu beschäftigen. Sie scheuen die Thematik.

Filme und Dokumentationen, die sich überwiegend oder ausschließlich mit den Themen Sterben, Tod und Trauer beschäftigen, erreichen und interessieren auch aus diesen Gründen meist nur ein kleineres Publikum, was auch für den literarischen Bereich, für einschlägige Artikel und Bücher gilt. Je lebensnaher, authentischer die Situation vermittelt wird, desto anstrengender, aber auch zugänglicher und begreiflicher kann ihre Betrachtung für den Einzelnen sein. Da diese Themen emotional genug sind, brauchen sie weder Herz-Schmerz-Beleuchtung noch klischeehafte Aufbereitung – jeder versteht auch so, worum es geht.

Es ist in Ordnung, einfach nur gute Unterhaltung produzieren und für Entspannung sorgen zu wollen. Niemand will sich täglich und ausschließlich mit den Härten und Anforderungen des Lebens auseinandersetzen und nur »schwere Kost« zu sich nehmen. Ebenso wie alle anderen Massenmedien vermittelt aber auch gerade die häufig konsumierte »leichte Kost« Handlungsmuster und Rollenverhalten. Kommt es dann in Szenen, die mit Sterben oder trauernden Hinterbliebenen zu tun haben, zu unsensiblen oder schlicht falschen Darstellungen, ist das fatal, weil es sich einprägt und später als Vorbild im realen Leben dienen kann. Wenn ich in zehn oder mehr Verfilmungen »Das wird schon wieder« oder »Denk doch mal an was anderes« als Trostspruch gegenüber einem trauernden Menschen höre, dann nehme ich an, dass das schon richtig sein wird ... Auch die Darstellung, wie zum Beispiel in manchen Filmen und selbst in Krimiserien die Todesnachricht überbracht wird, lässt Wissende häufig schaudern. Sie wirft oft ein seltsames Bild auf die Psyche des Überbringers wie auch des Adressaten. Solche Umsetzungen sind nicht nur unangemessen, irreführend und laienhaft, sondern können für Betroffene in der Realität unangenehme Folgen haben.

Unter dem Stichwort »veränderte Wahrnehmung« gilt es somit auch gerade im Bereich der Medien Autoren zu motivieren, die aufmerksam zuhören und genau hinsehen können, die interessiert und empathisch sind. Denn es geht darum, Lebensthemen in die Gesellschaft zu integrieren, die im Allgemeinen entweder ganz ausgespart oder durch Furcht, Klischees und Unwissenheit nur verzerrt wahrgenommen und wiedergegeben werden.

6. Kapitel Begleitung und Hilfe

Trauerwege und Gefühle

Trauer ist keine Krankheit, sondern ein sehr intensiver Lebensabschnitt, mit dem ich mich bewusst auseinandersetzen muss. Er beeinflusst meine Seele, mein Herz, meinen Kopf, mein ganzes Leben. Auch meine Familie. Es ist ein Zeitabschnitt, den ich nicht umgehen kann, durch den ich hindurchgehen muss. Wenn ich das tue, habe ich eine Chance, mein Leben wieder aufzubauen und irgendwann wieder echte Freude zu empfinden, wieder lachen zu können. Es ist dann nicht wie vorher – das Vorher ist unwiederbringlich vorbei und das Danach wird anders sein. Es ist neu, und mein Leben kann sich wieder gut anfühlen.

Was aber passiert im Verlauf des Trauerprozesses, und wie kann ich lernen, einen trauernden Menschen – mich – zu verstehen? Welche Gefühle, Verhaltensweisen und Reaktionen sind normal, und was muss ich tun, um da durchzukommen?

Neben allem Individuellen, für das es keine allgemeingültige Anleitung gibt, gibt es ein paar grundsätzliche Dinge, die mir auf meinem Weg eventuell helfen können.

Viele haben den Begriff »Trauerphasen« schon einmal gehört. Die wissenschaftlich entwickelten Inhalte dieser Phasen helfen beim Verstehen der Vorgänge im Trauerprozess. In diesem Zusammenhang fallen häufig die Namen der Psychiaterin Elisabeth Kübler-Ross, die als Begründerin der Sterbeforschung gilt, und von Verena Kast, Psychologin und Psychotherapeutin, die sich bei der Entwicklung ihrer Theorie an das Kübler-Ross-Modell der fünf Sterbephasen anlehnte.

Aus einem anderen Ansatz heraus entwickelte der amerikanische Psychologieprofessor William Worden ein Aufgaben-Modell. Im Gegensatz zu den eher passiv beschriebenen Trauerphasen formuliert Worden aktive Traueraufgaben. Die Aufgaben vermitteln dem Trauernden, dass die verschiedenen Trauergefühle und -reaktionen nicht nur einfach stattfinden und das jeweilige Befinden bestimmen, sondern dass er selbst – wenn auch nur sehr begrenzt – Einfluss nehmen und etwas tun kann, um auf seinem Weg Schritt für Schritt weiterzukommen.

Für manche Menschen ist es wichtig, sich an Trauerphasen oder Traueraufgaben orientieren zu können und herauszufinden, auf welchem Teilstück ihres Weges sie sich befinden. Sie suchen dabei auch nach Bestätigung, dass sie »ganz normal« sind, dass ihr Verhalten eine allgemeingültige Grundlage hat und somit auch eine Berechtigung.

Sofern das Heranziehen wissenschaftlicher Grundlagen für mich hilfreich ist, ist es gut und sinnvoll. Wenn ich aber versuche, mich beispielsweise den beschriebenen Phasen anzupassen, und ihrem Ablauf entsprechen möchte, werden sie mehr Belastung als Hilfe sein und das Gefühl vermitteln, falsch zu trauern, falls mein Erleben der Trauer anders verläuft.

Die eigene Persönlichkeit und die Umstände des Todes haben großen Einfluss auf den Ablauf und die Dauer des gesamten Trauerprozesses. Die Zeit, die ich für die Bewältigung benötige, ist individuell verschieden und kann deutlich von geschätzten Angaben abweichen. Es gibt Übergänge zwischen den Phasen, Überschneidungen und auch Vermischungen der Reihenfolge, wodurch ich ein- oder mehrmals in einen schon bekannten Abschnitt zurückkehre, um dann wieder nach vorn zu gehen.

Zu wissen, dass es im Verlauf eines Trauerprozesses keine typischen oder allgemeingültigen Reaktionen gibt, ermöglicht dem Trauernden einen druckfreieren und offeneren Umgang mit seinen Gefühlen und Verhaltensweisen. Gleiches gilt für die Außenstehenden.

Wordens Modell der Trauer-Aufgaben[44] kann Aufschluss darüber geben, mit welchen Inhalten sich Trauernde auseinanderzusetzen haben. Von Betroffenen beschriebene, real erlebte Situationen machen die mit Trauer verbundenen Gefühle gleichzeitig intensiv spürbar und lassen den individuellen Trauerprozess lebendig werden.

1. Aufgabe: *Die Wirklichkeit des Verlusts und des Todes als Realität akzeptieren*

Die Aufgabe besteht darin, es wirklich als Realität zu erkennen und zu akzeptieren, dass der Verstorbene tot ist und nicht zurückkehren wird. Die Endgültigkeit des Verlusts, das Niemehr (zumindest in diesem Leben), gilt es anzunehmen und zu akzeptieren.

Der Schock kann unterschiedlich sein[45]
In meinem Fall war er so abrupt und so hart wie der Unfall selbst: Ich sank zusammen und konnte nicht mehr atmen. Es war so plötzlich und mit so unerbittlicher Härte, was gerade geschehen war, dass ich nichts realisieren konnte. Nach einer Zeit fiel mir der Junge ein, der ja noch am Unfallort war. Irgendwie gelangte ich dann doch zur Unfallstelle und sah meinen Sohn in einem Polizeiwagen. Ich holte ihn da raus; er wusste noch nichts, weil er es nicht mitbekam (mein Sohn ist zu 70 Prozent behindert). Meine Frau lag bereits unter einem weißen Laken. Kein Mensch fragte mich, ob ich noch fahren könnte, und kein Mensch war da, um uns zu stützen. Wie ich genau mit meinem Auto nach Hause kam, weiß ich nicht mehr.

---

44 William J. Worden, »Beratung und Therapie in Trauerfällen. Ein Handbuch«, Bern 2010
45 Eintrag im Forum »Allgemein« von verwitwet.de, Dezember 2003

Ich wusste nicht, dass noch zwei Seelsorger auf dem Weg zu uns waren. So erklärte ich dem Jungen, was passiert war. Noch nie im Leben war ich so hilflos und so verloren.

Keine Gedanken, nur Bilder, die immer wiederkamen. Von einer Sekunde auf die andere war alles zerstört. Um Mitternacht klingelten dann die Seelsorger. Es war bereits zu spät. Sie konnten nicht mehr trösten oder helfen. Nach einer Zeit gingen sie, und ich war zum ersten Mal so alleine, wie ich es noch niemals war.

Der Tod war mir vorher nur in Form von Sterbefällen in der Verwandtschaft begegnet, bei Menschen, die bereits ein stolzes Alter erreicht hatten. Wie es wahrscheinlich bei den meisten Menschen so ist, war er kein Bestandteil unseres Lebens. ... Hier bei uns war innerhalb der glücklichsten Zeit mit so unerbittlicher Härte binnen Sekunden auf einmal alles zerstört worden, was unser Leben ausmachte. Den Menschen, den ich liebte, gab es nie mehr. Keine Gelegenheit zum Abschied, »einfach so« war er für immer nicht mehr da. Als hätte ich selber bei einem Unfall eine Amputation erleben müssen, so fühlte ich mich. Es war kein Arm oder ein Bein, sondern ein Teil meiner Seele. Bei einer Amnesie verliert man Teile der Erinnerung an die Vergangenheit. Ich verlor meine »Erinnerung« an unsere Zukunft.

2. Aufgabe: *Den Schmerz der Trauer anerkennen und durchleben*

Das ist die Aufgabe. Dazu gehören zum Teil sehr starke, oft schnell wechselnde Gefühlszustände von Traurigkeit, Angst, Schuld, Wut, Einsamkeit, Niedergeschlagenheit, aber auch Momente der Freude (über die Beziehung), Erleichterung oder Dankbarkeit.

Neben den seelischen können auch körperliche Schmerzen auftreten. Nicht alle erleben den Schmerz mit derselben Intensität. Jeder hat seine eigene Art und Weise. Eine Leugnung oder Unterdrückung des Schmerzes erschwert den Trauerprozess. Psychische Störungen können die Folge sein.

Knüppelhart hat mich die Erkenntnis getroffen ...[46]
... er kommt nie wieder! Heute vor einem Monat ist er verunglückt und starb einen Tag später an seinen schweren Verletzungen.

Bisher fühlte ich mich so stark, musste mir mehrmals am Tag sogar sagen: Er ist tot, er ist tot, er ist tot! Es drang irgendwie nie direkt zu meinem Innersten vor, berührte mich irgendwie kaum, ich fühlte mich stark, unheimlich stark, wie ich mit der Situation umgehe ... Dann heute Nacht diese urplötzliche Panikattacke, in der ich nicht Frau meiner Lage werden konnte. Ausgeliefert. Mein Herz hat es fast zerdrückt, ich konnte nicht mehr atmen, musste nach Luft ringen und wurde mit voller Wucht von der Erkenntnis erfasst: ER KOMMT NICHT MEHR ... Nie wieder! Er wird auch sein Kind nicht sehen ...

Das tat so weh, so unheimlich weh. Und auch als ich versuchte, meine Gedanken abzulenken, in positive Richtungen zu leiten, es ging nicht, es hat mich einfach so umklammert, dieses Gefühl der hilflosen Ohnmacht.

Den heutigen und morgigen Tag erlebe ich immer wieder, Stunde für Stunde, so wie es damals am 17. und am 18. Mai gewesen ist. Erlebe jeden Anruf, jedes Gespräch, jeden Hoffnungsschimmer, und dann das endgültige Aus! Es lässt mich einfach nicht los!

Und ich bin so wütend auf ihn. Wütend, dass er diesen doofen neuen Fallschirm kaufen musste, mit seinem alten routinierten wäre das einfach nicht passiert, er wäre nun hier bei mir, wir würden ein wundervolles Wochenende (bis zu 33 Grad und wolkenlos) genießen und jeden Tag bangen und zittern, dass unser Baby auf die Welt kommt.

Ich werde derzeit von einer Lawine von Gefühlen überrollt, als wäre ich heute nach 4 Wochen aus einem Dornröschen-Schlaf erwacht.

3. Aufgabe: *Sich anpassen an eine Umwelt, in der der Verstorbene fehlt, und neues Selbstbewusstsein entwickeln*

---

46 Eintrag im Forum »Allgemein« von verwitwet.de, Juni 2002

Die Aufgabe besteht darin, sich auf eine veränderte Umwelt einzustellen. Der nahe Mensch mit seinen Aufgaben und Rollen, mit der Art und Weise, wie er gelebt hat, mit dem, was ihn ausgemacht hat, fehlt als Bezugsperson.

Der Trauernde muss ungewohnte Rollen übernehmen und neue Fähigkeiten entwickeln. Gleichzeitig muss das eigene Selbstwertgefühl an die neue Situation angepasst werden. Der Verlust durch Tod stellt nicht selten grundsätzliche Werte und Glaubenssätze in Frage.

Muss ich wieder von vorn anfangen?[47]

Geht es euch auch manchmal so? Man lernt nach anderthalb Jahren LANGSAM, mit der Situation verwitwet zu sein umzugehen. Man versucht es zu akzeptieren, weil man eh nichts ändern kann. Es klappt schon ganz gut. Man kann auch schon mit ein bisschen Dankbarkeit an die Zeit mit dem Verstorbenen zurückdenken, ohne dass es so wahnsinnig weh tut. Und auf einmal sitzt man doch wieder in einem tiefen Loch! Ich hatte wirklich das Gefühl, von dem großen Trauerberg schon eine ganze Menge weggeschaufelt zu haben. Man kann schon dran vorbeischauen, und er lässt schon ein bisschen Sonne durch.

Aber zwischendrin ziehen wieder dunkle Wolken auf, sie lassen den Berg wieder riesig erscheinen und einen ganz verzweifeln: Muss ich jetzt wieder von vorne anfangen? Wie oft denn noch?! Seit ein paar Tagen quäle ich mich wieder mit Fragen nach dem Warum. Sinnlos, ich weiß. Aber wenn ich sehe, wie mein kleiner Sohn dem Papa immer ähnlicher wird, wie toll er sich entwickelt und dabei weiß, dass der Papa wahnsinnig stolz auf ihn wäre, aber er es nicht miterleben darf, dann tut es mir körperlich weh.

Diese Tiefs sind schon seltener, auch kürzer, aber wenn sie kommen, erwischen sie mich doch mit ihrer vollen Wucht.

---

47 Eintrag im Forum »Allgemein« von verwitwet.de, Januar 2004

4. Aufgabe: *Für den Toten einen neuen Platz finden und weiterleben*

Die Aufgabe lautet, eine dauerhafte Verbindung mit der verstorbenen Person inmitten des Aufbruchs in ein neues Leben zu finden. Sie besteht nicht darin, den Verstorbenen aufzugeben, sondern die bestehende Bindung neu zu verorten, im Gefühlsleben wie im Bewusstsein. Dies ist nötig, um die umfassende Anpassung an den Verlust abzuschließen.

Und das Leben bekommt mich zurück[48]

Henk war doch gestern noch da! Heute Nacht ist ein ganzes Jahr vorbei, und es ist völlig unbegreiflich für mich. Zu nah die Erinnerung, zu »close« das Gefühl, dass Henk mich gerade noch in den Arm genommen hat, ich sein Lachen gesehen habe ... Die Nacht ist dunkel, und trotzdem kann ich ein paar Sterne am Himmel leuchten sehen. Ich möchte nach ihnen greifen und sie festhalten. Und der große Stern oben links in der Ecke, das ist sicher Henk. Ganz sicher.

Die Welt steht nicht still. Komisch. Wo meine Welt doch so still steht. Heute und so oft. Und doch schleicht es sich immer wieder ein: das Lächeln. Der Gedanke an Henks Lachen, seine Augen, unsere gemeinsame Zeit, unser gemeinsames Lachen, das versuche ich festzuhalten. Und wir schaffen es. Henk hat mal gesagt: »Ich wünschte, wir könnten tauschen, Marie.« Ich habe es zuerst nicht verstanden. Jetzt verstehe ich es. Das Hierbleiben war so schwer, ist es noch. Aber es geht immer besser. Langsam. Stück für Stück wird mein Lachen immer ehrlicher. Und das Leben bekommt mich zurück. Und: I wonna lay you down in a bed of roses ... voor altijd.

---

48 Eintrag im Forum »Allgemein« von verwitwet.de, März 2002

Gespräche

Es ist ein großes Bedürfnis und eine Notwendigkeit für den trauernden Partner, sprechen zu können über das Erlebte, über die Gefühle und die Veränderungen, die der Tod des Partners mit sich bringt. Auch über den Verstorbenen selbst reden zu dürfen, ist wichtig. Gespräche helfen, der Trauer den Raum zu geben, den sie nachdrücklich einfordert. Nicht nur am Anfang, sondern über einen langen Zeitraum hinweg, beherrscht uns die Trauer. Unsere Seele – die Gedanken, das Befinden, das Handeln, ja das gesamte Verhalten – wird von ihr gesteuert oder zumindest sehr stark beeinflusst.

Ein Trauernder braucht jemanden, der zuhört. Zuhören zu können bedeutet, sich einzulassen auf den Trauernden, seinen Zustand der Verzweiflung, des Leidens, sein Verwundetsein und auch seine Wut auszuhalten, ohne sofort trösten zu wollen. Dazu gehört auch, ein und dieselbe Erzählung, den gleichen Gedanken vielleicht zum zehnten Mal geduldig und aufmerksam anzuhören, ohne ihn sofort zu kommentieren. Er braucht jemanden, der ebenso gut Stille ertragen kann, gemeinsames Schweigen, der bereit ist, all das Schwere und Unfassbare mit ihm zu teilen, ohne umgehend und ungefragt Ratschläge zu geben oder nach Auswegen und Ablenkung zu suchen, damit alles möglichst schnell wieder gut wird. Jemanden, der begreift, dass es dem Trauernden schlechtgehen darf – und schlechtgehen muss.

Denn zunächst gibt es keinen Trost. Eine Zeitlang sind Trauernde untröstlich, und alle Versuche, sie von dem Gefühl der tiefen Trauer entfernen zu wollen, fühlen sich aus Sicht der Trauernden falsch an. Diese Versuche sind geradezu eine Missachtung des Geschehenen, unvereinbar mit dem Gewicht, der Schwere des Verlustes. Trauernde spüren das und wehren sich instinktiv dagegen, einen Abschnitt der Trauer zu verlassen, bevor sie ihn durchlebt haben und bereit dafür sind, andere, neue Gedanken und Gefühle zuzulassen.

Über die Trauer und den Partner sprechen zu können, von dem zu erzählen, was bewegt, belastet, erfreut, hat in jedem Abschnitt des Trauerprozesses eine enorme Bedeutung. Offene Ohren und ehrliches Interesse sind nicht nur in der ersten Zeit oder an besonderen Tagen hilfreich, sondern immer dann, wenn der Trauernde das Bedürfnis danach verspürt, sich zu erinnern oder über aktuell mit der Trauer Zusammenhängendes zu reden. Gespräche und gemeinsames Erinnern helfen auch gegen die Traurigkeit und Angst, dass der Partner in Vergessenheit gerät.

Trauernde verstehen

Bei Angehörigen, Freunden und Bekannten löst ein Trauerfall zunächst Unsicherheit und viele Fragen aus: »Wie verhalte ich mich in dieser Situation?« »Was kann ich tun?« »Wie kann ich mein Mitgefühl zum Ausdruck bringen oder auch aktiv helfen?«

Zum einen sind sie möglicherweise mit dem Gefühl der eigenen Trauer konfrontiert, haben ein Familienmitglied, einen langjährigen Freund verloren. Zum anderen gilt es, die Verbindung mit dem trauernden Partner des Verstorbenen aufzunehmen oder nicht abreißen zu lassen.

Die Angst, etwas falsch zu machen, führt nicht selten, leider sogar recht häufig, zu Schweigen, Abwarten, Distanz. Und manchmal dann wortlos zum langsamen oder auch abrupten Abbruch der Verbindung.

Das ist fatal. Fatal für den Trauernden, der sich dadurch noch mehr allein gelassen fühlt, unverstanden. Er erleidet auf diese Weise völlig unerwartet weitere Verluste im persönlichen Umfeld, wo doch gerade jetzt Kontakte und Austausch für ihn so wichtig sind.

Es ist aber auch fatal für den Angehörigen oder Freund,

denn nur im seltensten Fall fühlen sich Sprachlosigkeit und Rückzug gut und richtig an. Schleichend entsteht ein Unwohlsein, wenn man an den Trauernden denkt, das mit der Zeit nicht kleiner wird, sondern eher wächst, und das die bisherige Verbindung völlig überlagern kann.

So oder so – für beide Seiten bedeutet diese Entwicklung einen zusätzlichen Verlust und eine gar nicht gewollte Veränderung im Umgang miteinander.

Beziehungsabbruch durch Sprachlosigkeit
Birgit, geb. 1955, Justizangestellte:[49]

Nach dem Tod meines Mannes habe ich mich sehr zurückgezogen. Ich wollte kaum Kontakt haben mit der Familie, und mit Freunden auch nicht. Einfach nichts sehen, nichts hören. Auf der einen Seite wollte ich das, gleichzeitig war ich total traurig und verletzt auch, dass ich gar nichts mehr gehört habe, von niemandem. Das war vielleicht auch ein bisschen meine Schuld, aber ich denke nicht, dass jemand, der so in Trauer ist, die Kraft hat, um Freundschaften aufrechtzuerhalten. Ich konnte es nicht. Ich konnte nicht sagen, ich bin jetzt hier, ihr könnt jetzt kommen, sondern ich habe eigentlich mehr erwartet, dass sie kommen. Auch gerade meine Familie, meine Schwestern und mein Bruder. Sie haben mich wirklich sehr verletzt, weil sie sich überhaupt nicht gekümmert haben zuerst. Das fand ich total schlimm. Wenn ich meine Söhne nicht gehabt hätte, weiß ich gar nicht, wie ich das alles geschafft hätte. Es kam eigentlich erst nach längerer Zeit wieder zustande, dass meine Schwestern sich dann doch mal gemeldet haben. Dabei kam heraus, dass sie nicht wussten, wie sie mit mir umgehen sollen. Sie hätten gar nichts sagen oder machen müssen, sie hätten mich einfach nur in den Arm nehmen brauchen. Irgendwann hatten wir dann ein großes Gespräch, wie ich das alles fand und wie sehr

---

49 Karl-Heinz, der Mann von Birgit, verstarb 2009 an den Folgen von Lungenkrebs. Die beiden haben zwei gemeinsame Söhne, damals 23 und 28 Jahre alt.

mich und meine Söhne das verletzt hat. Danach wurde es besser, dann haben sie sich gekümmert, aber der Stachel bleibt bis heute, das kann ich nicht vergessen.

Genauso mit Freunden. Wir hatten sehr viele Ehepaare als Freunde, mit denen wir jahrelang zusammen waren, wir haben Camping gemacht, wir haben Silvester gefeiert und alles Mögliche, und da ist nur ein Ehepaar übrig geblieben. Das liegt vielleicht auch ein bisschen an mir, aber ich erwarte eigentlich, dass die Leute in so einer Situation auf mich zukommen. Man fühlt sich total allein gelassen, hilflos auch, aber irgendwie habe ich das geschafft bisher. Irgendwann hab ich dann auch gesagt: Ich brauch das alles gar nicht mehr, die alte Welt. Das hört sich vielleicht etwas komisch an, aber ich hab das so für mich geteilt. Ich war ja lange mit meinem Ehemann zusammen, 33 Jahre, das war schon ein Leben, hab ich zu mir gesagt. Also hab ich einen totalen Schnitt gemacht, vom Äußeren her, der Wohnung, und auch von den Freunden. Ab und zu höre ich dann noch mal etwas, dann heißt es: Oh, du hast ja schon so lange nichts von dir hören lassen. Ach nee, warum wohl, sag ich dann. Das schockt sie total, auch eine Freundin von mir. Wie kannst du so reden? Ich sag, das hat sich so entwickelt, und es ist jetzt auch gut so, wie es ist. Das kann natürlich keiner verstehen. Ich sei ja so hart geworden, sagt sie. Aber ich muss mein Leben meistern, und wenn ich keine Unterstützung bekomme von der Seite, dann mach ich es eben alleine.

Ich dachte immer, die Familie ist der Kern, der einen unterstützt und trägt. Aber das habe ich leider nicht so erfahren.

Es ist jetzt so, wie es gekommen ist. Und die Leute, die ich jetzt kenne, sind mir wichtiger als die alten Freunde. Wenn man sich das mal überlegt, wir waren teilweise 30 Jahre zusammen, die Kinder sind zusammen aufgewachsen, und auf einmal ist mein Mann nicht mehr da, und es macht Peng, und alle anderen sind auch weg. Das kann man sich nicht vorstellen, wie das ist. Total schrecklich. Und wenn ich jetzt die Gelegenheit hätte und jemandem einen Rat geben könnte, dann würde ich auch sagen, versuch

> es, irgendwie dranzubleiben, versuch es, dich mehr zu bemühen, ein Gespräch zu suchen.
> Ich hab für mich alles aufgeschrieben, weil ich Angst hatte, ich vergesse das, auch wie es mit meinem Mann war. Wenn ich das heute lese, denke ich, meine Güte, wie warst du vor einem Jahr und wie bist du jetzt! Wie hab ich das eigentlich geschafft? Und das möchte ich auch weiterhin haben, ich möchte einfach nicht stehenbleiben, ich möchte weitergehen, und ich glaube auch, dass ich das schaffe.

Wie kann eine solche Entwicklung verhindert werden?

Der Anspruch, alles richtig zu machen, blockiert jeglichen Ansatz, aktiv zu werden. Dabei zeigt die Erfahrung, dass kaum etwas verletzender sein kann, als gar nichts zu tun. Angst ist kein guter Berater, und auch, wenn der Mut, einen Versuch zu machen, nicht gleich belohnt wird, bedeutet eine Kontaktaufnahme für den Trauernden doch zumindest, dass er wahrgenommen wird.

»Ich weiß gar nicht, was ich dir sagen soll – mir fehlen einfach die Worte.« Ein solcher Satz zeigt meinem Gegenüber, dass ich nach Worten suche und mir an der Verbindung mit ihm liegt. Die Erwartung des Trauernden ist nicht, dass jemand kommt, der alles wiedergutmacht, sondern einfach nur, dass jemand kommt. Für ihn da ist.

Nicht jedem fällt es leicht, die richtigen Worte zu finden, schon die bloße Vorstellung eines intensiven Gesprächs zum Thema Trauer, Tod, Sterben überfordert viele. Auch das darf und sollte ausgesprochen werden. Vielleicht kann ich stattdessen besser ein anderes konkretes Hilfsangebot unterbreiten, einen Einkauf, einen Einsatz im handwerklichen Bereich, Hilfe beim Ausfüllen von Formularen oder auch stundenweise Kinderbetreuung. Auch solche Angebote sind für den Trauernden ein guter Hinweis, wo er auf Unterstützung in seinem Umfeld zurückgreifen kann.

Wenn ich Hilfe und Unterstützung anbieten möchte,

sind Geduld und Ausdauer wichtige Faktoren. Ein Angebot zu machen bedeutet, dass derjenige, der es bekommt, entscheiden kann, ob er es annehmen möchte oder nicht. Er darf prüfen, ob es für ihn in diesem Moment passt, oder eben auch nicht. Eine Ablehnung wird häufig vom Anbieter als persönliche Zurückweisung empfunden, die dazu führt, dass kein erneutes Angebot mehr gemacht wird. Grund dafür ist Verunsicherung und die Enttäuschung darüber, dass der andere das ja offensichtlich gar nicht will.

Das ist ein folgenschwerer Irrtum. Der Trauernde braucht Angebote, er braucht den Kontakt und die Anbindung zu anderen Menschen. Gleichzeitig ist er allerdings kaum in der Lage, andere in ihrer Befindlichkeit wahrzunehmen oder gar rücksichtsvoll zu sein. Er will niemanden bewusst verletzen und zurückweisen, braucht aber den Freiraum, entscheiden zu dürfen, wann er bereit ist, etwas anzunehmen – wann er es *kann*.

Zugegeben, es ist nicht leicht und erfordert schon etwas Hartnäckigkeit, das Angebot zu einer gemeinsamen Tasse Kaffee auch nach dem dritten »Nein danke, heute möchte ich das nicht« noch ein viertes oder fünftes Mal mit der gleichen Offenheit zu machen. Genau das entspricht aber dem Bedarf des Trauernden: über einen langen Zeitraum, über Wochen und Monate bis hin zu Jahren, immer wieder auch gleiche Angebote zu bekommen, bis er so weit ist, sich darauf einlassen zu können und es auszuprobieren.

Um das verstehen zu lernen und ablehnende Reaktionen akzeptieren zu können, hilft es, sich klarzumachen, dass Trauernde sich nicht mehr auf gleicher Ebene mit ihrem gewohnten Umfeld befinden. Sie sind völlig aus der Balance gebracht, und das ist von außen nicht immer sofort erkennbar, die Verletzung ist nicht sichtbar.

Eben deswegen funktioniert beim Aufeinanderzugehen die gewohnte Gegenseitigkeit nicht: Zuerst macht der eine einen Schritt, dann ist der andere an der Reihe und danach wieder der erste … Hier ist es anders. Um in dieser Situation zu einem Miteinander zu gelangen, muss der Unterstützer zunächst *allein* einen Schritt nach dem anderen auf den Trauernden zugehen, bis es diesem möglich wird, sich selbst zu bewegen und den ersten eigenen Schritt zu machen.

Wie viel Zeit vergeht, bis der Trauernde einen solchen Schritt machen kann, ist nicht vorhersagbar. In der Regel dauert es aber wesentlich länger, als das Umfeld – und auch der Trauernde selbst – annimmt. Ein halbes Jahr scheint Außenstehenden ein langer Zeitraum zu sein, und die Erwartung, dass es dem Trauernden doch langsam merklich bessergehen müsste, wird größer und drängender. Anders für den Trauernden. Für ihn kommt meist erst jetzt die volle Wucht des Geschehenen mitsamt der Trauer zum Tragen. Er beginnt seine aktive Trauerarbeit zu einem Zeitpunkt, zu dem die Umwelt davon ausgeht, dass er damit eigentlich bald fertig sein oder zumindest schon weit fortgeschritten sein müsste.

Keiner will die Wahrheit hören [50]

Man bekommt zunehmend das Gefühl, den anderen total auf den Wecker zu gehen, weil es einem immer noch nicht bessergeht. Ja, wie denn auch? 17 Jahre Familienglück, zwei Kinder, und dann – peng! Eine Sekunde, und er ist nicht mehr da! Vorher noch auf einer Hochzeit getanzt, mit den Kindern getobt, und dann auf der Heimfahrt der schreckliche Unfall. Und da soll es mir nach 4 ½ Monaten schon besser gehen?

Habe mittlerweile auch Probleme mit dem Freundeskreis, da ich mich total verändert habe. Ich kann einfach nicht mehr übers Wetter schimpfen oder mich über eine verpatzte Schulnote aufregen. Ich könnte schreien: Habt ihr wirklich keine anderen Proble-

---

50 Eintrag im Forum »Allgemein« von verwitwet.de, November 2001

me! Die ersten Freunde ziehen sich zurück, wollen durch uns nicht mehr daran erinnert werden, dass die heile Welt, in der sie leben, vielleicht auch mal enden könnte. Und immer dieses zweifelnde Fragen: »Es geht dir doch bestimmt schon besser?« Keiner will hören, dass es mir noch immer schlechtgeht. Manchmal hab ich den Eindruck, es wird mit jedem Tag schlimmer statt besser.

Jeder fragt: »Wie geht es dir?«, aber keiner will die Wahrheit hören. Also sage ich manchmal »ganz gut«, nur damit sie nicht gleich wieder weglaufen! Aber das finde ich auch so erbärmlich.

Der Trauerprozess braucht Zeit, viel mehr Zeit, als ihm unsere Gesellschaft zugesteht. Es ist eine weitverbreitete, aber irrige Annahme, dass die ersten Wochen nach dem Tod die schlimmsten seien. Das Realisieren des Verlustes beginnt häufig erst danach und somit eine noch schwerere Zeit: Es geht nicht bergauf, sondern erschreckenderweise weiter bergab. Nicht nur das ganze erste Jahr wird von der Trauer geprägt, auch das zweite verlangt noch immer viel Raum für die Auseinandersetzung mit den vielschichtigen Auswirkungen des Verlustes und fordert dem Trauernden enorm viel Kraft ab. Das gilt weiter, wenn auch abnehmend, für die nachfolgenden Jahre, in denen das eigene neue Leben einen immer größer werdenden Raum bekommt.

Am Ende des aktiven Trauerprozesses wird die Trauer einen ihr angemessenen Platz im Leben des hinterbliebenen Menschen einnehmen – sie wird jedoch niemals ganz weg sein, genauso wenig, wie alles wieder so sein kann wie vorher. Denn der verstorbene Partner kommt nicht wieder, und die durchlebte Trauer verändert einen Menschen; er ist danach nicht besser oder schlechter als vorher, er ist anders.

Neuausrichtung
Andreas, geb. 1960, Texter:[51]

Von den Freunden sind nur wenige übrig geblieben. Eigentlich nur die, um die ich mich selbst gekümmert habe. Meine Frau ist zu Hause gestorben, es waren viele Freunde da, die sich auch wirklich liebevoll um sie gekümmert haben. Aber nach der Trauerfeier sind die Freunde, die Bekannten mit den Worten gegangen, sie würden jetzt häufiger mal vorbeischauen – und das war's dann eigentlich. Sie sind schlicht und ergreifend nicht wiedergekommen in den letzten sechs Jahren. Es hat dann eine Handvoll Leute gegeben, die ich angeschrieben habe, wo ich auch sehr empört war. Diese Briefe waren sehr heftig. Zum Teil kamen da sehr heftige Reaktionen zurück, aber zwei Leute sind dann doch hängengeblieben. Aber die ganzen Leute sonst, da hat sich viel ausgewechselt.

Der Umgang mit mir, kurz nach dem Tod meiner Frau, war: gar nicht beachten, niemand kümmerte sich, was ich gebraucht hätte, niemand, der mal vorbeikam. Sie haben die Tür zugemacht nach der Trauerfeier, sind gegangen und sind in ihr Leben zurück. Sie hatten viel zu viel Angst davor, dass da was passieren könnte. Vielleicht Krankheiten oder sonst was, ich weiß es nicht. Einige Ängste waren wohl auch, dass ich irgendwie Beziehungen durcheinanderbringen könnte. Ich könnte in Beziehungen eindringen, Frauen anbaggern, sie sahen eine potentielle Gefahr in mir.

Die ärgste Erfahrung war, dass ich mich ziemlich mit meiner Mutter überworfen habe, die gar nicht an meiner Seite stand und mir bereits einige Tage später vorgejammert hat, wie schlecht es ihr gehe. Ich hatte wirklich das Gefühl, ich müsste mich jetzt um den nächsten kümmern. Das war schon sehr anstrengend.

Ich bin dann etwa zwei Monate nach dem Tod meiner Frau zu verwitwet.de, weil ich gemerkt habe, dass ich mit den andern

---

51 Sille, die Frau von Andreas, verstarb 2005 an den Folgen von metastasierendem Brustkrebs. Andreas brachte eine Tochter und einen Sohn mit in die Partnerschaft, damals 9 und 14 Jahre, die Tochter von Sille war 15 Jahre.

nicht reden kann, dass es auch unerträglich ist, dort überhaupt hinzugehen. Der Chat hat mir sehr gutgetan, denn ich suchte eigentlich nur Leute, denen dasselbe passiert ist, um mich auszutauschen. Ich wusste in den Monaten wirklich nichts mit meinem Leben anzufangen, ich war einfach stehengeblieben. Wenn ich mir vorstelle, was das für ein turbulentes Leben war und für eine dynamische Beziehung, die Kinder da, und dann geht plötzlich die Tür zu, man ist plötzlich alleine, eine große Wohnung und aus die Maus. Stille. Und kein Mensch kommt mehr vorbei. Das ist schon erstaunlich. Ich glaube, man kann von seinen Freunden und Mitmenschen verlangen, dass sie klingeln und fragen, ob sie da sein sollen. Das ist nichts Besonderes, was man da tun muss. Man muss nicht wie ein Engel da reinschweben und tröstliche Worte finden. Man muss einfach nur da sein. Dann kriegt man schon mit, was man tun kann.

Ich glaube, eine der schlimmsten Sachen, was passiert, wenn der Partner stirbt, ist ja, es stirbt nicht nur der Partner weg, es stirbt auch dein Leben weg, deine Ziele. Es ist ja alles weg. Man hat sich die Zukunft gemeinsam vorgestellt. Und mit der Zeit fängst du an, darüber nachzudenken, was du dir eigentlich für neue Ziele setzen willst. Bei mir hat das Jahre gedauert, ich bin viele falsche Wege gegangen, aber heute ist mein Leben anders ausgerichtet. Ich habe mir schlicht und ergreifend einen neuen Freundeskreis aufgebaut. Einen wesentlich intensiveren. Ich hab nicht mehr dieses typische Familienleben mit einer Partnerin, mein neues Leben findet in einer Wohngemeinschaft mit vielen Leuten statt. Ich hab zwar auch wieder eine Freundin, und trotzdem lebe ich in einer WG. Ich will nicht wieder so tief fallen, ich versuche, mein Leben von vornherein auf eine breitere Ebene zu stellen. Insofern ist alles auch gar nicht mehr so auf die nächsten dreißig Jahre ausgerichtet, sondern eher darauf, dass es mir heute gutgehen soll. Das ist meine Neuausrichtung.

Was kann helfen? Eine Orientierungsliste

Neben Geduld und Ausdauer braucht es ebenso Toleranz und Achtung, um einen Trauernden zu unterstützen und seine Trauer mit ihm auszuhalten. Als kleiner Wegweiser für Menschen, die einen Trauernden auf seinem Weg begleiten möchten, finden sich hier Anregungen, die erfahrungsgemäß die Unsicherheit im Umgang mit trauernden Menschen verringern können. Sie sind keine allgemeingültige Anleitung, sondern als Orientierungshilfe und Anhaltspunkte für unterstützendes Verhalten gedacht. Einer Umsetzung sollte immer der Blick auf den betroffenen Trauernden vorausgehen.

In der allerersten Zeit (bis zu mehreren Wochen) kann Folgendes hilfreich sein:[52]

- *einfach nur da sein*
  Zuhören, schweigen, sich selbst zurücknehmen, die Hilflosigkeit aushalten.
- *Hilfestellung im Alltag geben*
  Einkaufen, Besorgungen machen, kochen, handwerkliche Hilfe, Kinderbetreuung, Fahrdienste ...
- *Hilfestellung rund um die Bestattung und den anfallenden Ämter-Marathon*
  Organisatorisches übernehmen, Hilfe bei Formularen, Begleitung anbieten, Liste der wichtigsten Aufgaben zusammenstellen.
- *keine Worte zum Trost suchen*
  Es gibt jetzt nichts, das tröstet. Floskeln und Sätze wie »Das wird schon wieder«, »Die Zeit heilt alle Wunden« oder »Du bist jung und hast dein Leben noch vor dir« sind einfach falsch und helfen nicht, sondern können stattdessen sehr verletzen.

---

52 Dieser Abschnitt orientiert sich an der Aufgabe »Die Wirklichkeit des Verlusts und des Todes als Realität akzeptieren« bei Worden.

- *vom Verstorbenen sprechen*
  Über ihn sprechen tut oft gut und ist in jedem Fall besser, als ihn zu verschweigen (die Gedanken des Trauernden drehen sich ohnehin um ihn). Man sollte sich von ihm erzählen lassen, zuhören.
- *Tränen aushalten und die eigenen nicht unterdrücken*
  Weinen ist gut und darf sein, eventuell mitweinen zu müssen ist völlig in Ordnung; fehlende Tränen bedeuten jedoch nicht, dass keine oder nur geringe Trauer vorhanden ist.
- *nicht allein lassen*
  Vor Ort sein, sich vielleicht mit anderen abwechseln. Keine Überversorgung, nichts aufdrängen, im Hintergrund und bei Bedarf zur Stelle sein. »Melde dich, wenn du was brauchst«, das ist nicht ausreichend, Trauernde sind oft gar nicht fähig, selbst Kontakt aufzunehmen.
- *alle Gefühle und Reaktionen zulassen und annehmen*
  Alles darf sein, Gefühle nicht ausreden, Heftigkeit, Trostlosigkeit, Erstarrung und Stille aushalten, mittragen. Eigene Gefühle ausdrücken, wenn es passt.
- *Mitgefühl zeigen, jedoch bitte kein Mitleid*
  Zuwendung, Warmherzigkeit, Anteilnahme, Akzeptanz, sich einfühlen, mitfühlen.
- *Informationen zu professioneller Unterstützung einholen*
  Sich nach Trauerangeboten im Umfeld erkundigen, Informationen sammeln, Kontaktmöglichkeiten weitergeben (Gesprächsgruppen, Trauerbegleitung, Therapeutenempfehlungen, Institutionen, Literatur, Internet-Links). Dies nicht aufdrängen, aber gelegentlich in Erinnerung bringen.

In der nachfolgenden Zeit, die Wochen, aber ebenso gut mehrere Monate andauern kann, braucht der Trauernde anhaltendes Verständnis und Unterstützung aus seinem Umfeld:[53]

---

53 Dieser Abschnitt orientiert sich an der Aufgabe »Den Schmerz der Trauer anerkennen und durchleben« bei Worden.

- *weiter da sein*
  Zuhören, wieder und wieder zuhören, schweigen und die Schwere der Situation weiter geduldig aushalten und mittragen.
- *häufig wechselnde Gefühle und Stimmungsschwankungen aushalten*
  Starke Gefühlsausbrüche nicht stoppen, sie sind ein Ventil für den großen inneren Druck. Tiefe Traurigkeit, Wut, Ängste, aber auch Freude und Lachen wollen gefühlt werden. Die Gefühle wahr- und ernst nehmen, nicht ausreden.
- *offen und ernsthaft nach dem Befinden fragen*
  Es wirklich wissen wollen, auch wenn es immer wieder schlechtgeht. Anteil und ausreichend Zeit für das Gespräch nehmen, regelmäßig nachfragen.
- *keine (Be-)Wertung der Trauer*
  Die Art, wie getrauert wird, akzeptieren, keine Ratschläge geben, wie es besser gehen würde, kein »du müsstest« oder »du solltest lieber«, denn nur der Trauernde spürt, was sich für ihn richtig anfühlt.
- *Trauer nicht vergleichen*
  Jede Trauer verläuft unterschiedlich, Vergleiche wie »Der ist viel schneller wieder auf die Beine gekommen« oder »Die ist in einer viel schlimmeren Situation als du« sind unangemessen. Sie machen Druck, werten ab und sind weder hilfreich noch motivierend.
- *Hilfestellung im Alltag anbieten*
  Auf Überforderung achten und bei anstehenden Arbeiten anpacken (z.B. im Garten, bei Reparaturen, beim Umräumen, Aussortieren), Begleitung bei Ämtergängen, Kinderbetreuung, Fahrdienst zum Sport oder Musikunterricht der Kinder.
- *nicht drängen oder zu etwas überreden*
  Zeit lassen, bis der Trauernde bereit ist, etwas anzugehen (Schrank ausräumen, Anrufbeantworter neu besprechen, Wohnung verändern, sich von etwas trennen).

- *nicht von Problemen ablenken*
 Über Probleme und Schwierigkeiten sprechen (lassen), ungelöste oder vielleicht unlösbare Probleme akzeptieren und annehmen, nicht davon ablenken und verdrängen, denn sie sind Teil des Trauerprozesses, und auch Schuldgefühle gehören dazu.
- *eigene Trauererfahrungen nicht als Maßstab nehmen*
 Trauergefühle und -prozesse sind nicht vergleichbar, die Trauer um die Großmutter, einen Freund oder Kollegen sowie das Haustier verläuft anders. Gleiches gilt für eventuell selbst erfahrene Trauer um einen Partner, sparsam sein mit eigenen Geschichten.
- *Angebote machen, Aktivitäten vorschlagen*
 Immer wieder Angebote machen, auch nach Wochen oder Monaten (Restaurantbesuche oder gemeinsames Kochen, kulturelle Veranstaltungen, Ausflüge, kreative Angebote, Kurse). Eine Ablehnung aber verständnisvoll akzeptieren und nach etwas Zeit erneut anbieten. Die Ablehnung nicht persönlich nehmen oder gar beleidigt sein, sondern geduldig abwarten und ausdauernd bleiben.
- *auf körperliche Reaktionen, Veränderungen achten*
 Trauer kann sich, schnell oder nach längerer Zeit, in körperlichen Reaktionen zeigen. Auf einen möglichen Zusammenhang hinweisen, auf Belehrungen wie »Du isst zu viel / zu wenig«, »Du rauchst zu viel«, »Du bewegst dich zu wenig« verzichten. Anzeichen wahrnehmen und zurückhaltend darauf aufmerksam machen.
- *Kontakt auch nach längerer Zeit wieder aufnehmen*
 Sich für das Befinden interessieren, sich erzählen lassen, nach der Gegenwart fragen, aber auch nach dem, was zurückliegt. Eine abgerissene Verbindung kann erneuert werden, dabei den vergangenen Abschnitt aber nicht ausklammern.
- *anregen, sich körperlich etwas Gutes zu tun*
 Kleine Dinge, wie etwa ein Spaziergang, eine Massage, ein Bad, Sauna, Wellness.

Nach der Zeit der starken Gefühlsschwankungen folgt ein Abschnitt, der Wochen, Monate aber auch Jahre andauern kann.[54]

- *geduldig zuhören*
  Geschichten aufmerksam und mitfühlend anhören, auch wenn sie schon mehrfach erzählt wurden oder bekannt sind.
- *sich Zeit zum Erinnern nehmen*
  Gern ansprechbar sein oder selbst ein Gespräch anregen, in dem es um die Erinnerungen und den Partner des Trauernden geht. Sich einlassen auf die Gedanken des Trauernden, Anteil nehmen, Orte der Erinnerung besuchen. Erneut hochkommende Gefühle ernst nehmen, nicht abwiegeln.
- *alles darf erinnert und gesagt werden*
  Keine Tabus aufbauen, Schweres, Schuld, Konflikte und Verletzungen aussprechen und präsent sein lassen.
- *der Entwicklung Zeit geben, Geduld haben*
  Den Trauernden nicht bedrängen, Sätze wie »Es wird langsam Zeit, dass du mit dem Trauern aufhörst«, »Jetzt muss es dir aber mal wieder bessergehen«, »Nun reiß dich langsam mal zusammen«, setzen den Trauernden dem Druck aus, dass er sich nicht richtig verhält, etwas falsch macht. Das stimmt aber nicht.
- *aufmerksam sein, an Jahrestage denken*
  Sich zum Todestag, an Geburts- und Hochzeitstagen melden, sie mit begehen, Blumengruß schicken. An Feiertagen wie Ostern, Weihnachten, Silvester nachfragen, ob der Trauernde den Tag mit anderen oder für sich verbringen möchte. Trauernde einladen, Absagen tolerieren.
- *Veränderungen wahrnehmen und unterstützen*
  Aktivitäten und neue Kontakte begrüßen, Wandlung ak-

---

54 Dieser Abschnitt orientiert sich an der Aufgabe »Sich anpassen an eine Umwelt, in der der Verstorbene fehlt, und neues Selbstbewusstsein entwickeln« bei Worden.

zeptieren (andere Ansichten, Kleidung, Interessen, Freizeitbeschäftigungen), nicht werten, tolerant sein.

Auch im letzten Abschnitt des aktiven Trauerprozesses, der den Übergang in ein neues selbstbestimmtes Leben ermöglicht, kann der Trauernde begleitet und bestärkt werden.[55]

- *neue Ausrichtung akzeptieren*
  Neue Beziehungen, Freunde annehmen, offen für Veränderungen sein, nicht das Alte einfordern. Weder das Leben noch der Trauernde werden jemals wieder so wie vorher sein.
- *nicht alte Gewohnheiten oder Abläufe erzwingen wollen*
  »Das haben wir doch schon immer so gemacht«, »In der Runde hatten wir doch immer so viel Spaß«, stattdessen akzeptieren, dass der Trauernde nun manches anders sieht. Sich auf Neues einlassen, verändertes Verhalten des Trauernden annehmen.
- *die wiedergewonnene Eigenständigkeit akzeptieren*
  Dem Trauernden wieder zutrauen, allein klarzukommen, ihm etwas zutrauen und ihn in seiner Eigenständigkeit bestätigen.
- *auf eventuelle Rückfälle gefasst sein*
  Da sein, wenn doch noch einmal eine Trauerwelle kommt, Auslöser können ganz unerwartet kommen, mitfühlend und verständnisvoll reagieren. Trauer ist nie ganz verschwunden, und es ist ganz normal, dass sie sich ab und an wieder Raum nimmt.

Die Begleitung eines Trauernden ist vor allem mit Geduld, Toleranz, Mitgefühl, Verständnis, Flexibilität und Akzeptanz verbunden. Diese Eigenschaften, die *der Begleitende* einbringt, sind die Basis. Sie ermöglichen es beiden, dem Trauernden

---

55 Dieser Abschnitt orientiert sich an der Aufgabe »Für den Toten einen neuen Platz finden und weiterleben« bei Worden.

und dem Unterstützer, sich auf dem langen Weg durch die Trauer nahezubleiben und sich nicht zu verlieren.

Trauerbegleitung und Therapie

Professionelle Begleitung auf dem Trauerweg ist für den Trauernden eine Möglichkeit, sich regelmäßig und angeleitet den notwendigen Raum für die Auseinandersetzung mit dem Thema zu nehmen, das für ihn gerade lebensbestimmend ist. Raum, den er nicht ohne weiteres in seinem Alltag findet und den sein Umfeld ihm nur ganz selten ausreichend zugesteht oder bieten kann.

Auch wenn Trauer keine Krankheit ist, können ihre Symptome ähnlich heftig und beunruhigend sein. Mit Hilfe eines Arztes oder Therapeuten kann gemeinsam herausgefunden werden, ob ein großer, also ganz normaler Gesprächsbedarf gedeckt werden muss, eine regelmäßige, längere Therapie in Frage kommt oder auch eine zeitweilige Medikation parallel angezeigt ist. Von einer selbstverordneten oder unkontrollierten Einnahme von Schlafmitteln, Anti-Depressiva oder anderen Medikamenten über einen längeren Zeitraum ist ohne ärztliche Begleitung dringend abzuraten.

Unterdrückte Trauer kann unter Umständen tatsächlich krank machen oder Auslöser für Krankheiten sein. Unterschiedlichste körperliche Symptome können sich beim Trauernden sowohl über einen längeren Zeitraum zeigen, als auch überhaupt erst nach langer Zeit auftreten. Deshalb sollten Auswirkungen des Trauerprozesses als Ursache bei einer möglichen Diagnose immer erwähnt und bedacht werden, auch nach Monaten und in den ersten Jahren.

Ein erstes Gespräch mit einem passenden und möglichst trauererfahrenen Therapeuten sowie die anschließende Begleitung können für Trauernde besonders im ersten Jahr eine geeignete Unterstützung sein, um mit ihrem fundamental durcheinandergebrachten Leben zurechtzukommen. Einem Fremden gegenüber, der unvoreingenommen und neutral ist, fällt es leichter, offen alles auszusprechen, was einem durch den Kopf geht, ohne Zensur, Zurückweisung oder Verurteilung befürchten zu müssen. Das wird vor allem deutlich, wenn es um negative Gefühle wie Wut, Schuldgefühle, Enttäuschungen und Verletzungen seitens Familie, Freunden, Kollegen oder auch des verstorbenen Partners geht.

Wut auf alles und jeden[56]
Ich hatte schon öfter das Gefühl der Wut in mir. Wut auf mich, Wut auf meinen verstorbenen Mann, Wut auf alles und jeden. Dabei hatte ich anfangs ein schlechtes Gewissen. Jetzt nicht mehr, denn ich habe festgestellt, auch die Wut gehört zur Trauer. Wut zulassen kann sehr befreiend sein. Sich die Wut von der Seele zu schreiben. Den Brief dann verbrennen oder in den Wald gehen und schreien oder auf ein Kissen einschlagen. Es findet sich für jeden die richtige Art, Wut loszuwerden.

Wut als Energiepotential
Auch ich habe die Wut als wichtiges Gefühl in meiner Trauer erlebt. In unserer Gesellschaft ist es nicht üblich, solche Gefühle zuzulassen, das gehört sich nicht. Dabei hat wohl jeder schon gespürt: Wenn er sich mal richtig von allem Frust befreit hat, dann fühlt er sich besser. In meiner Wut steckt ein ungeheures Energiepotential, es kostet mich unendlich viel Kraft, meine Wut zu unterdrücken. Erlaube ich mir aber, sie auszuleben, habe ich in mir wieder Freiraum für Neues und kann einen Schritt vorwärts gehen – dem Leben entgegen!

56 Beide Einträge im Forum »Allgemein« von verwitwet.de, Mai 2004

Die Voraussetzung für diese Offenheit ist wie bei jeder Therapie eine gute Verbindung mit dem Therapeuten. Idealerweise ergänzen sich Verständnis und Mitgefühl mit professionellem psychologischem Wissen zu individuellen Trauerprozessen. Einen Therapeuten zu finden, zu dem ich Vertrauen habe und der Erfahrung im Umgang mit Trauernden hat, stellt für den Suchenden, der wenig Kraft und einen hohen Leidensdruck hat, nicht selten eine echte Herausforderung dar. Manchmal scheitert ein kurzfristiger Therapiebeginn schlicht an fehlenden freien Terminen, und der Einstieg ist erst nach einer längeren Wartezeit möglich. Trotzdem ist die Suche sowie das Ausprobieren, ob eine Therapie auf dem eigenen Weg unterstützt und entlastet, sinnvoll.

Gespräche mit einem ausgebildeten Trauerbegleiter sind kein Ersatz für eine Therapie, sondern ein eigenständiges, alternatives Angebot zur Trauerbewältigung. Sie können zum einen zwar helfen, eine eventuelle Wartezeit auf einen Therapieplatz zu überbrücken, zum anderen können sie jedoch auch regelmäßig parallel zu einer Therapie geführt werden. Die Arbeit ausgebildeter Trauerbegleiter ist gezielt auf den Umgang mit Sterben, Tod und Trauer ausgerichtet. Sie beschäftigen sich ausschließlich mit individuellen Trauerprozessen und sind erfahren darin, dem Trauernden Raum für seine ganz persönlichen Empfindungen und Bedürfnisse zu geben, zuzuhören, mitzufühlen und gedankliche oder auch praktische Anregungen zum Umgang mit der jeweiligen Gefühlslage und Situation zu geben. Für viele von ihnen war eine persönliche Trauererfahrung Auslöser dafür, sich eingehender mit diesen Themen auseinanderzusetzen.

Anderen Menschen in ähnlicher Situation die eigene Erfahrung zur Verfügung zu stellen kann zwar manchmal hilfreich sein, reicht aber als Grundlage für eine fundierte Trauerbegleitung nicht aus. Bei der Suche und Auswahl eines Trauerbegleiters dürfen und sollten deshalb Fragen zur Ausbildung und der bisherigen Erfahrung als Begleiter, d.h. zur

Kompetenz, gestellt werden. Neben der Voraussetzung einer positiven Verbindung zum Begleiter, können auch die Antworten auf diese Fragen bei der Entscheidung helfen, ob ich mich vertrauensvoll von diesem Menschen auf meinem Weg begleiten lassen möchte.

Weder ein Therapeut noch ein Trauerbegleiter ist allerdings in der Lage, den Wunsch nach einer Traueranleitung in zehn (oder auch zwanzig) beschriebenen Schritten zu erfüllen, nach deren Abschreiten der Trauerprozess vollzogen und die Trauerarbeit geleistet ist. »Wie oft muss ich kommen, bis es besser wird?« »Was muss ich tun, damit dieser unerträgliche Schmerz aufhört?« – auf diese und ähnliche Fragen gibt es ehrlicherweise keine konkrete Antwort, nur die Empfehlung, sich Zeit zu geben, geduldig zu sein, fürsorglich und nachsichtig mit sich selbst umzugehen und den eigenen Gefühlen zu trauen.

Alle Hilfen und jede Unterstützung, die ein Trauernder bekommen kann, sind Angebote, die bedacht oder besser noch ausprobiert werden sollten, weil sich nicht theoretisch klären lässt, wie sich das jeweilige Angebot für jemanden persönlich anfühlt und auswirkt. Trotz der Anstrengung, die das für den einzelnen Trauernden bedeutet, ist jeder Versuch sinnvoll, denn der Bedarf, sich mit dem Thema zu beschäftigen, ist groß, und der Raum für Trauer im alltäglichen Leben ist gering oder gar nicht vorhanden.

Selbsthilfe

Wie für viele besonderen und schwierigen Lebenssituationen gibt es auch zum Thema Trauer Selbsthilfegruppen, angeleitete Gesprächskreise und Internetforen, in denen emotionaler Austausch stattfindet; hier können aber auch sachliche Informationen gegeben werden.

Gleich oder ähnlich betroffene Menschen in ihrem alltäglichen Umfeld zu finden, ist für jüngere Trauernde eher schwierig. Zum einen trägt das nicht darüber Sprechen dazu bei, dass oft gar nicht bemerkt wird, wer sich in einer solchen Situation befindet. Zum anderen gibt es nur selten im direkten Umfeld jemanden in vergleichbarer Lage, trotz der großen Anzahl Betroffener bundesweit.

Eine übergeordnete Stelle, um zu erfahren, welche Angebote regional vorhanden sind, gibt es leider nicht. Je nach Ort und Region können Informationen unter anderem bei Kontaktstellen für Selbsthilfegruppen (z.B. NAKOS, KISS oder KIBIS), Hospiz- und Palliativ-Diensten, Kirchengemeinden und kirchlichen Organisationen, Beratungsstellen (z.B. Tabea, Phönikks, Charon), (Selbsthilfe-)Organisationen und Vereinen, die sich mit Themen rund um Sterben, Tod und Trauer beschäftigen (z.B. Institut für Trauerarbeit, ITA, e.V., Trauerinstitut Deutschland e.V., verwitwet.de e.V., AGUS, Angehörige um Suizid, e.V.) oder auch bei einzelnen Therapeuten und Trauerbegleitern vor Ort erfragt werden.

Manchmal dauert es eine Weile, bis der Trauernde eine für ihn stimmige und unterstützende Gruppe gefunden hat. Auch wenn das gemeinsame Thema Trauer die Verbindung ist, spielen Rahmen und inhaltlicher Ablauf der Gruppe sowie auch die persönliche Situation und das Lebensalter der Teilnehmer eine wichtige Rolle. Eine jung verwitwete Mutter mit minderjährigen Kindern, die im Berufsleben steht, ist im Alltag mit anderen Problemen konfrontiert als eine ältere verwitwete Frau, die nicht mehr beruflich arbeitet. Die Unterschiedlichkeit der Inhalte und Anforderungen kann sehr groß sein.

Je ähnlicher die Teilnehmerstruktur einer Gruppe ist, umso ähnlicher werden auch die Probleme, Fragen und Erwartungen innerhalb der Gruppe sein. Sich in möglichst vielen der angesprochenen Inhalte wiederzufinden, zu merken, »das ist auch mein Thema«, ist die Grundlage für sinnvollen

Austausch. Dies lässt sich als Voraussetzung formulieren, um sich in einem solchen Kreis richtig zu fühlen, die Gespräche als hilfreich zu empfinden und somit auch Anregungen zu bekommen, die in den eigenen Alltag mitgenommen werden können.

Eine andere wichtige Voraussetzung besteht darin, den richtigen Zeitpunkt zur Teilnahme an einer Trauergruppe zu wählen. Aber welches ist der richtige Zeitpunkt? Bis vor noch nicht allzu langer Zeit wurde der Besuch einer Trauergruppe nicht zu Beginn des Trauerprozesses, sondern erst etwa ein halbes Jahr nach dem Todesfall angeraten. Die Fülle der Geschichten anderer Teilnehmer und die Intensität der Gefühle in der Gruppe können eine hohe zusätzliche Belastung bedeuten und den Trauernden überfordern. Das ist aber nicht in jedem Fall so, und es gibt Teilnehmer, die ganz am Anfang ihrer Trauer stehen und die diese Intensität zwar als sehr anstrengend, aber nicht als negative zusätzliche Belastung empfinden, sondern als passende, für sie notwendige Auseinandersetzung mit ihrer Lebenssituation.

Dabei spielen der von der Gruppe gewählte Rahmen und die Inhalte der Treffen eine erhebliche Rolle. Treffen sich die Teilnehmer, um in Gemeinschaft mit Gleichgesinnten einen Teil ihrer Freizeit zu verbringen? Kann bei dem lockeren Miteinander bei Bedarf das gemeinsame Thema angesprochen werden, muss aber nicht? Oder steht der intensive Austausch in einem geschlossenen Kreis im Vordergrund, der bewusst keine Ablenkung zulässt?

In jedem Fall ist eine Trauergruppe jedoch kein Ort, an dem ausschließlich geweint und geklagt wird – das wäre weder auszuhalten noch heilsam. Es braucht eine Balance zwischen dem Eintauchen in tiefe, schmerzliche Gefühle, dem gemeinsamen Aushalten und Aussprechen des Schweren und den Phasen der Entspannung in Form von lockerem Austausch oder auch spontaner Heiterkeit, die einfach nur guttun. Zur intensiven Arbeit gehören Pausen, in denen auf- und ausgeatmet werden kann und neue Kraft gewonnen wird. Auch im Alltag ist es für Trauernde wichtig, sich immer wieder mal etwas Gutes zu tun und eine Pause einzulegen.

Für Außenstehende und neue Teilnehmer, die noch keine Erfahrung mit Selbsthilfe- oder geleiteten Gruppen gesammelt haben, ist es oft zunächst befremdlich, wenn sie hören, dass in einer Trauergruppe auch laut und herzlich gelacht werden kann. Etwas Erzähltes, eine spontane Bemerkung, aber auch ein Anflug von schwarzem Humor kann der Auslöser dafür sein, dass die Teilnehmer einzeln oder miteinander in befreiendes, fast explosionsartiges Gelächter ausbrechen und erstaunt bemerken, wie gut ihnen das tut. Denn obwohl viele Trauernde große Sehnsucht danach haben, sich einfach mal freuen oder lachen zu können, ist das eine Reaktion, die im Alltag fast ängstlich unterdrückt wird – das Umfeld könnte ja sofort annehmen, dass dann alles schon wieder besser ist oder der Trauernde nicht wirklich trauert. Einen Moment der Heiterkeit und des Lachens so zu deuten, ist jedoch ein großer Irrtum.

Ähnliches Unverständnis begegnet nicht selten Gruppenteilnehmern, die über einen langen Zeitraum regelmäßig eine Gruppe besuchen und weiter zu den Treffen gehen, selbst wenn sie wieder festen Boden unter den Füßen haben. »Warum gehst du denn da immer noch hin?« »Du musst doch endlich mal von dem ganzen Trauerkram wegkommen – das zieht dich nur wieder runter!« Dass dem Trauernden im Alltag, je länger der Tod des Partners zurückliegt, immer weniger beziehungsweise gar kein Raum mehr für die Beschäftigung mit diesem Lebensabschnitt gelassen wird, macht sich kaum jemand klar. Der Trauernde benötigt diesen Raum aber, er tut ihm gut, und die Gruppe bietet ihn.

Erfahrung Selbsthilfegruppe
Viktor, geb. 1970, Fotograf:[57]

Ich habe schnell gemerkt, ich brauche Hilfe. Wie sie aussehen kann, das wusste ich nicht. Aber die Trauer ist einfach so riesig, und ich kam mit den Möglichkeiten, die ich hatte, mit den Gedanken, die ich mir gemacht habe, nicht alleine klar. Ein Freund hat dann für mich recherchiert und mir ein paar Internetseiten genannt. So bin ich zu verwitwet.de gekommen. Nachdem wir telefoniert hatten, wusste ich, dass das alles sympathisch klang. Das war so sechs, sieben Wochen nach dem Tod meiner Frau. Aber ich hatte keine Vorstellung, wer in so einer Gruppe sitzt, und es ist nicht so meins, dass ich mich irgendwo in der Gruppe hinstelle und erzähle, also so eine Befindlichkeitsrunde. Eigentlich würde ich es lieber haben, dass mir eine einzelne Person gegenübersitzt, aber ich dachte, ich probier's einfach und schau mal.

Es gab auch diese Vorbehalte, dass man plötzlich einen Kloß im Hals hat und nicht mehr weiterreden kann. Doch ich war dann positiv überrascht. Die Gruppe war sehr gemischt, es waren weniger Männer, klar, wie immer, aber ganz verschiedene Altersgruppen. Man bekommt ein Feedback, das war für mich wichtig, ich selber wusste ja nicht, ist das richtig, wie ich auf manches reagiere, ist es richtig, wie man so tickt ... Ich ziehe bei den Gesprächen aus dem, was die andern sagen, etwas für mich heraus. Das finde ich schon ganz positiv. Die Erlebnisse von den andern helfen mir, ich komme mir dann nicht mehr so komisch vor. Und jedes Mal gibt es in der Gruppe ein anderes Thema. Einmal hatten wir diese Kärtchen vor uns liegen, mit diesen ganzen Sätzen, die wir alle schon mal gehört haben. Es gibt eine befreundete Familie in der Nachbarschaft schräg von uns gegenüber, die sehr viel für mich macht, die Jungs sind nach der Schule immer dort, sie essen mittags da, die Frau macht bei mir auch sauber und kauft auch ein. Sie hat

---

57 Helene, die Frau von Viktor, verstarb 2010 an einem Hirn-Aneurysma. Die beiden haben zwei gemeinsame Söhne, damals 10 und 13 Jahre alt.

> mir zwischendurch mal vorgeworfen, du sagst gar nicht, dass ich mal was machen soll, immer muss ich damit ankommen. Das ist so einer dieser typischen Sätze. In der Gruppe habe ich dann erfahren, dass wir in dieser Situation gar nicht in der Lage sind zu fragen, wir sind darauf angewiesen, dass der andere immer wieder kommt und sich nicht abgewiesen fühlt. Das hab ich ihr dann auch gesagt ... Sie hätte es ganz gerne ein bisschen anders, aber sie kommt trotzdem gern und hilft, das ist schon ganz großartig.

Ob, wann und für wie lange der Besuch einer Gruppe angezeigt ist, kann jeder Trauernde nur selbst herausfinden. Diese Entscheidung kann nicht allein rational getroffen werden, sondern nur durch ausprobieren. Das kann bedeuten, dass ich mich zwei- oder auch dreimal einer für mich vielleicht noch zu schmerzlichen und zeitlich nicht passenden Erfahrung aussetze, da sich aufgrund der vielen neuen Eindrücke, die mit dem ersten Besuch verbunden sind, oft noch keine klare Entscheidung treffen lässt. Erst danach kann ich sicherer wissen, ob *jetzt* der Moment für diesen Schritt auf meinem Trauerweg ist oder vielleicht erst später, nach einem erneutem Versuch.

Dieses Ausprobieren, was für den Einzelnen gerade passend ist, betrifft alle Angebote für Hilfe und Begleitung im Zeitraum der Trauer, wobei die jeweils zu nehmende Schwelle unterschiedlich hoch ist.

Für Trauergruppen gilt das besonders: Sich in eine Gruppe fremder Menschen zu begeben, stellt eine große Herausforderung dar. Beim ersten Gruppenbesuch kommt es nicht selten zu Gefühlsschwankungen, es gibt die Angst, etwas sagen zu wollen oder vielleicht gefragt zu werden, dann aber nicht sprechen zu können und vielleicht weinen zu müssen. Ist die Schwelle jedoch erst einmal überschritten, führt dieser Weg für die meisten überraschend schnell zu einer außergewöhnlichen Nähe, und das gegenseitige Verstehen entlastet und tut gut.

Eine wesentlich niedrigere Schwelle stellt der Austausch im Internet dar. Viele von uns sind es inzwischen gewohnt, das Internet als Informationsquelle zu nutzen, darüber hinaus kann es jedoch ebenfalls der Unterstützung in persönlich schwierigen Lebensabschnitten dienen, auch im Trauerprozess. Im Netz gibt es eine Vielzahl von thematischen Angeboten zur Auseinandersetzung und Bewältigung von Sterben, Tod und Trauer. Das reicht von rein sachlichen Informationen, von Aufstellungen zum Abwickeln notwendiger Dinge, über wissenschaftliche Ausführungen zu Trauer und ihren Auswirkungen bis hin zum persönlichen Austausch Betroffener in Foren oder Chats.

Auch hier muss ich erst herausfinden, was meinem eigenen Umgang mit Trauer entspricht, aber ich kann mich zunächst anonym orientieren. Hinzu kommt, dass mir das Internet 24 Stunden am Tag offen steht und ich mich, wann immer ich das Bedürfnis danach habe, dort mit meinem Thema beschäftigen kann, auch um zwei Uhr nachts oder sechs Uhr morgens. Das ist – selbst bei kritischer Betrachtung des Mediums – ein unbestreitbarer Vorteil im Vergleich zu zeitlich und örtlich festgelegten Treffen, die einem spontanen Bedarf nicht anzupassen sind.

Es kann recht zeitaufwendig und manchmal auch irreführend sein, die vielen einzelnen Internetseiten nach Einträgen zu durchsuchen, die für mich relevant sind; doch wenn ich fündig geworden bin, kann es anregend und tröstlich sein. So wird die 1998 aus privatem Selbsthilfebedarf eines jung verwitweten dreifachen Vaters entstandene Internetplattform verwitwet.de inzwischen bundesweit von über 8000 Nutzern besucht und belebt, vorwiegend von verwitweten Müttern und Vätern sowie ihren Kindern. Aber auch andere Menschen, die um ihre Partner trauern, sind auf der Seite willkommen. Die zunächst vielleicht übervoll erscheinende Homepage ist der Treffpunkt einer großen Internetgemeinschaft mit einer Fülle von Informations- und Kommunikationsangeboten.

Zu entdecken, dass nicht nur ich allein mich in dieser Lebenssituation befinde, dass es anderen genauso geht, entfaltet, auch über das Internet, eine tröstende Wirkung. Einträge zu lesen, in denen ich mich selbst, meine Gefühle und Probleme wiedererkenne, die ich so oder ganz ähnlich auch hätte schreiben können, überrascht und tut gut. Die Einträge berühren die Lesenden häufig so tief, dass sie vor ihrem Computer sitzend einfach erst einmal weinen – aus Erleichterung, dass da endlich jemand ist, der sie versteht, und auch aus Mitgefühl. Eigene Einträge in den Foren zu posten, ist dann ein weiterer Schritt, um selbst mit anderen in Kontakt zu treten, sie an meinen Gedanken und Fragen teilhaben zu lassen und Antworten auf meine Einträge zu bekommen. Das Aufschreiben meiner Gedanken, das Formulieren meiner Probleme und Fragen, hat wie bei einem Tagebuch den Effekt, dass ich Worte für die mich belastenden Gefühle finde, sie ausdrücke und auf diese Weise gewissermaßen »loswerde«. Der entschuldigend am Ende eines langen Redeflusses hinzugefügte Satz: »Ich musste das erst mal loswerden«, bezieht sich zwar auf das Sprechen, meint aber genau genommen dasselbe, denn das Gesagte hat Druck gemacht, es musste »ausgedrückt« werden.

Rückmeldungen und Antworten zu meinem Eintrag, die manchmal schon nach Minuten, meistens aber nach Stunden und in den Folgetagen ins Forum geschrieben werden, zeigen mir, dass ich wahrgenommen werde, dass ich »gehört« wurde und nicht allein bin. Fast immer drücken die Antworten Mitgefühl, Trost, Zustimmung und auch Anerkennung aus, enthalten Energie und Bestätigung, die mich stärken. Selbst wenn nicht alle Beiträge meinem Empfinden entsprechen, wenn jemand anders mit der Situation umgeht oder umgehen würde als ich, bekomme ich doch Anregungen, die mir vielleicht helfen, mein Problem mit anderen Augen zu sehen oder etwas Neues auszuprobieren. Unterschiedliche Sichtweisen können mir gleichzeitig deutlich machen, wie ich *nicht* vorgehen möchte oder kann. Auch das bringt Klarheit.

Möchte ich nicht alles, was mich bewegt, in die öffentlichen Foren schreiben, kann ich dort erste Kontakte aufnehmen und danach den ganz persönlichen Austausch über ein Postfach weiterführen, das nur meinem Gesprächspartner zugänglich ist, ich kann auch zu privatem Mailverkehr übergehen oder, wenn beide einverstanden sind, den Kontakt aufs Telefon ausweiten.

Die Vorsicht, die generell im Umgang mit dem Internet angeraten ist, darf aber gerade beim Austausch zu sehr persönlichen und empfindlichen Lebenssituationen wie der Trauer bei keiner noch so vertrauenswürdig erscheinenden Internetseite ganz außer Acht gelassen werden.

Entstehung des Internetportals

Oliver, geb. 1967, Bankkaufman, Gründer und Webmaster von verwitwet.de, ausgebildeter Trauerbegleiter:[58]

Als meine Frau starb, habe ich mir relativ schnell einen Gruppenaustausch gesucht. Parallel dazu habe ich im Internet nach solchen Möglichkeiten gesucht, allerdings nur Seiten von Alleinerziehenden gefunden. Das war jedoch nicht das Thema, das mich hauptsächlich interessierte, weil es bei Alleinerziehenden, z. B. nach einer Scheidung, um ganz andere Fragen geht. Also habe ich in anderen Foren herumgefragt, und als ich nichts fand, kam ich auf die Idee, das selber zu machen. Ich hatte beispielsweise viel Ärger mit dem Jugendamt und wollte zunächst einfach über meine Erfahrungen, wie ich mein Leben »gemeistert« habe, berichten und damit vielleicht anderen in einer ähnlichen Situation helfen. Und so kam ich auf die Idee, eine Homepage für Verwitwete zu gestalten.

---

58 Kristin, die Frau von Oliver, verstarb 1998 aufgrund einer durch Herzkammerflimmern verursachten Sauerstoffunterversorgung des Gehirns. Die beiden haben drei gemeinsame Kinder, die beiden Töchter waren damals 3 und 6, der Sohn 10 Jahre alt.

Nachdem ich das dann ins Netz gestellt habe, haben sich auch schnell Verwitwete gemeldet. Ich hatte ein kleines Forum eingerichtet, wo man sich anmelden konnte, und dann ging der Austausch eigentlich ziemlich schnell. Das Ganze wurde gut angenommen, weil es so etwas noch nicht gab. Es war im Prinzip eine Marktlücke im Internet, für junge Verwitwete gab es kein Portal.

Der Vorteil bei so einem Internetaustausch – gerade was unsere Zielgruppe angeht, junge Verwitwete – liegt auf der Hand. Wenn man Kinder hat und sie abends im Bett sind, setze ich mich vor meinen PC und kann mich, ohne das Haus zu verlassen, mit anderen austauschen. Und das rund um die Uhr. Ich kann in Foren etwas reinschreiben, und einige Stunden später hat vermutlich jemand darauf geantwortet. Ich kann mich in Chats austauschen, zu jeder Tageszeit und in Echtzeit. Es hat den Vorteil, es ist erst mal anonym, ich kann also relativ frei sprechen. Ich kann mich relativ frei zu meinen Gefühlen äußern, ohne dass der andere weiß, wer ich wirklich bin, weil ja nur Nicknamen verwendet werden. Man erfährt eventuell noch den Ort, mehr aber nicht. Aber man weiß, wann mein Partner oder meine Partnerin gestorben ist, eventuell woran sie oder er gestorben ist, wie viel Kinder man hat usw. Die Anonymität hilft, Hemmungen abzubauen. Und durch diese große Zahl von Leuten, die gemeldet sind, findet man immer jemanden, der Ähnliches erlebt hat. Ob das jetzt eine Krankheit war, an der mein Partner gestorben ist, ob es ein Unfall war, ein Verbrechen oder Suizid. In meinem direkten Umfeld, der Stadt, der Gemeinde, dem Dorf ist das so nicht gegeben. Und gerade die Leute in den ländlichen Gegenden haben so die Chance, auf achttausend Leute – die Community ist jetzt 8000 Mitglieder stark – zuzugreifen, denen Ähnliches widerfahren ist.

Ich persönlich habe den Austausch immer als unterstützend empfunden. Wenn ich mir etwas von der Seele schreiben (oder reden) kann, dann hilft mir das ja. Immer wenn man sich darüber unterhält, warum es einem schlechtgeht, hilft es einem, und insofern hat mir meine eigene Seite natürlich auch geholfen bei der Verarbeitung meines Schicksals. Darüber hinaus gibt es dann auch persönliche und ganz praktische Fragen, also zu Ämtern und Behörden, Kindergeld, Rentensachen usw. Bei dem Fundus von achttausend Leuten findet man immer jemanden, der einem mit seiner Erfahrung weiterhelfen kann. Das ist ein Riesenschatz an Wissen, der sich da gebildet hat.

verwitwet.de oder ähnliche Communitys, wo die Betroffenen stark seelisch verwundet sind, machen den Einstieg einfacher, weil die Leute am Anfang erst mal anonym bleiben, sich aber dann im Gespräch, wenn sie mitbekommen, wie offen der andere ist, sehr schnell öffnen können. Bei vielen, insbesondere wenn sie in Metropolregionen wohnen, kommt dann der Wunsch auf, sich auch zu sehen und direkt auszutauschen. Wir haben da eigentlich wöchentlich Aufrufe und Fragen im Forum – »Gibt's hier eine Gruppe in der Stadt XY?« oder »Wer will mit mir zusammen eine Gruppe gründen in der Stadt XY?« Der Wunsch, sich auch zu treffen mit dem Gegenüber, mit dem man sich ja schon sehr nah und sehr eng ausgetauscht hat, der ist riesengroß. Und das findet ja dann auch statt in dem, was wir als Verein anbieten oder halt in den Gruppen, Selbsthilfegruppen oder Stammtischen, die sich vor Ort bilden. Das ist dann wunderbar.

Rituale

Rituale sind so alt wie die Menschheit. Sie können religiöser oder weltlicher Art sein, und eingebunden in kulturelle Abläufe begegnen wir ihnen auch im heutigen Leben bei vielen Gelegenheiten: bei Festen wie Hochzeiten (Ringtausch) oder Geburtstagen (Kerzen ausblasen), Veranstaltungen wie Einweihungen (Durchschneiden eines Bandes) oder Abschlussfeiern (Aufsetzen eines Doktorhuts, Überreichung von Urkunden oder Schärpen) sowie an Feiertagen wie Weihnachten (Baum schmücken, Bescherung) oder Ostern (Osterfeuer, Eier suchen), um nur einige beispielhaft zu nennen.

Im Rahmen von Sterben, Tod und Trauer gibt es ebenfalls eine Vielzahl von lang überlieferten, traditionellen Ritualen. Einige sind in Vergessenheit geraten oder unterliegen nicht mehr dem gesellschaftlichen Zwang (Aufbahrung zu Hause, das Anlegen schwarzer Kleidung), andere wiederum sind noch immer fester Bestandteil, etwa bei einer Trauerfeier die Rede oder das Kondolieren, oder bei der Bestattung eine Schaufel Erde ins Grab zu geben oder das Niederlegen von Blumen und Kränzen. Rituale geben Halt und Orientierung, besonders in schwierigen und emotionalen Situationen. Durch vorgegebene Handlungsabläufe sowie eine bekannte Symbolik tragen sie zur Bewältigung solcher Situationen bei.

Rituale werden zum einen im gesellschaftlichen Rahmen, also in größerer Gemeinschaft praktiziert, sie können aber auch individuell im persönlichen Umfeld eingesetzt werden und gerade im Trauerprozess für den Einzelnen eine wichtige und heilsame Funktion haben. Das Entwickeln und Durchführen eigener Rituale kann helfen, wieder Ordnung, Struktur und Sicherheit in den täglichen Ablauf zu bringen. Oder es kann Raum für das Bedürfnis nach Ruhe, Entlastung und Trost schaffen.

Manchmal kann es sein, dass wir uns gar nicht bewusst sind, ein Ritual zu vollziehen, beispielsweise beim regelmäßigen Besuch des Grabes oder beim Anzünden einer Kerze, die beim Bild des verstorbenen Partners steht. Wir handeln aus einem Bedürfnis heraus, intuitiv, und wenn wir merken, dass uns eine Handlung guttut, uns tröstet oder Kraft gibt, wiederholen wir sie, um dieses Gefühl erneut zu spüren.

Auf dieser Basis kann jeder für sich selbst Rituale entwickeln, die ihm Halt in schwierigen, wiederkehrenden Situationen geben. Immer dann, wenn das Gedankenkarussell nicht aufhören will, sich zu drehen, wenn Schmerz und Sehnsucht übermächtig werden, wenn Angstzustände und Gefühlsschwankungen klares Denken unmöglich machen, kann ich auf einen vertrauten, vorgegebenen Handlungsablauf zurückgreifen, von dem ich weiß, dass er mir guttut oder mir zumindest dabei hilft, einen schweren Moment durchzustehen.

Ganz simpel kann das Zubereiten einer Tasse Tee diese Funktion haben. »Jetzt mache ich mir erst mal einen Tee« – sich auf die Zubereitung konzentrieren, mich hinsetzen, den Duft und den Geschmack wahrnehmen, ebenso die Wärme, die mit der Flüssigkeit den Körper durchströmt, ganz bewusst atmen, das alles steht für: zur Ruhe kommen. Fünf oder zehn Minuten Auszeit mit Hilfe einer körperlich oder gedanklich immer gleich ablaufenden Übung können das Gleiche bewirken, ebenso wie an das offene Fenster oder auf den Balkon treten, zehn, vielleicht zwanzigmal gleichmäßig ein- und ausatmen, dem Atem nachspüren, die Gedanken darauf konzentrieren.

Eine andere Möglichkeit besteht darin, mir einen gedanklichen Lieblingsort zu suchen, an dem ich mich wohl fühle. Einen Ort, den ich mir in allen möglichen Formen und Farben ausmale, den ich mir bis ins kleinste Detail vorstelle, bis hin zum Geruch, zu den Geräuschen und dem dort herrschenden Wetter. Habe ich mir diesen Ort »geschaffen«, schließe ich, wann immer ich es brauche, die Augen und ziehe mich gedanklich an diesen Ort zurück – komme zur Ruhe, tanke Energie.

Ich kann auch, so seltsam das zunächst anmuten mag, ein Gespräch mit mir selbst führen. Selbstgespräche können motivierend, das Aussprechen von Gedanken hilfreich und klärend sein. Wichtig ist dabei, darauf zu achten, positiv mit sich zu sprechen, sich Mut zu machen und negative Gefühle nicht zu festigen: »Heute habe ich noch keine Kraft dazu, aber ich werde das bald schaffen.« »Im Moment geht es mir schlecht, aber ich weiß, das wird sich wieder ändern.« »Es ist viel und schwer, was vor mir liegt, aber ich habe *diesen* Tag geschafft, und darauf bin ich stolz.« »Ich werde einen Schritt nach dem anderen machen, und ich bin stolz auf mich, dass ich all das überhaupt aushalte.«

Positives Denken, Autosuggestion, Meditation, Yoga, autogenes Training – lauter Stichworte, unter denen Anregungen und Hilfen zum Erlernen solcher Techniken zu finden sind, die ich für ein Ritual dieser Art nutzen kann. Das gilt sowohl bei einem spontanen, plötzlichen Bedarf, in Notsituationen, als auch zu festgelegten Zeiten, in denen ich mir geplant und regelmäßig Raum für meine Trauer und das Auffüllen meiner Energiereserven gebe.

Ein weiteres festes Ritual kann das Aufschreiben von Gedanken sein, die mir durch den Kopf gehen. Etwa in Form von Tagebucheinträgen oder Briefen, die an meinen verstorbenen Partner gerichtet sind. Oder abends vor dem Schlafengehen eine Viertelstunde alles aufschreiben, es rauslassen ... Oder vielleicht auch nur einen, den »lautesten« Gedanken des Tages auf einen Zettel schreiben, mit Datum versehen und diese Zettel in einem Kästchen sammeln. Das spätere Lesen dieser Notizen erlaubt mir, mit Abstand meinem bisher gegangenen Gefühlsweg nachzuspüren, ich kann vielleicht Entwicklungen wahrnehmen, die mir bislang entgangen sind. Oder ich schreibe am Morgen, gleich nach dem Aufwachen, den ersten Gedanken auf – was ganz nebenbei eine Aufstehhilfe bedeuten kann: »Ich habe einen Grund, aufzustehen, ich beginne den Tag mit einer Aufgabe.«

Es gibt viele weitere Möglichkeiten, wie ein selbst geschaffenes, persönliches Ritual aussehen kann: jeden Tag zu einem bestimmten Zeitpunkt eine Kerze anzünden und sich für eine Weile ganz bewusst die Gedanken an den Partner erlauben (die ich ansonsten ja möglichst unter Kontrolle zu halten versuche), den Gedanken nachhängen, die Tränen laufen lassen und dann, nach einer festgesetzten Zeit, tief durchatmen, sich sammeln und das Ritual mit einer Handlung abschließen, beispielsweise dem Löschen der Kerze.

Einige Menschen haben für einen kurzen oder auch längeren Zeitraum das Bedürfnis, immer irgendetwas von ihrem Partner bei sich zu haben, eine Kette, einen Ring, einen

Schlüsselanhänger, einen Schal, ein Foto, etwas, das sie in der Hosentasche bei sich tragen können. Das Anlegen, Umbinden oder Einstecken gehört dann wie selbstverständlich zum morgendlichen Ablauf, wird zum Ritual beim Ankleiden. Ich kann in einem Erinnerungskästchen Gegenstände, Fotos und Briefe oder Notizen meines Partners sammeln und zu bestimmten Zeiten dieses Kästchen hervorholen, den Inhalt betrachten, in die Hand nehmen, mich dem Partner auf diese Weise nah fühlen, die Verbindung spüren.

Das Fehlen des Verstorbenen bringt für Trauernde unausweichlich auch den Verlust gewohnter, liebgewonnener Handlungen mit sich, die sie schmerzlich vermissen: der Abschiedskuss beim Verlassen der Wohnung, das kurze Winken aus dem Auto, das Sonntagsfrühstück im Bett, die SMS, die immer in die Mittagspause piepste – jeder Trauernde wird sich dessen bewusst, was ganz einfach zum Miteinander gehörte und nun nicht mehr stattfindet. So wie das Fehlen eines Ringes plötzlich spürbar wird, den ich eigentlich nie ablege, aber einmal im Bad vergessen habe, gleich darauf spüre ich den leeren Platz ...

Wenn ich altgewohnte Abläufe im Alltag beibehalte, bei denen ich jedes Mal auf einen dieser »leeren Plätze« stoße, wird die Erinnerung an das, was da eigentlich sein sollte, sofort wieder auftauchen und starke Trauergefühle auslösen. Um das zu umgehen und mich nicht vorsätzlich Auslösern für meinen Schmerz auszusetzen, kann ich versuchen, diese Abläufe zu verändern, indem ich etwas bewusst anders mache. Wenn mir morgens beim Frühstück in der Küche immer die Tränen kommen, weil das der Moment des gemeinsamen Austauschs der Tagespläne war, kann ich vielleicht für einige Zeit mein Brötchen beim Bäcker kaufen und dort einen Kaffee trinken, bevor ich zur Arbeit gehe. Anstatt den Weg zu gehen, den wir immer zusammen gegangen sind und auf dem mich alles an den Partner erinnert, nehme ich einen anderen, einen neuen – der irgendwann vielleicht zu *meinem* Weg wird.

Die übergroße Sehnsucht nach dem Verstorbenen, die Trauernde immer wieder befällt, kann jedoch über lange Zeit weder durch das Umgehen alter noch durch das Anwenden neuer, eigener Rituale gestillt werden – nichts kann den Partner wieder zurückbringen. Aber dieser Sehnsucht Ausdruck zu geben, sie zuzulassen und sie dadurch ein ganz klein wenig zu lindern, dazu können Rituale beitragen.

Freizeit und Urlaub

Durch die veränderte Familienkonstellation wird jeder Trauernde damit konfrontiert, seine Freizeit und den Urlaub allein planen und organisieren zu müssen, sowie an Veranstaltungen nicht mehr als Paar, sondern als Einzelperson teilzunehmen. Einmal ganz abgesehen davon, dass eine solche Situation jedes Mal wieder auf die Endgültigkeit der Veränderung hinweist und Schmerz und Trauer aufkommen lässt, ist der Umgang mit ihr auch völlig ungewohnt. Häufig liegt ein Urlaub, eine größere Unternehmung ohne den Partner lange zurück: »Was kann ich überhaupt machen?« »Wohin und vor allem mit wem kann ich wegfahren?«

Habe ich Kinder, liegt nicht nur die Verantwortung und die Entscheidung bei mir, ich muss auch darauf achten, dass alles, wo vorher vier Hände mit angepackt haben, jetzt von mir allein geleistet werden kann. Die partnerschaftliche Absprache, gegenseitige Vorschläge, das gemeinsame Vorbereiten und Umsetzen der Pläne gibt es nicht mehr, alles liegt jetzt bei mir.

Die Freizeit, beispielsweise das Wochenende allein zu gestalten, fällt den meisten Trauernden unglaublich schwer. Trauernde, die keine oder erwachsene Kinder haben, sind dabei in einer ganz anderen Situation als diejenigen mit jüngeren Kindern. Sie können ihren eigenen Bedürfnissen zwar freien Lauf lassen, können einfach ihrer Antriebslosigkeit und Lähmung nachgeben und eine ganze Weile gar nichts unternehmen, werden dadurch aber auch unweigerlich hart mit ihrer Einsamkeit und Trauer konfrontiert. Trauernde mit Kindern dagegen sind gefordert, ihren Kindern Angebote zu machen und etwas mit ihnen zu unternehmen. Sie werden dadurch zwar für kurze Zeiten von ihrer Trauer abgelenkt, doch beide Situationen sind anstrengend.

Bei der Gestaltung der Freizeit geht es zunächst erst mal darum, überhaupt etwas zu tun. Es geht darum, sich zu bewegen, nach draußen zu gehen und die Verbindung mit dem Umfeld nicht völlig zu verlieren. Die vorher so herbeigesehnte freie Zeit wird auf einmal zur gefürchteten Leere und steht wie eine Drohung am Ende der Woche. Es geht nicht mehr um Vorfreude und »Spaß haben«, sondern nur noch darum, die Zeit hinter sich zu bringen, sie zu überstehen. Es ist eine zu hohe Erwartung und über lange Zeit einfach nicht erfüllbar, dass ich bei dem, was ich unternehme, Freude empfinde wie vorher.

Trotzdem, es ist hilfreich, sich immer wieder anzustupsen und Neues auszuprobieren. Ich kann mir ja spontane Änderungen zugestehen. Es ist völlig in Ordnung, einen Versuch abzubrechen, weil ich mir zu viel zugemutet habe oder mich unwohl fühle. Ich kann früher als geplant vom Spielplatz nach Hause gehen, wenn ich die heilen Familien dort einfach nicht länger ertragen kann. Ich kann eine Kino- oder Theatervorstellung jederzeit verlassen, auch wenn ich das bis dahin noch niemals gemacht habe. Es besteht kein Zwang, eine geplante Unternehmung von Anfang bis Ende durchhalten zu müssen, und auch kein Grund, mich deshalb schlecht zu fühlen oder mir Vorwürfe zu machen. Vielleicht klappt es beim nächsten Versuch.

Gewohnte Treffen mit Freunden oder in Familie, die ich nicht selbst initiieren und organisieren muss, sondern bei denen ich einfach dazukommen kann, können ein Weg sein, meine vier Wände einmal zu verlassen. In bekannter Gesellschaft muss ich mich gleichzeitig darauf einstellen, dass dabei für alle deutlich spürbar wird, dass der Verstorbene fehlt. Während das Umfeld häufig versucht, das zu ignorieren oder zu überspielen, kämpft der Trauernde heftig mit seiner veränderten Rolle und damit, dass alles anders ist als vorher. Leichtigkeit, Freude, Unbeschwertheit sind verschwunden und das Gefühl, eine Art Störfaktor zu sein und durch die latent vorhandene Aura der Trauer zum »Spaßverderber« zu werden, belastet viele zusätzlich. Manchmal hilft es, dieses Gefühl einfach anzusprechen, wenn mir das möglich ist. Wie in so vielen Situationen gilt auch hier: Ich muss ausprobieren, was mir guttut und was nicht, was ich aushalten kann und will.

Um solches Unwohlsein zu reduzieren, kann es schon helfen, den Kreis von Freunden zu variieren. Eine Unternehmung mit einer Freundin oder einem Freund ohne deren Partner verläuft meist schmerzfreier, als die ganze Zeit die Vertrautheit eines Paares vor Augen zu haben. Bei Verabredungen in reiner Frauen- oder Männerrunde ergeben sich eher andere Themen, und das Gefühl, nur drittes oder fünftes Rad am Wagen zu sein, rückt zwischenzeitlich in den Hintergrund.

Ausgehen mit Freundinnen
Ilka, geb. 1968, Erzieherin:[59]
Es war Vorweihnachtszeit, und meine Freundinnen sagten, wir gehen alle auf den Weihnachtsmarkt, kommst du mit? Mir war klar, ich muss irgendwie wieder los und bin also mitgegangen. Die Freundinnen sind mit ihren Freunden Hand in Hand gegangen, und am Weihnachtsmarkt ist sowieso diese besondere Atmosphäre, und da hab ich für mich gemerkt, es geht gar nicht. Ich konnte

---

59 Tobias, der Mann von Ilka, verunglückte 2008 tödlich mit dem Motorrad.

es kaum aushalten. Ich habe den Abend relativ früh beendet und bin nach Hause und hab für mich gedacht, ich krieg's nicht hin, ich krieg's einfach nicht hin. Mit Pärchen losgehen und dann alleine sein ... Ich hab das meinen Freundinnen auch gesagt, ich hab immer gedacht, ich muss es sagen, sie können es ja nicht wissen. Da waren sie furchtbar lieb und haben vorgeschlagen, dann machen einfach mal nur wir Mädels etwas zusammen.

Die Idee war, ins Casino zu gehen. Wir waren fünf Frauen, aber schon als wir uns trafen, sagte die eine zu der anderen, wo ist denn dein Mann, wann kommt er denn und wo treffen die sich denn. Es war klar, die Männer treffen sich zeitgleich auch. Schon da hatte ich kein richtig gutes Gefühl mehr. Der Abend war trotzdem nett und lustig, aber als wir rausgingen, zückten zwei ihre Handys und riefen ihre Schatzis an. Und damit war der Abend für mich gleich wieder gelaufen – es war ein guter Versuch und sie waren sehr bemüht, aber für mich war klar, ja, du rufst eben niemand an, bei dir wartet niemand. Es war sofort wieder voll da. Und ich weiß, dass sie das gar nicht gemerkt haben, es war ihnen einfach gar nicht bewusst, denn sie haben alles so normal gemacht, wie sie es eben machen ...

Und das waren so diese tausend Momente, wo ich spürte, ihr merkt es einfach gar nicht, was ich ihnen auch gar nicht übel nehmen will. Aber es hat in dem Moment so furchtbar weh getan. Wenn ich gut drauf bin, dann gehe ich einfach dazwischen, wenn sie Hand in Hand gehen ... Aber es gibt eben auch Tage, da laufe ich hinterher und mir kullern die Tränen.

Es ist eine ernüchternde Erkenntnis, dass manchmal nur wenige Freundesbeziehungen der Belastung des Trauerprozesses standhalten. Das verletzt und ist schwer zu akzeptieren. Warum bei bis dahin engen Verbindungen die Nähe schwindet, das vorher so sichere Gefühl der Gemeinsamkeit plötzlich nicht mehr da ist, lässt sich meist gar nicht konkret begründen. Außer damit, dass ein solcher Einschnitt die bisherigen Prioritäten und Interessen verschiebt. Die unfreiwillige Veränderung zieht weitere nach sich, nichts ist wie vorher, und andere Sichtweisen sind deshalb unausweichlich.

Bei sehr vielen Trauernden führt das Schritt für Schritt dazu, dass sie den vertrauten Rahmen verlassen und sich auf neue Kontakte und Unternehmungen einlassen, die zwar, nur weil sie neu sind, auch noch lange kein Hochgefühl bedeuten, aber sie sind weniger schmerzhaft. Menschen, die mich in meiner neuen Lebenssituation kennenlernen, gehen unbelasteter und offener mit mir um als diejenigen, die sich von einem gewohnten Bild verabschieden und gleichzeitig mit meiner Veränderung klarkommen müssen.

Vergleichbar mit den Wochenenden sprechen viele Trauernde auch bei der sogenannten schönsten Zeit des Jahres davon, dass sie ihnen »bevorsteht«. Der Gedanke an Urlaub erscheint sinn- und freudlos, die Aussicht, eine oder mehrere Wochen ohne ein stützendes Tagesgerüst verbringen zu müssen, macht regelrecht Angst.

Auch hier kann ich nur ausprobieren, was geht. Reisen an bekannte Orte, in das gleiche Hotel oder die gleiche Ferienanlage konfrontieren mich unweigerlich mit Erinnerungen an die dort gemeinsam verbrachte Zeit. Was für den einen tröstlich sein kann, ist für den anderen nicht auszuhalten. Suche ich mir neue Ziele und Urlaubsinhalte, sind Informationen wichtig, die vorher gar nicht so ausschlaggebend waren: Was für Urlauber werden typischerweise vor Ort sein? Ein kindgerechtes Hotel mit Animation, das vorwiegend von Familien besucht wird, oder eine Reisegruppe, die außer mir nur aus Paaren besteht, kann sich für mich als unerträglich herausstellen. Darauf zu achten, dass noch andere Alleinerziehende oder Einzelreisende in meinem Umfeld sind, bedeutet eine Chance auf Kontakte, die eher meinem Befinden entsprechen werden. Schon im Vorfeld Freunde zu fragen, ob eine gemeinsame Urlaubsplanung möglich ist, kann mir Sicherheit geben, wenn ich nicht allein verreisen möchte.

Nach dem ersten Urlaub ohne den Partner sagen zu können: »Ich habe die Zeit einigermaßen gut überstanden, es war nicht ganz so schlimm, wie ich befürchtet habe«, ist ein Erfolg. Es bedeutet, einen schwierigen Schritt auf meinem Weg geschafft zu haben. Mehr kann und sollte ich in dieser Zeit nicht erwarten.

Wie Wochenenden und Urlaub sind auch öffentliche Veranstaltungen und Einladungen plötzlich eine große Herausforderung für Trauernde. In der ersten Zeit meiden sie häufig solche Anlässe, weil sie sich nicht vorstellen können, daran teilzunehmen. Um einige Veranstaltungen kommen Trauernde, vor allem wenn Kinder da sind, jedoch nur schwer oder gar nicht herum. Familienfeiern wie Hochzeiten und Jubiläen, Einschulungs- und Abschlussfeiern, Schulaufführungen oder auch Veranstaltungen von Sport- und Musikvereinen gehören dazu.

Es gibt etwas Sicherheit, sich vorher zu überlegen, wie ich möglichst viele der emotionalen Hürden auslassen oder mit Hilfe anderer überwinden kann. Wenn nicht ohnehin geplant, sollten bei schulischen Veranstaltungen möglichst noch weitere Familienmitglieder eingeladen werden – sowohl um den Kindern größtmögliche Aufmerksamkeit zu schenken, aber auch als Unterstützung für mich. Freunde können diese Rolle ebenso übernehmen.

Der Partner an meiner Seite ist nicht ersetzbar, aber einen Begleiter, eine Begleiterin an meiner Seite zu haben kann einige schmerzhafte Momente wenigstens abfedern, etwa wenn es auf einem Abschlussball plötzlich heißt: »Nun tanzen die Väter mit ihrer Tochter oder die Mütter mit ihrem Sohn.«

Ich muss sie dennoch ertragen, die tiefe Traurigkeit, den verstorbenen Partner nicht mehr genauso stolz und berührt an meiner Seite zu wissen, sowie den sehnsüchtigen Wunsch, dass er diesen Augenblick miterleben kann; aber damit nicht ganz allein zu sein, kann mir Halt geben.

In jedem Fall tut es gut, das Erleben mit jemandem teilen

zu können und sich nicht völlig verloren zu fühlen. Dies gilt vor allem so lange, bis mir das Alleinsein wieder etwas vertrauter ist und ich neues Selbstvertrauen entwickelt habe; aber es ist immer ein gutes Gefühl, jemanden dabei zu haben, der vieles versteht.

Das Vermissen in besonderen Momenten
Ulla Engelhardt, geb. 1963, Grafik-Designerin, ausgebildete Trauerbegleiterin:[60]

Es ist noch nicht lange her, da gab es eine Veranstaltung der Musikschule, in der meine Tochter Unterricht nimmt. Ein Jahresevent, ich wollte da hin, war aber an dem Tag gar nicht so richtig drauf eingestellt, weil ich durch einen vollen Tag gehetzt war. Immerhin hatte ich mich noch mit einer guten Freundin verabredet, und dann saß ich da plötzlich – mitten aus dem Tag heraus – und war völlig unvorbereitet auf das, was dann kam.

Es fing schon damit an, dass die Musik berührend war. Es war berührend und auch von der Leistung her toll, die Jugendlichen zu sehen, wie sie die verschiedenen Lieder in beeindruckenden Arrangements sangen. Und dann kam plötzlich meine Tochter auf die Bühne und sang »I know him so well« aus dem Musical »Chess«. Da hat es mich total durchzuckt, sie stand da so – sie war so groß, so erwachsen, so selbstbewusst und fing einfach an zu singen. Und sie war mir fast fremd, das war so unglaublich, und mir schossen die Tränen in die Augen. Ich hab da alles Mögliche gefühlt, klar, Stolz auf sie, aber ich war auch völlig hin und weg von dem, was ich da gehört habe, und dem, was ich gesehen habe in ihrem Gesicht. Ich meine, das kennen andere Eltern auch, aber sofort war bei mir der Gedanke da, dass er, dass ihr Vater das nicht erleben kann. Zu sehen, was aus ihr geworden ist. Sie war in diesem Moment so völlig unbelastet, so sie selbst, mir liefen da einfach die Tränen, und ich konnte das auch nicht stoppen. Ich

---

60 Gunter, der Mann von Ulla, verstarb 2001 an den Folgen von ALS. Ihre gemeinsame Tochter war damals 6 Jahre alt.

hab dagesessen und war ganz, ganz intensiv mit meinem Mann verbunden. Dieses Wissen, er ist nicht da, mit ihm würde ich das jetzt gerne teilen, weil nur er diese Verbindung zu ihr hat, die meiner gleichkommt.

Es war absolut schön für mich, dass meine Freundin da war. Sie ist verwaiste Mutter und hat, ebenfalls vor relativ langer Zeit, ihre älteste Tochter (6 Jahre) verloren. Ich brauchte gar nichts zu sagen, sie hat mir einfach nur ihre Hand aufs Bein gelegt und hat mich von der Seite angeguckt, mit so einem gewissen Lächeln im Gesicht. Und mir war klar, sie weiß ganz genau, was in mir vorgeht und warum ich weine. Sie hat auch gar nicht versucht, mich zu trösten. Das war ein so intensiv gemeinsam erlebter Moment.

Für mich war der Abend überwältigend schön, aber er machte mir auch wieder deutlich, dass es Momente gibt, in denen dieser eine besondere Mensch ganz explizit fehlt. Nur er. Momente, in denen man eben auch nach langer Zeit, damals waren es bei mir fast zehn Jahre, genau diesen Menschen vermisst.

Ich bin das Rot.
Ich bin von Anfang an bei Dir.
Ich stehe für Leben und Tod
für Blut und Liebe
für Energie und Gefahr.

Du siehst mich nicht immer –
ich habe meine Zeit, mich zu zeigen.
Ich kippe Dein Leben um
und gebe Dir die Kraft, weiter zu gehen –
meinem Faden zu folgen.

Hab keine Angst vor meinem Feuer
denn bevor Du verbrennst
wird meine Hitze zu Wärme werden
Dich einhüllen und begleiten.

Wenn Du zur Ruhe gekommen sein wirst –
ganz bei Dir selbst –
wenn mein Gegenüber, das Grün,
Dich mit Sicherheit und dem Dasein
vertraut gemacht hat
wirst Du wissen
dass alle Farben in Dir sind
und Weiß nicht Leere sondern Fülle ist.

7. Kapitel Mehr zum Thema Tod und Trauer

Dieses Buch konzentriert sich vor allem auf den Teilaspekt »Trauer bei Partnerverlust«, der von vielen eigenen Faktoren beeinflusst wird. Nicht nur die persönliche Lebenssituation des Einzelnen, sondern auch die Umstände des jeweiligen Sterbens, die auf den Verlauf der Trauer maßgeblich Einfluss nehmen, sind individuell sehr unterschiedlich. Trauer ist ein umfangreiches und komplexes Thema – und schon in diesem eingegrenzten Rahmen ist es nahezu unmöglich, jedem in seinem Empfinden und seinen Erfahrungen gerecht zu werden.

Sogenannte »komplizierte Trauer« und Umstände, die den Trauerverlauf zusätzlich erschweren, bedürfen gezielter Betrachtung. Bei gewaltsamem Tod, bei Mord, Missbrauch oder Sucht sowie bei Suizid und Krankheiten, die gesellschaftlich tabuisiert sind (z.B. psychische Erkrankungen, Aids), werden die Hinterbliebenen mit Gefühlen und Reaktionen konfrontiert, die über die hier angesprochenen Inhalte hinausgehen. Auch bei einer Partnerschaft, die zum Zeitpunkt des Todes stark belastet war (durch Erkrankung oder weil Beziehungsprobleme Thema waren), kann der genauere Blick auf dieses Detail hilfreich sein, um die Verlusterfahrung zu bewältigen.

Im Folgenden sind weiterführende Informationsquellen aufgeführt, die sich mit den Themen Sterben, Tod und Trauer auseinandersetzen und Unterstützung und Hilfe im Umgang damit bieten. Sowohl für persönlich Betroffene, aber ebenso für jeden, der sich für das Thema interessiert und sich – persönlich unbelastet – darauf einlassen möchte.

Trauer bei Erwachsenen

Sachbücher, Erfahrungsberichte

Angelika Daiker: *Es wird wieder schön, aber anders.*
  Ein Buch für verwitwete Frauen. Topos Plus Verlag
Jo Eckardt: *Ich will dich nicht vergessen.*
  Ein Begleiter durch die Zeit der Trauer und des Abschiednehmens. Gütersloher Verlagshaus
Jochen Jülicher: *Es wird alles wieder gut, aber nie mehr wie vorher.*
  Begleitung in der Trauer. Echter Verlag
Roland Kachler: *Meine-Trauer-wird-dich-finden!*
  Ein neuer Ansatz in der Trauerarbeit. Kreuz Verlag
Gerd Laudert-Ruhm, Susanne Oberndörfer: *... und das Leben bekommt mich zurück.*
  Ein Lesebuch (nicht nur) für Verwitwete. Kreuz Verlag (vergriffen, u.a. im Internet erhältlich)
Marlene Lohner: *Plötzlich allein.*
  Frauen nach dem Tod des Partners. Fischer Taschenbuch Verlag
Chris Paul: *Schuld – Macht – Sinn.*
  Arbeitsbuch für die Begleitung von Schuldfragen im Trauerprozess. Gütersloher Verlagshaus
Chris Paul: *Warum hast du uns das angetan?*
  Ein Begleitbuch für Trauernde, wenn sich jemand das Leben genommen hat. Gütersloher Verlagshaus
Chris Paul: *Wie kann ich mit meiner Trauer leben?*
  Ein Begleitbuch. Gütersloher Verlagshaus
Christa Pauls, Uwe Sanneck, Anja Wiese: *Rituale in der Trauer.*
  Ellert & Richter Verlag
Markus Pletz: *Wege der Trauer.*
  12 Porträts in Bild und Text. Gerstenberg Verlag (vergriffen, u.a. im Internet erhältlich)

Prosa, Texte und Gedichte

Mitch Albom: *Dienstags bei Morrie.*
Die Lehre eines Lebens. Goldmann Verlag
Lis Bickel, Daniela Tausch-Flammer: *In meinem Herzen die Trauer.* Texte für schwere Stunden.
Ein Begleitbuch. Herder Verlag
Jochen Jülicher: *Solange ihr mich liebt.*
Texte und Gedichte zum Abschied. Echter Verlag
Antje Sabine Naegeli: *Du bist noch immer da.*
Verlag am Eschbach
Antje Sabine Naegeli: *Viele Türen hat das Leben.*
SKV edition
Barbara Pacher-Eberhart: *Vier minus drei.* Wie ich nach dem Verlust meiner Familie zu einem neuen Leben fand
Integral Verlag
Ulrich Schaffer: *In der Dichte des Lebens.*
Begleitbuch für alle Tage des Lebens. Herder Verlag (vergriffen, u.a. im Internet erhältlich)
Ulrich Schaffer: *... weil du dein Leben entscheidest.*
Kaufmann Verlag
Eric-Emmanuel Schmitt: *Oskar und die Dame in Rosa.*
Fischer Taschenbuch Verlag
Morrie Schwartz: *Weisheit des Lebens.*
Goldmann Verlag
Tiziano Terzani: *Das Ende ist mein Anfang.*
Ein Vater, ein Sohn und die große Reise des Lebens. Goldmann Verlag

Filme

Der letzte schöne Tag · ARD-Spielfilm mit Wotan Wilke Möhring, (2012). Eine Frau nimmt sich das Leben, Mann und Kinder bleiben zurück: eine berührende Elegie auf einen großen Verlust.

Die Totenwäscherin · Reportage aus der ZDF-Reihe 37 Grad (2000). Einblick in die Arbeit einer Bestattungsfrau.

Einen Grund zum Leben find ich immer · Dokumentarfilm (1994) über das Sterben einer krebskranken Frau und ihren über zehn Jahre langen Kampf gegen den Tod.

Halt auf freier Strecke · Film von Andreas Dresen (2011). Eine Geschichte der Extreme, die aus alltäglichen Vorgängen erwachsen, eine Geschichte, die im Tod das Leben feiert.

Kirschblüten-Hanami · Der Spielfilm von Doris Dörrie (2008), der vom Leben und vom Tod erzählt.

Mein Leben ohne mich · Spielfilm (2003) mit Sarah Polley, Amanda Plummer, Mark Ruffalo.

Trauer bei Kindern und Jugendlichen

Sachbücher

Jo Eckardt: ***Wohnst du jetzt im Himmel?***
Ein Abschieds- und Erinnerungsbuch für trauernde Kinder. Gütersloher Verlagshaus

Gertrud Ennulat: ***Kinder trauern anders.***
Wie wir sie einfühlsam und richtig begleiten. Herder Verlag

Margit Franz: ***Tabuthema Trauerarbeit.***
Kinder begleiten bei Abschied, Verlust und Tod. Don Bosco Verlag

Roland Kachler: ***Wie ist das mit ... der Trauer.***
Gabriel Verlag

Daniela Tausch-Flammer, Lis Bickel: ***Wenn Kinder nach dem Sterben fragen.*** Ein Begleitbuch für Kinder, Eltern und Erzieher. Herder Verlag

Stephanie Witt-Loers: ***Sterben, Tod und Trauer in der Schule.***
Eine Orientierungshilfe mit Kopiervorlagen. Vandenhoeck & Ruprecht

Bilderbücher, Geschichten, Erzählungen

Armin Beuscher: *Über den großen Fluss.*
Verlag Sauerländer
Leo Buscaglia: *Aus dem Leben von Freddie, dem Blatt.*
Pal Verlagsgesellschaft (vergriffen, u.a. im Internet erhältlich)
Wolf Erlbruch: *Ente, Tod und Tulpe.*
Verlag Antje Kunstmann
Karen-Susan Fessel: *Ein Stern namens Mama.*
Oetinger Verlag
Peter Härtling: *Jakob hinter der blauen Tür.*
Beltz Verlag
Inger Hermann, Carme Sole-Vendrell: *Du wirst immer bei mir sein.*
Verlag Sauerländer
Linde von Keyserlingk: *Da war es auf einmal so still.*
Vom Tod und Abschiednehmen. Herder Verlag (vergriffen, u.a. im Internet erhältlich)
Stein Erik Lunde, Øywind Torseter: *Papas Arme sind ein Boot.*
Gerstenberg Verlag
Sally Nicholls: *Wie man unsterblich wird.*
Jede Minute zählt.
Hanser Verlag
Ulf Nilsson, Eva Eriksson: *Die besten Beerdigungen der Welt.*
Moritz Verlag
Uwe Saeger: *Papa, wo bist Du?*
Ein Kinderbuch zu Tod und Trauer für Kinder. Der Hospiz Verlag
Antoine de Saint-Exupéry: *Der Kleine Prinz.*
Rauch Verlag
Peter Schössow: *Gehört das so??!*
Die Geschichte von Elvis. Hanser Verlag
Jürg Schubiger, Rotraut S. Berner: *Als der Tod zu uns kam.*
Peter Hammer Verlag

Michal Snunit, Na'ama Golomb: *Der Seelenvogel.*
Carlsen Verlag
Robert Williams: *Luke und Jon.*
Bloomsbury Taschenbuch
Elisabeth Zöllner: *Auf Wiedersehen, Mama!*
Fischer Taschenbuch Verlag

Filme

Die Brüder Löwenherz · Spielfilm (2007), nach dem Buch von Astrid Lindgren. Ein Film, der Kindern und Erwachsenen die Angst und die Sprachlosigkeit vor Sterben und Tod nehmen kann.
Die Sendung mit der Maus: Abschied von der Hülle · Armin Maiwald (2004). Armin erfindet (s)einen Bruder und erfährt von dessen Tod.
Die Sprache der Vögel · Fred-Jürgen Noczynski, Spielfilm (1991). Der Film erzählt einfühlsam, was der Tod eines nahen Familienmitglieds für ein Kind bedeutet.
Leb wohl, lieber Dachs · Media nova (2000), nach dem Bilderbuch von Susan Varley.
Mama ist tot · Wie Kinder trauern. Tellux-Film (1995). Der Dokumentarfilm zeigt die Trauer und Trauerarbeit von drei Familien, die den Tod eines Elternteiles bewältigen müssen.
Willi will's wissen: Wie ist das mit dem Tod? · Ralph Wege (2003).

Das Gedicht »Memento« auf Seite 127 stammt von Mascha Kaléko. In: Verse für Zeitgenossen. Erschienen 1958 im Rowohlt Verlag GmbH, Reinbek bei Hamburg
© 1975 Gisela Zoch-Westphal

Weiterführende Adressen, Links

AGUS (Angehörige um Suizid) e. V.
Bundesgeschäftsstelle, Markgrafenallee 3 a, 95448 Bayreuth
09 21–150 03 80, E-Mail: kontakt@agus-selbsthilfe.de
www.agus-selbsthilfe.de

Alles ist anders
Homepage für trauernde Jugendliche und junge Erwachsene
www.allesistanders.de

Betanet.de
Suchmaschine für Krankheit und Soziales
www.betanet.de

CHARON
Beratungsstelle, Winterhuder Weg 29, 22085 Hamburg
0 40–2 26 30 30–0
E-Mail: charon@hamburger-gesundheitshilfe.de
www.hamburger-gesundheitshilfe.de

das-beratungsnetz.de
Hilfe übers Internet
www.das-beratungsnetz.de

Hamburger Zentrum für Kinder und Jugendliche in Trauer e.V.
Postfach 76 22 31, 22069 Hamburg
0 40–22 94 44 80, E-Mail: info@kinder-in-trauer.org
www.kinder-in-trauer.de

Institut für Trauerarbeit (ITA) e.V.
Bogenstraße 26, 20144 Hamburg
0 40–36 11 16 83, E-Mail: info@ita-ev.de
www.ita-ev.de

KIBIS – Kontakt-, Informations- und Beratungsstellen im Selbsthilfebereich · örtlich / regional unterschiedliche Adressen

KISS – Kontakt- und Informationsstellen für Selbsthilfegruppen · örtlich / regional unterschiedliche Adressen

NAKOS – Nationale Kontakt- und Informationsstelle zur Anregung und Unterstützung von Selbsthilfegruppen
Wilmersdorfer Str. 39, 10627 Berlin
0 30–31 01 89 60, E-Mail: selbsthilfe@nakos.de
www.nakos.de

Nikolaidis Stiftung gemeinnützige GmbH
Adi-Maislinger-Str. 6, 81373 München
0 89–74 36 32 02, E-Mail: info@nikolaidis-stiftung.de
www.nikolaidis-stiftung.de

Phönikks Stiftung
Beratungsstelle, Kleine Reichenstr. 20, 20457 Hamburg
040–44 58 56, E-Mail: info@phoenikks.de
www.phoenikks.de

TABEA e.V.
Schaumburgallee 12, 14052 Berlin
0 30–4 95 57 47, E-Mail: beratung@TABEA-eV.de
www.TABEA-eV.de

Trauer Institut Deutschland (TID) e.V.
Servatiusstraße 8, 53129 Bonn
02 28–24 33 16 60, E-Mail: info@trauerinstitut.de
www.trauerinstitut.de

Trauernetz
Webseite für Trauernde, ein Angebot der Evangelischen Kirche
www.trauernetz.de

Telefonseelsorge
08 00–1110 111 oder 08 00–1110 222
www.telefonseelsorge.de

Trauerland
Zentrum für trauernde Kinder und Jugendliche e.V.
Hans-Böckler-Straße 9, 28217 Bremen
04 21–69 66 72–0, E-Mail: info@trauerland.org
www.trauerland.org

verwitwet.de (e.V.)
Internetportal und Verein für verwitwete Mütter, Väter und ihre Kinder
E-Mail: service@verwitwet.de
www.verwitwet.de

Young Wings – Projekt der Nikolaidis Stiftung
Webseite und Online-Beratung für trauernde Kinder/ Jugendliche zwischen 12 und 21
www.youngwings.de

Nachwort

Dieses Buch hat gefehlt. Bisher gibt es Berichte des persönlichen Erlebens, Gedichtbände oder wissenschaftliche Abhandlungen, aber keine Beschreibung des komplexen Geschehens, wenn der Partner oder die Partnerin früh verstirbt.

Der Tod des Partners bedeutet psychologisch den Verlust der Gegenwart und der Vorstellung der Zukunft. Dabei ist es egal, ob der Tod nach Krankheit oder plötzlich eintritt. Der plötzliche Tod ist wie ein Riss im Boden, von einem Moment auf den anderen stimmt nichts mehr. Die Welt bricht zusammen. Bei längerer Krankheit können »unerledigte Geschäfte erledigt werden«, sagt Elisabeth Kübler-Ross – vieles kann ausgesprochen und geregelt werden. Auch Wünsche erfüllen zu können ist tröstlich. Gleichzeitig wird die Trennung schon vor dem Tod erlebt, denn beide haben unterschiedliche Perspektiven. Der Zurückbleibende muss sich einstellen auf eine Fortführung des Lebens in bisher Bekanntem, jetzt oft so fremd Erscheinendem. Der Sterbende bereitet sich innerlich auf einen Weg in einer ihm unbekannten Dimension vor. Beide können sich über ihre Vorstellungen austauschen, gehen aber den Weg allein. Die Erfahrung des Getrenntseins und die damit verbundene tiefe Trauer erleben beide. Die Trauer beherrscht das Leben des verwitweten Partners und ist nicht nur ein Gefühl, sondern hat viele Facetten wie Verleugnung, Wut, Hadern, Verzweiflung und tiefe Liebe. Es ist ein komplexes Geschehen, das alle Lebensbereiche betrifft. Der trauernde Mensch bewegt sich zwischen den Welten. C.G. Jung sagt: »Trauer ist die tiefste Einführung in die Mysterien des menschlichen Lebens, eine Einführung sogar stärker und bedeutsamer als glückliche Liebe. Die erinnernde Liebe ist stärker als der Tod.« Alles wird überprüft, neue Festpunkte werden gesucht. Der Trauernde braucht Halt in der Gemeinschaft, Raum für den Ausdruck seiner Gefühle und Gedanken, um sich zu finden und neu zu verorten. Der innere Prozess findet seinen Niederschlag im Äußeren und oft werden zuvor nie geahnte Wege beschritten, z.B. wird die Entscheidung gefällt, nicht in den Mainstream zurückzukehren, sondern Neues zu wagen. Hilfreich ist dabei, das Wesen und die Beziehung zum Verstorbenen in seiner Einmaligkeit zu begreifen und diese Erfahrung zu integrieren. Es ist seine Lebensmelodie, die ihn einmalig und unersetzbar macht. Entgegen früherer Meinung der Psychologie, loslassen sei hilfreich, ist es genau das Gegenteil. Loslassen verletzt den Trauernden. Es erzeugt das Gefühl, auch die Erinnerungen hergeben zu müssen. Das Gegenteil ist hilfreich. Den einmaligen inneren Prozess des Verstorbenen erkennen, in sich aufnehmen und damit eine neue Haltung, Aufgabe, Idee oder Tätigkeit zu entwickeln, hilft leben und lebensvoll verbunden zu bleiben. Nicht gelebte Trauer kann dagegen krank machen. Diese Aufgaben können nicht allein gelöst werden, sondern brauchen die Unterstützung durch Anteil nehmende Menschen. Trauergruppen, Trauercafés und Internet-Foren ersetzen inzwischen dörfliche oder nachbarschaftliche Umgebung, in der früher gemeinsam des Toten gedacht wurde, die Angehörigen Schutz und Unterstützung erfuhren – oft auch ganz praktisch. Diese Gruppen sind das Gegengewicht zur Welt der Machbarkeit, in der nach wenigen Wochen Funktionieren erwartet wird. »Jung verwitwet« bedeutet neben der Auseinandersetzung mit den Gefühlen jedoch auch eine Veränderung aller Lebensbereiche, wie die gesellschaftliche Stellung, die finanzielle Situation, die Erziehung der Kinder und vieles mehr.

Ulla Engelhardt hat einmal gesagt, dass sie im Leben Brücken schlagen möchte. Mit diesem Buch werden durch ihre Beschreibung der Situation und die damit verbundene Reflektion Brücken zwischen Erlebten und Rationalität, aber auch zwischen den Trauernden und der Umwelt gebaut. Neben der Beschreibung eigener Erfahrungen kommen Verwitwete zu Wort, und die Texte werden mit für alle Leser anregenden Überlegungen verbunden. Trauernde werden sich in den Ausführungen wiederfinden, alle anderen werden sowohl etwas über Trauer als auch über die besondere Lebenssituation von Menschen nach einem Partnerverlust und über ihre eigenen Reaktionen erfahren. Immer wieder werden Möglichkeiten der Begegnung und Begleitung aufgezeigt, ohne dabei moralisch, urteilend oder dogmatisch zu sein.

»Es braucht Toleranz, Geduld und Mut zu Ehrlichkeit, Vertrauen und die Flexibilität, sich auf Veränderungen einzulassen, auch von Seiten der Trauernden.« Diese offene Haltung bestimmt den Grundtenor des Buches und verleiht dem oft vermiedenen Thema Leichtigkeit. Die vielfältige Erfahrung, erworben durch den Aufbau eines großen Netzwerks und die Begleitung von Gruppen, vermittelt sich auf fast erzählende Weise. Es geht nicht nur um die Beschreibung der seelischen Erschütterung, sondern das ganze Spektrum der veränderten Lebenswelt wird zum Thema: die Reaktionen der Umwelt, die finanzielle Situation, der Umgang mit den Kindern, Konflikte am Arbeitsplatz, der Wunsch nach neuer Partnerschaft und vieles mehr. Jeder Aspekt wird erlebbar durch zahlreiche Berichte. Fast können die einzelnen Kapitel wie ein Ratgeber betrachtet werden – sie geben Informationen, laden zum Nachdenken ein und regen zu eigener innerer Arbeit an.

Jutta Rust-Kensa: Diplompsychologin und Psychologische Psychotherapeutin mit eigener Praxis, Mitbegründerin des Instituts für Trauerarbeit (ITA) e.V. und seit ca. 20 Jahren verantwortlich für die Ausbildung von Trauerbegleitern.